Hernandes Dias Lopes

JUÍZES

Pecado e graça

hagnos

1ª edição: setembro de 2024

Revisão: Francine Torres e Marcelo Santos
Diagramação: Letras Reformadas
Capa: Claudio Souto (layout) | Julio Carvalho (adaptação)
Editor: Aldo Menezes
Coordenador de produção: Mauro Terrengui
Impressão e acabamento: Imprensa da Fé

Editora Hagnos Ltda.
Rua Geraldo Flausino Gomes, 42, conj. 41
CEP 04575-060 — São Paulo, SP
Tel.: (11) 5990-3308

E-mail: hagnos@hagnos.com.br |Home page: www.hagnos.com.br

Editora associada à Associação Brasileira de Direitos Reprográficos (ABDR)

Dados Internacionais de Catalogação na Publicação (CIP)

Lopes, Hernandes Dias
Juízes : graça e pecado / Hernandes Dias Lopes. – São Paulo : Hagnos, 2024. (Comentários Expositivos Hagnos).

ISBN 978-85-7742-560-0

1. Bíblia. A.T. *Juízes* – Comentários I. Título

24-3466 CDD 222.307

Índices para catálogo sistemático:
1. Bíblia. A.T. *Juízes* – Comentários

Angélica Ilacqua CRB-8/7057

Dedicatória

DEDICO ESTE LIVRO AO pastor Jailto Lima do Nascimento, homem de Deus, servo do Altíssimo, amigo precioso, pastor efetivo da Primeira Igreja Presbiteriana de Vitória, com quem tenho o privilégio de trabalhar no pastorado dessa promissora e abençoada igreja.

Sumário

Prefácio

Tenho a grata alegria de apresentar aos nossos leitores o comentário expositivo do livro de Juízes. Este livro descreve um longo período da história de Israel, perfazendo mais de três séculos, começando com a morte de Josué, o líder que introduziu o povo de Israel na Terra Prometida, indo até aos portais da monarquia com Samuel, o último juiz.

Este é, certamente, o período mais tenebroso da história do povo de Deus. Os filhos de Israel fracassaram em tomar posse de toda a terra prometida por Deus (Js 13:1). Além disso, flertaram com os deuses cananeus, passando a adorá-los. O povo que foi liberto da escravidão no Egito viveu longos anos sob a escravidão dos povos estrangeiros na Terra Prometida. O povo escolhido de Deus rendeu-se à idolatria e capitulou-se à imoralidade. Viveu uma espécie de gangorra espiritual. Só se voltava para o Senhor na hora do aperto, mas tão logo chegava a bonança, virava novamente as costas para o Senhor e corria atrás dos falsos deuses.

Os juízes de Israel, com raras exceções, foram homens nada inspiradores. Alguns deles se envolveram com práticas pecaminosas. Timothy Keller diz que o livro de Juízes pode ser descrito como um livro de "pessoas desprezíveis fazendo coisas deploráveis", pois os heróis se tornaram cada vez mais imperfeitos e fracassados. Fizeram coisas absurdas, e seus empreendimentos foram cada vez menos produtivos. Muito embora o livro de Juízes seja uma história deprimente, a narrativa é absolutamente verdadeira.[1]

Resta claro afirmar, portanto, que o livro de Juízes não é um livro de virtudes nem uma coleção de histórias inspiradoras a serem imitadas. Também não é um código de moralidade digno de ser seguido. Longe de enaltecer os líderes humanos, o livro ressalta o Deus da misericórdia, o verdadeiro herói trabalhando pacientemente em favor de seu povo.

O livro de Juízes é um alerta à presente e às futuras gerações acerca do perigo de abandonar o Deus vivo. Quando Deus deixa de ser o referencial da vida, o homem se bestializa. Quando a verdade de Deus é trocada pela mentira, o homem mergulha nas crenças mais degradantes. Quando o homem sacode o jugo do Deus santo, ele se desfigura e se degrada na prática da idolatria, da imoralidade e da violência.

O livro de Juízes é um outdoor que estampa o pecado do homem e a graça de Deus, a decadência humana e a redenção divina. Vamos caminhar pelas páginas deste livro intrigante, rogando a Deus que ilumine nossa mente e desperte nosso coração, a fim de jamais nos desviarmos das veredas da justiça. Boa leitura!

Notas

1 KELLER, Timothy. *Juízes: os heróis falhos e o Herói Perfeito*, p. 9.

Introdução

Os GRANDES LÍDERES DE Israel, Moisés e Josué, estavam mortos. A nação se corrompeu rápida e profundamente. Misturou-se com os cananeus a ponto de abandonar o Senhor e adorar deuses estranhos. Deus disciplinou seu povo, enviando os inimigos para oprimi-los. No aperto, buscavam ao Senhor, e então, movido de compaixão, o Senhor suscitava um líder, um juiz, para livrá-los das mãos opressoras dos inimigos. Assim que se viam livres do jugo estrangeiro, voltavam a se rebelar contra o Senhor e passavam a adorar outros deuses. Esse ciclo de pecado e graça, queda e restauração perdurou por mais de trezentos anos. Quatorze juízes lideraram o povo nesses mais de três séculos, desde o tempo de Josué até o reinado de Saul.

Barry Webb coloca acertadamente o período dos juízes entre a chegada de Israel em Canaã e o estabelecimento da monarquia. Nesse período, Israel não tinha uma administração formal e centralizada e dependia especialmente de homens e mulheres dotados, levantados por Deus para prover liderança. Eles foram chamados juízes porque eram os instrumentos na aplicação do juízo divino tanto para lançar fora os inimigos de Israel como para apaziguar as disputas internas entre as tribos israelitas. O território de Israel naquele tempo foi dividido em áreas tribais (Js 13—21). Das doze tribos, nove tribos e meia ocuparam a região entre o rio Jordão (incluindo o mar da Galileia e o mar Morto) e a costa Mediterrânea. As outras duas tribos e meia ocuparam a região a leste do Jordão.[1]

Artur Cundall resume bem o que foi esse tempo: "O período dos juízes foi uma das épocas de trevas da história de Israel".[2] Nessa mesma linha de pensamento Timothy Keller diz: "Até mesmo os heróis, os juízes, tornam-se cada vez mais corruptos e malsucedidos. Fizeram coisas terríveis, e seus esforços foram cada vez menos redentores. É uma história sombria".[3]

Por sua vez, Robert Branson chega a dizer que Juízes atiça a imaginação e arrepia a alma. Grandes vitórias sobre os fortes foram conquistadas pelos fracos. Oprimidas e escravizadas, as tribos de Israel lutaram contra forças adversárias equipadas com tecnologia mais avançada e prevaleceram. O livro, outrossim, registra além dos triunfos da guerra, as profundezas da depravação humana. Um homem chacinou seus irmãos para tomar a coroa; uma mulher foi abusada sexualmente e teve seu corpo esquartejado; a devastação da guerra era infligida aos inimigos e, também, aos próprios irmãos. As tribos lutavam entre si e uma delas, a tribo de Benjamim, foi quase totalmente destruída. Mulheres eram sequestradas e forçadas a aceitar casamentos indesejados. O povo de Deus traiu o Senhor indo após outros deuses. O livro é uma alternância entre horror e triunfo, depravação e graça.[4]

O título do livro

O nome do livro de Juízes deriva do título dado aos líderes israelitas, intitulados de juízes que libertaram o povo de Israel da opressão de seus inimigos, no período posterior à conquista sob Josué até o estabelecimento da monarquia. O livro de Juízes menciona doze juízes: Otniel, Eúde, Sangar, Débora (e Baraque), Gideão, Tola, Jair, Jefté, Ibsã, Elom, Abdom e Sansão. O primeiro livro de Samuel menciona os dois últimos juízes: Eli e Samuel.

O termo "juízes" refere-se a um líder, geralmente levantado por Deus, com múltiplos papéis: nas atividades estrangeiras, o juiz era um libertador militar; nas atividades nacionais, o juiz era um administrador de justiça; e, nas atividades religiosas, o juiz era o mantenedor do modelo da aliança.[5] Robert Branson destaca que o que é estranho a respeito do título é que, à exceção de Débora, nenhum dos libertadores é realmente chamado de juiz.[6]

Artur Cundall diz, corretamente, que o Senhor é o verdadeiro Juiz de seu povo. É Ele quem os entrega nas mãos de seus opressores; é Ele quem suscita libertadores do povo; é seu Espírito, ao descer sobre os homens, que os qualifica para suas tarefas (3:10; 6:34; 11:29; 14:6,19; 15:14).[7] Por isso esse período é chamado de teocracia, ou seja, o governo de Deus.

O autor

O livro de Juízes é anônimo. Ainda hoje a autoria é indeterminada, pois o autor não é citado no próprio livro nem em quaisquer outros livros da Bíblia. No entanto, muitas alternativas são levantadas. Há estudiosos que atribuem a autoria a Fineias, outros a Ezequias e, ainda, a Esdras. De acordo com uma antiga tradição judaica, Samuel foi o seu autor. O Talmude credita ao profeta Samuel a autoria do livro de Juízes, bem como os livros de Rute e Samuel.[8]

O autor carrega as tintas para enfatizar que a escolha final que Deus fez para o reinado de Israel passava pela tribo de Judá (Davi), e não pela tribo de Benjamim (Saul) (20:18). R. C. Sproul chega a afirmar que a lealdade do autor a Davi e à tribo de Judá indica que ele viveu e escreveu no primeiro período do reinado de Davi, em Hebrom.[9]

A data em que foi escrito

A expressão "não havia rei em Israel" (17:6) sugere que o livro foi escrito após a instituição da monarquia, talvez no período de Saul ou no início do reinado de Davi, uma vez que os jebuseus ainda não tinham sido expulsos de Jerusalém (1:21). É provável que Juízes tenha sido escrito nos sete primeiros anos do reinado de Davi, quando Jerusalém ainda não havia sido tomada.

Carlos Osvaldo Cardoso Pinto corrobora dizendo que o livro oferece pelo menos uma indicação clara de sua data de composição, ou seja, a frase "naqueles dias não havia rei em Israel" (17:6; 18:1; 19:1; 21:25) várias vezes repetida. Isso indica uma data entre a inauguração da monarquia e a divisão do reino ao tempo de Roboão, já que apenas Israel é mencionado. Além disso, Juízes 1:21 menciona Jerusalém como uma cidade controlada pelos jebuseus, o que aponta para uma data no começo do reinado de Davi.[10]

O período

O livro de Juízes vai da morte de Josué (1:1) ao nascimento de Samuel (1Sm 1:20). Nesse tempo, Israel foi oprimido por duas frentes: em seu interior, pelos cananeus e, de fora, pelos arameus, moabitas, midianitas, amonitas, amalequitas, amorreus e filisteus.

Por mais de três séculos, as doze tribos eram uma confederação com pouca união. Às vezes, essas tribos brigavam entre si em uma verdadeira guerra civil. Nesse tempo, não raro, havia anarquia e apostasia, confusão e degradação. Carlos Osvaldo Cardoso Pinto afirma: "O cenário de uma federação tribal frouxamente organizada, incapaz de reunir seus membros em uma emergência de guerra (5:16,17), se encaixa melhor no livro do que uma liga bem organizada de cidades-Estado, conforme exibida pelos filisteus. É notório, portanto, que o fracasso da teocracia no período dos juízes deveu-se à infidelidade de Israel à aliança e à falta de uma liderança espiritual e política permanente.[11]

Porque Israel não obedeceu a Deus, no sentido de expulsar os povos da Terra Prometida, os cananeus e os israelitas viveram lado a lado. Essa mistura desembocou em sincretismo religioso, e o povo da aliança acabou apostatando da fé e rendendo-se ao balismo cananeu.

Deus havia prometido a Abraão e à sua descendência uma terra deleitosa (12:7; 13:15; 17:8). No entanto, no livro de Josué, a conquista não foi completa (Js 13:1). No período subsequente dos juízes, a existência de Israel foi profundamente ameaçada por dois aspectos: o perigo da invasão militar, especialmente pelos filisteus, e a recorrente apostasia dos israelitas. Os perigos vinham de fora e, também, de dentro. Perseguição e idolatria marcaram o período dos juízes. A idolatria foi descrita como prostituição, e os israelitas "se prostituíram após outros deuses" (2:17; 8:27,33).

A divisão

O livro pode ser dividido em três partes: *introdução* (1:1—3:6); *corpo* (3:7—16:31); e *epílogo* (17:1—21:25).

1. *Introdução.* Retrata Israel se movendo da conquista para a apostasia, fracassando nas guerras estrangeiras (1:1—2:5) e cedendo espaço aos ídolos estrangeiros (2:6—3:6). Nesse período do estabelecimento em Canaã (1:1—3:6), há numerosos incidentes ligados à conquista da terra, com foco dirigido às tribos individuais. Nas palavras de Artur Cundall "parece que uma das principais diferenças é que no livro de Juízes se dá mais atenção às tribos individuais, em particular a Judá, enquanto em Josué a conquista é vista como a obra de tribos unidas sob um líder".[12]

2. *O corpo* (3:7—16:31). Trata da história dos juízes em uma espiral descendente rumo à apostasia. No período dos grandes livramentos de Deus pelas mãos dos juízes (3:7—16:31), conhecemos os doze principais personagens dos quais o livro deriva seu nome: Otniel (3.7-11), Eúde (3:12-30), Débora, com Baraque como apoio (4-5), Gideão (6-8), Jefté (10:6—12:7) e Sansão (13-16). Esses são os chamados juízes maiores. Os juízes menores são: Sangar (3:31), Tola e Jair (10:1-5), e Ibsã, Elom e Abdon (12:8-15).

R. C. Sproul resume esse tempo, assim:

> Otniel (3:7-11), que se casa com a piedosa Acsa, contrasta com Sansão (13:1—16:31), que está sempre à caça de mulheres estrangeiras; a tomada dos vaus do Jordão, nos dias de Eúde

> (3:28), que resulta na conquista dos cananeus, contrasta com a tomada dos vaus do Jordão nos dias de Jefté (12:5), que resulta na conquista dos israelitas; o ato de uma mulher cravar uma estaca de tenda na cabeça de um líder cananeu nos dias de Débora (4:21) contrasta com o ato de uma mulher lançar uma pedra de moinho na cabeça de um líder israelita, nos dias de Abimeleque (9:53).[13]

Robert Branson diz que essa seção central do livro de Juízes narra o ciclo de pecado, opressão, clamor a Deus e surgimento dos salvadores que libertariam Israel. Os seis ciclos desenvolvem um padrão de uma espiral cada vez mais decadente, distante de Deus e próxima de desintegração social. Os primeiros três ciclos (Otoniel, Eúde e Débora) descrevem Israel buscando outros deuses, mas sendo libertada e premiada com períodos de paz. O quarto ciclo (Gideão) é essencial para a história geral, uma vez que começa uma tendência descendente em direção à destruição. No quinto ciclo, os anciãos, e não o Senhor, escolhem Jefté como líder, e no sexto (Sansão), não há clamor nem libertação plena.[14]

3. *O epílogo* (17:1—21:25). Contém duas seções que mostram os resultados da apostasia tanto na teologia quanto na ética. Israel fracassou ao adorar ídolos domésticos (17:1—18:31) e ao sucumbir nas guerras locais (19:1—21:25). No período final do livro há dois incidentes desconectados entre si: Mica e a migração Danita (17-18), e o incidente envolvendo a concubina violentada do levita e as suas consequências (19-21).

Dale Ralph Davis oferece um sugestivo esboço do livro de Juízes: 1) o fracasso de uma geração (1:1—3:6); 2) a salvação do misericordioso Deus (3:7—16:31); 3) a confusão de um povo depravado (17:1—21:25).[15]

Forma literária

Carlos Osvaldo Cardoso Pinto destaca duas características literárias do livro de Juízes.[16] A primeira delas é o contraponto entre o prólogo e o epílogo, com o primeiro retratando o que deveria ter sido a vida ideal de Israel sob a teocracia e os primeiros sinais de perigo contra esse ideal, e o último descrevendo quão profunda fora a queda de Israel em relação ao nível de vida que o Senhor tencionara para seu povo, queda essa devida à falta de fidelidade da nação e, em última análise, à falta de uma liderança espiritual permanente e confiável.

A segunda característica literária de Juízes é a descrição cíclica do fracasso de Israel sob a forma pré-monárquica da teocracia. A apostasia é seguida pela disciplina e o clamor a Deus é seguido do libertador proporcionando um período de bênção sob as provisões da aliança. Assim, vemos em Juízes os chamados ciclos 3D: desvio, disciplina e desafogo.

Ênfases

Várias ênfases são dadas neste livro, como o destaque de Israel como o povo pactual, a idolatria como um laço mortal, o sincretismo religioso como resultado dos casamentos interraciais, a fragmentação da unidade nacional, a apostasia religiosa, a decadência moral, o amor que disciplina, o livramento de Deus e a misericórdia recorrente. Das muitas ênfases, destacaremos algumas:

Em primeiro lugar, *a infidelidade do povo de Israel.* O livro de Juízes enfatiza o ciclo de apostasia-opressão-arrependimento-libertação-apostasia-opressão-arrependimento-libertação. Nessa gangorra espiritual, Israel entra em uma espiral descendente rumo à apostasia religiosa, depravação moral e confusão social. O final do livro revela uma anarquia quase completa: "cada um fazia o que parecia certo aos seus próprios olhos" (21:25). O ciclo completo aparece em Juízes sete vezes (3:7,11,30; 4:1—5:31; 6:1,8,28; 8:33—10:5; 10:6—12:7; 13:1,16,31).

Artur Cundall destaca que houve uma queda no padrão de liderança desde Moisés e Josué. Não houve alguém remotamente comparável a esses dois líderes até que Deus levantou Samuel. Eúde era um mero assassino covarde; Gideão fez o povo errar após sua vitória sobre os midianitas; Jefté, com seu currículo pessoal infeliz, aparece como um oportunista, a despeito de suas muitas e admiráveis qualidades; e as histórias de Sansão entristecem-nos, ao invés de inspirar-nos.[17]

Em segundo lugar, *a fidelidade de Deus.* A apostasia de Israel estava em contraste com a fidelidade de Deus. Inobstante o pecado recorrente de Israel, Deus libertou o povo repetidas vezes. O livramento não decorria dos méritos do povo, mas da misericórdia de Deus (2:18).

Em terceiro lugar, *a preparação para a monarquia em Israel.* Concordo com R. C. Sproul, quando diz que os eventos em Juízes são fundamentais para o estabelecimento da monarquia em Israel. Deus prometeu que um dia seriam governados por um rei (Gn 17:6,16; 35:11; 49:10). Moisés confirma essa promessa quando descreve em detalhes o tipo de rei que Israel deveria ter quando a monarquia fosse formada mais tarde (Dt 17:14-20). Juízes demonstra que tipo de vida haveria em Israel na ausência de um rei piedoso: anárquica e caótica.[18]

Em quarto lugar, *a salvação de Deus.* O livro de Juízes destaca com cores vivas a salvação de Deus. Muito embora Deus tenha levantado líderes para livrar o povo nas mais diversas circunstâncias, em última instância, era o próprio

Deus quem livrava o povo (2:18; 10:11,12). Na verdade, o Senhor é o único e verdadeiro libertador e salvador do seu povo. Timothy Keller chama a atenção para o fato de que Juízes não é um "livro de virtudes"; não é uma coleção de contos inspiradores, não é um compêndio de exemplos a serem seguidos. A Bíblia diz respeito ao Deus misericordioso e paciente que trabalha incansavelmente em nós e por nosso intermédio, apesar de nossa teimosia em ir contra seus propósitos. Existe um único herói em Juízes, e Ele é divino.[19]

Em quinto lugar, *a soberania de Deus.* Concordo com R. C. Sproul quando diz que no cerne do livro está a soberania de Deus. Foi Deus quem empregou as nações pagãs como instrumento para punir Israel em decorrência de sua apostasia. Foi Deus quem levantou libertadores para Israel quando o povo clamou a Ele por salvação. Também foi Deus quem capacitou juízes com o Espírito Santo para derrotar aquelas nações pagãs. Deus estava no pleno controle desse período aparentemente caótico na história de Israel.[20] Carlos Osvaldo Pinto diz corretamente que a frase "e os entregou nas mãos de" tira do campo meramente sociopolítico as constantes opressões a que Israel foi submetido, e coloca-as em uma esfera maior, que abrange céus e terra.[21]

Em sexto lugar, *a expectativa messiânica.* As histórias registradas em Juízes prefiguram a obra do Messias, o único que pode mediar a verdadeira, final e eterna salvação do povo de Deus. Juízes apontava para a necessidade de um rei, mas o estabelecimento da monarquia em Israel não pode oferecer ao povo um governo justo. Os reis de Israel e Judá nunca alcançaram a posição idealizada por Deus (Dt 17:14-20). Certamente, aponta para o futuro Rei messiânico, o Rei final e absoluto, o Rei dos reis e o Senhor dos senhores, cujo reino é eterno e cujo trono jamais será abalado.

O propósito

R. Clyde Ridall destaca três propósitos de Juízes:[22]

Em primeiro lugar, *declarar a necessidade de líderes consagrados*. Sem liderança apropriada, o resultado é a confusão civil e o caos moral. Como Israel, a igreja também precisa de um ministério ordenado, consagrado ao Senhor (1Co 14:40).

Em segundo lugar, *mostrar a longanimidade de Deus*. As notas principais de Juízes são a desobediência do povo de Israel e a longanimidade de Deus. As expressões-chaves são: a) fizeram os filhos de Israel o que era mal; b) a ira do Senhor se acendeu; c) os filhos de Israel clamaram ao Senhor; d) levantou o Senhor juízes, que os livraram da mão dos que os roubaram (2:11,14; 3:15; 2:16). A sequência do livro é: a) apostasia; b) servidão; c) aflição; d) oração; e) libertação.

Em terceiro lugar, *afirmar que Deus sempre tem um remanescente fiel*. Juízes mostra que até mesmo em uma era de profunda apostasia, ainda existiam alguns poucos que se apegavam à fé e à adoração ao Deus verdadeiro (10:10-16). Pode-se encontrar evidências para isso nas seguintes considerações: a) o tabernáculo foi mantido em Siló (18:31); b) pelo menos uma das festas anuais era celebrada (21:5); c) o ritual da circuncisão foi observado (14:3; 15:18); d) os sacrifícios eram oferecidos (11:31; 13:15,16,23; 20:26; 21:4); e) os votos com o Senhor foram mantidos (11:30; 13:5).

Carlos Osvaldo Cardoso Pinto destaca que o modelo de teologia bíblica aqui proposto inclui quatro linhas de ação:

o decreto divino de permitir o mal; sua promessa e/ou ação em julgar o mal; a libertação do mal para uma semente escolhida e/ou por meio dela; e o decreto de abençoar os eleitos.[23]

NOTAS

1 WEBB, Barry G. *Judges*, p. 261.

2 CUNDALL, Artur E. *Juízes e Rute: introdução e comentário*, p. 45.

3 KELLER, Timothy. *Juízes para você*, p. 10.

4 BRANSON, Robert D. *Novo comentário bíblico Beacon – Juízes*, p. 27.

5 SPROUL, R. C. *Bíblia de Estudo da Fé Reformada*, p. 349.

6 BRANSON, Robert D. *Novo Comentário Bíblico Beacon – Juízes*, p. 28.

7 CUNDALL, Artur E. *Juízes e Rute: introdução e comentário*, p. 17.

8 BRANSON, Robert D. *Novo comentário bíblico Beacon – Juízes*, p. 41.

9 SPROUL, R. C. *Bíblia de estudo da fé reformada*, p. 349.

10 PINTO, Carlos Osvaldo Cardoso. *Foco e desenvolvimento no Antigo Testamento*, p. 219.

11 Ibidem, p. 223,225.

12 CUNDALL, Artur E. *Juízes e Rute: introdução e comentário*, p. 21.

13 SPROUL, R. C. Bíblia da fé reformada, p. 350.

14 BRANSON, Robert D. *Novo comentário bíblico Beacon – Juízes*, p. 44.

15 DAVIS, Dale Ralph. *Judges*, p. 12.

16 PINTO, Carlos Osvaldo Cardoso. *Foco e desenvolvimento no Antigo Testamento*, p. 224.

17 CUNDALL, Artur E. *Juízes e Rute: introdução e comentário*, p. 41.

18 SPROUL, R. C. *Bíblia de estudo da fé reformada*, p. 351.

19 KELLER, Timothy. *Juízes para você*, p. 10.

20 SPROUL, R. C. *Bíblia de estudo da fé reformada*. 2022, p. 352.

21 PINTO, Carlos Osvaldo Cardoso. *Foco e Desenvolvimento no Antigo Testamento*. 2014, p. 226.

22 RIDALL, R. Clyde. *O livro de Juízes*. Em *Comentário Bíblico Beacon*. Vol. 2. CPAD. Rio de Janeiro, RJ. 2015, p. 93,94.

23 PINTO, Carlos Osvaldo Cardoso. *Foco e Desenvolvimento no Antigo Testamento*. 2014, p. 226.

Capítulo 1

Vitórias insuficientes

(Juízes 1:1-36)

Novos começos são estabelecidos pela morte de servos de Deus. O Êxodo começa com a morte de José. Josué começa com a morte de Moisés. Juízes começa com a morte de Josué. 1Reis começa com a morte de Davi. O reino de Deus não entra em colapso quando preciosos servos de Deus morrem. O reino de Deus continua avançando apesar da morte de servos consagrados. Este é o testemunho de Juízes capítulo 1. Josué morreu, mas Deus entregou nas mãos de Judá os inimigos de Israel (1:2,4,19). Nosso socorro não está nas mãos dos nossos heróis humanos, mas nas mãos do Senhor.[1]

Como já declaramos, o livro de Juízes começa com a morte de Josué, assim como o livro de Josué começou com a morte de Moisés. A morte de um grande líder enseja um tempo de transição. Enquanto Josué liderou o povo, houve vitórias e conquistas. Depois que Josué morreu, a nova geração que se levantou não conhecia mais o Senhor, experimentando derrotas amargas. Assim, o livro começa olhando para o passado, a morte de um grande líder (1:1) e termina olhando para o futuro, sentindo a necessidade de um rei que os governasse (21:25).

Como vimos na introdução, o livro de Juízes relata uma espécie de gangorra espiritual de Israel. Em vez de Israel expulsar os povos canaanitas, uniu-se a eles e acabou servindo aos seus deuses. O resultado desse sincretismo foi a apostasia religiosa e as fragorosas derrotas militares. Concordo com Dale Ralph Davis quando diz que Juízes 1 lida com o segundo movimento da conquista de Canaã, ou seja, enfatiza o processo de possessão da terra em que as tribos separadas ou grupos tribais muitas vezes fracassaram nessa conquista.[2]

O referido texto é o testemunho de um bom começo, mas fermentado por perigos ameaçadores. Vitórias parciais desembocaram em uma sucessão de fracassos. Robert Branson destaca que já o primeiro capítulo descreve o fracasso das tribos em conquistar a terra. Movendo-se geograficamente do Sul para o Norte, a história se desloca do sucesso de Judá às falhas crescentes das tribos do Norte.[3]

Uma vitória incompleta (1:1-20)

Vemos, aqui, como Judá recebe divina direção (1:2a), divina garantia (1:2b) e experiências do divino poder (1:4) e da presença do Senhor (1:19a). É à luz desses fatos que podemos ver o sucesso de Judá: suas vitórias sobre

Bezeque (1:4-7), Jerusalém (1:8), Hebrom (1:10), Debir (1:11-15), Zefate/Hormá (1:17) e as cidades costeiras (1:18,19).[4]

A conquista da Terra Prometida era uma necessidade imperativa (Js 23:4,5). No entanto, esse arrojado projeto carecia de uma liderança inspiradora. Quem vai liderar essa campanha? O Senhor designou Judá para assumir a liderança e prometeu uma missão bem-sucedida. Robert Branson diz que a tribo de Judá, obediente e bem-sucedida, é posta em contraste com as tribos do Norte, que lentamente incorporam a cultura e as crenças cananeias em uma lenta e decadente espiral de desobediência ao concerto. A bem-aventurança de Judá também é especificamente contrastada com o fracasso da tribo de Benjamim. Se a primeira conquista a cidade de Jerusalém e a incendeia (1:8), a segunda não consegue manter o controle da cidade nem desalojar os jebuseus que moravam nela (1:21). Nesse sentido, é Judá quem toma a liderança não apenas na conquista (1:1,2), mas também na guerra contra Benjamim (20:18). A ascendência de Judá sobre Benjamim prefigura o conflito entre Davi e Saul, no qual a casa benjamita de Saul é destronada pela casa de Davi.[5] A esse respeito destacaremos alguns pontos importantes:

Em primeiro lugar, *uma escolha providente* (1:1,2). Se a morte de Moisés foi o término de um ciclo na história de Israel, a morte de Josué também marcou o fim de uma era e o começo de um novo tempo. Sem a liderança de seu grande general, os filhos de Israel consultaram ao Senhor sobre quem lideraria o povo na batalha contra os cananeus, os habitantes da terra, na Palestina central. A consulta a Deus tem uma resposta clara e imediata bem como uma promessa segura. A tribo de Judá subirá contra os cananeus, e o Senhor entregará em suas mãos a terra. Concordo com Robert Chisholm quando escreve:

> A escolha de Judá não deveria nos surpreender, pois a liderança de Judá estava bem estabelecida nas antigas tradições de Israel. Em sua bênção aos filhos antes de sua morte, Jacó descreveu Judá como um poderoso guerreiro e líder entre seus irmãos (Gn 49:8-12). Judá ocupava também uma posição de destaque na ordem do acampamento tribal no deserto (Nm 2) e foi a primeira tribo à qual Josué designou terra ao oeste do Jordão (Js 14—15).[6]

Em segundo lugar, *uma parceria importante* (1:3). Judá convidou a tribo de Simeão a subir com ele contra os cananeus, formando uma coalisão e prometendo oportunamente lutar também suas guerras. Essas duas tribos eram irmãs consanguíneas (Gn 29:33-35). Alguns escritores veem esse convite como uma falta de confiança na promessa divina; contudo, a parceria na obra não é um desvio da fé, mas uma soma de esforços necessária para o sucesso da obra. Robert Chisholm tem razão em dizer que essa aliança legítima entre irmãos com o propósito de realizar a vontade de Deus se contrapunha às alianças ilegítimas descritas mais adiante no livro.[7]

Em terceiro lugar, *uma vitória retumbante* (1:4). Judá subiu contra os inimigos e obteve uma vitória retumbante sobre os cananeus e ferezeus em Bezeque, mas foi Deus quem os entregou nas suas mãos. Os judaítas feriram dez mil homens em Bezeque. O termo "cananeus" usualmente designa todos os habitantes da terra à época da conquista da Terra Prometida.

Em quarto lugar, *uma retribuição justa* (1:5-7). Os judaítas encontraram em Bezeque Adoni-Bezeque e pelejaram contra ele, ferindo os cananeus e ferezeus. Adoni-Bezeque, o regente de Bezeque, fugiu, mas foi perseguido e capturado. Cortaram-lhe os polegares das mãos e dos pés em uma retribuição justa ao que esse rei havia feito no passado, quando impôs a mesma sentença a setenta reis, forçando-os a apanhar migalhas debaixo de sua mesa, lambendo o chão como cachorros. Arthur Cundall diz que a mutilação de Adoni-Bezeque não apenas o humilhou, como também o tornou um aleijado impotente, incapaz de usar uma arma efetivamente.[8] O próprio rei capturado e mutilado reconhece que está colhendo o que plantou e que está recebendo a justa retribuição divina. Ele foi levado a Jerusalém, onde morreu.

Robert Chisholm diz que é provável que esse regente de Bezeque represente toda a população cananeia, que cometeu pecados graves contra o Senhor, poluiu a terra e merecia o castigo severo de Deus (Gn 15:16; Lv 18:24-28).[9] Dale Ralph Davis chega a dizer que a conquista de Canaã foi um ato de justiça, a justiça do Senhor. Israel era o instrumento de seu justo julgamento sobre esse povo corrupto e pervertido.[10] Concordo com Timothy Keller quando diz que o veredito de Deus ao longo da história é entregar o ser humano às consequências da vida que ele próprio escolheu viver (Sl 64:3,4,7,8; Rm 1:21-32).[11]

Clyde Ridall diz acertadamente que a inescapável lei de plantar e colher é vividamente ilustrada nesta passagem. A Escritura diz: "Tudo o que homem semear, isso também ceifará" (Gl 6:7). Adoni-Bezeque plantou brutalidade (1:7) e colheu aquilo que plantou (1:6). Na verdade, ele colheu mais do que plantou, porque sua colheita lhe trouxe morte prematura, mas suas vítimas permaneceram vivas (1:7). A lei da retribuição é inescapável.[12]

Em quinto lugar, *uma conquista importante* (1:8-10). Os filhos de Judá pelejaram contra Jerusalém e passaram-na o fio de espada, pondo fogo à cidade. É importante destacar que Jerusalém é uma das cidades mais antigas do mundo, tendo sido ocupada continuamente por um período de cinco mil anos. Já nos dias de Abraão, Melquisedeque a governava como sacerdote-rei (Gn 14:18). Depois, os filhos de Judá desceram e pelejaram contra os cananeus que habitavam nas montanhas do deserto do Neguebe e nas planícies. Nessa empreitada conquistadora, os filhos de Judá ainda partiram contra os cananeus que habitavam em Hebrom e ali feriram Sesai, Aimã e Talmai. Hebrom era uma cidade nas montanhas de Judá, situada cerca de trinta quilômetros a sudoeste de Jerusalém. Esta cidade tinha conexões importantes com a família patriarcal.

Robert Branson diz que Hebrom era uma cidade de importância política e sagrada. Mais tarde, ela se tornou a primeira residência real de Davi (2Sm 2:1). Josué havia diferenciado Hebrom como uma cidade sagrada, para a qual poderia fugir a pessoa que acidentalmente tivesse matado alguém (Js 20:7). Ela continuou como centro sagrado durante o reinado de Davi. Absalão, filho de Davi, obteve permissão do rei para ir até lá adorar ao Senhor, planejando secretamente iniciar uma revolta que partisse dali (2Sm 15:7-12).[13]

Em sexto lugar, *um herói recompensado* (1:11-15). De Hebrom, os filhos de Judá partiram contra os moradores de Debir, cidade confiada aos levitas como cidade refúgio (Js 21:15). Calebe prometeu dar em casamento sua filha Acsa a quem derrotasse e tomasse Debir, também chamada de Quiriate-Sefer. Com isso, Calebe queria certificar-se de que Acsa teria um marido digno e ele, um genro valente.

É digno de nota que, à medida que o livro de Juízes se desdobra, as mulheres se tornam vítimas da opressão masculina, e não beneficiárias da proteção deles. Otniel, o guerreiro vitorioso e sobrinho de Calebe, tomou a cidade, e Calebe lhe deu a filha por mulher. Calebe deu à Acsa terras desérticas, mas ela, em parceria com o marido, rogou ao pai fontes de águas, algo essencial em uma área semiárida. Acsa era uma visionária e empreendedora. Queria mais, pediu mais, recebeu mais para ir além. Então seu pai lhe concedeu o que ela pediu, dando-lhe as fontes superiores e as fontes inferiores

Em sétimo lugar, *uma vitória parcial* (1:16-19). Os filhos do queneu, sogro de Moisés, subiram com os filhos de Judá da cidade das palmeiras ao deserto de Judá e habitaram com o povo que vivia ali. Judá e Simeão foram e feriram os cananeus que habitavam em Zefate e a destruíram totalmente. Judá ainda tomou as cidades-Estado filisteias de Gaza, Asquelom e Ecrom, e seus respectivos territórios. Gaza era a cidade mais ao sul das cinco cidades mais importantes da Filistia (Asdode, Asquelom, Ecrom, Gate e Gaza). Arthur Cundall destaca que os filisteus foram parte de um movimento migratório complexo, partindo da área do mar Egeu, cerca de uma geração após a entrada de Israel na terra. Esses povos do mar estabeleceram-se em grande número nas planícies costeiras.[14] As vitórias sobre esses povos ocorreram porque o Senhor era com Judá.

O balanço do primeiro capítulo de Juízes seria encorajador se terminasse no versículo 18. Muito embora Judá tenha despovoado os moradores das montanhas, não expulsou os moradores do vale, porquanto estes tinham carros de ferro. Essa é uma nota triste, pois carros de ferro podiam ser um grande obstáculo para os judaítas, mas não para o Senhor.

A causa da vitória de Judá não era sua destreza militar, mas a mão do Senhor lutando por ele. Israel, na verdade, nunca foi derrotado por causa da grandeza do inimigo, mas sempre pela sua falta de confiança no Senhor. Timothy Keller chama a atenção para o fato de que o bom senso desacompanhado da fé começa a prevalecer aqui. Judá não confia em Deus e dessa forma não se apossa de sua herança.[15]

Robert Chisholm esclarece bem esse ponto:

> Desde quando carruagens eram capazes de frustrar os propósitos e o poder de Deus? O Senhor destruiu os carros egípcios no Mar Vermelho (Êx 14:23-28; 15:4). Ele prometeu entregar os carros cananeus a Israel e instruiu Josué a queimá-los (Js 11:4-6), uma ordem que Josué cumpriu fielmente (Js 11:9). Mais tarde, Josué garantiu aos homens de José que as carruagens de ferro dos cananeus não os impediriam de conquistar as planícies (Js 17:16-18). Mas aqui lemos que os homens de Judá não foram capazes de derrotar os carros de ferro, apesar de o Senhor estar com eles. Alguns versículos mais tarde, o narrador explica que o fracasso do povo não se devia aos carros de ferro (como muitos haviam pensado), mas às concessões espirituais e à idolatria (Js 2:1-5).[16]

Dale Ralph Davis diz que a motivação correta para expulsar os cananeus não era pragmática, mas espiritual. O Senhor tinha advertido o povo de Israel por meio de Moisés: "Eles não habitarão em tua terra, para que te não façam pecar contra mim; se servires aos seus deuses, isso te será cilada" (Êx 23:33). Não expulsar os cananeus não seria tanto uma ameaça militar, mas um câncer espiritual (Êx 23:23-33; 34:11-16; Dt 7:1-5). Essa era a razão pela qual Israel precisava lançar fora todos os povos daquela terra.[17] Em vez disso, Israel submeteu-os a trabalhos forçados, em aberta violação aos mandamentos do Senhor. Assim,

Juízes 1 nos mostra o quadro de um substancial controle de Israel sobre Canaã. No entanto, esse controle era um sucesso apenas aparente e pragmático, carimbado pelo fracasso espiritual. Tratava-se de uma estranha combinação. Israel é dominante, mas não obediente. Tem superioridade, mas não fidelidade. O alerta permanece como trombeta divina: nem todo sucesso é agradável aos olhos de Deus.

Em oitavo lugar, *uma promessa cumprida* (1.20). Calebe e Josué foram os únicos espias que, enviados à terra de Canaã, ousaram crer que se Deus se agradasse deles, poderiam tomar posse da terra. Agora, Hebrom foi dada a Calebe, mesmo sendo ele um homem avançado em idade. Apesar da idade avançada, ele teve disposição de expulsar dali os três filhos do gigante Anaque.

Uma sucessão de fracassos (1:21-36)

O que encontraremos aqui é um corolário de fracassos. O povo de Deus foi menos corajoso do que o povo que não conhecia o Senhor. Nas palavras de Timothy Keller, "os israelitas conviveram com os cananeus e seus ídolos. Como minas escondidas, esses ídolos estão dormentes em Juízes 1, prontos a detonar a vida espiritual do povo de Deus".[18]

Warren Wiersbe destaca que Benjamim, Efraim, Zebulom, Aser, Naftali e Dã não conseguiram vencer os inimigos e foram obrigados a permitir que essas nações ímpias continuassem vivendo nos territórios de suas tribos. O inimigo chegou a expulsar a tribo de Dã das planícies para as montanhas, e os jebuseus permaneceram em Jerusalém.[19] Vejamos:

Em primeiro lugar, *o fracasso de Benjamim* (1:21). Judá venceu e queimou a cidade de Jerusalém, quartel general dos jebuseus, mas os filhos de Benjamim não expulsaram os jebuseus que habitavam na cidade. Os jebuseus eram uma tribo de montanheses que os israelitas encontraram em Canaã quando lá chegaram. Os benjamitas tiveram de conviver com os jebuseus em Jerusalém até que a cidade foi conquistada mais de três séculos depois no reinado de Davi. É digno de destaque que é Davi, de Judá, (e não o benjamita Saul) quem conquistaria a cidade dos jebuseus e estabeleceria a cidade como residência do Senhor (2Sm 5:6,7).

Em segundo lugar, *o fracasso da casa de José* (1:22-26). Os filhos de José também fracassaram em sua missão, pois embora tenham espiado e conquistado Betel, ferindo a cidade ao fio da espada, foi o homem que lhes mostrou a entrada da cidade que foi à terra dos heteus e edificou ali a cidade de Luz. Arthur Cundall diz que Betel, associada ao patriarca Jacó (Gn 28:19), deveria tornar-se um dos principais santuários do período dos juízes. Depois, em seguida à morte de Salomão e divisão do reino, Betel se tornou santuário nacional do reino do norte. Seu nome significa "casa de Deus".[20]

Em terceiro lugar, *o fracasso das tribos do norte* (1.27-36). À medida que a narrativa se move geograficamente em direção ao Norte, o índice de sucesso nas empreitadas das tribos diminui. Vejamos:

Primeiro, *o fracasso de Manassés* (1:27,28). O texto em tela contém uma sucessão de fracassos das tribos do Norte. Manassés não expulsou os habitantes de Bete-Seã, nem os de Taanaque, nem os de Dor, nem os de Ibleão, nem os de Megido, todas com suas respectivas aldeias; pelo que os cananeus lograram permanecer na mesma terra. Mais tarde, Israel se fortaleceu e submeteu os cananeus a trabalhos forçados, mas não os expulsou.

Segundo, *o fracasso de Efraim* (1:29). Como seu irmão Manassés, a tribo de Efraim também experimentou um sucesso apenas parcial, pois não expulsou os cananeus, habitantes de Gezer; antes, continuaram com eles em Gezer. Os cananeus não apenas permaneceram na terra (1:27), como também viveram entre os israelitas (1:29).

Terceiro, *o fracasso de Zebulom* (1:30). A ladainha dos fracassos continua nos versículos 30 a 36. Zebulom não expulsou os habitantes de Quitrom nem os de Naalol; porém os cananeus continuam com ele, sujeitos a trabalhos forçados.

Quarto, *o fracasso de Aser* (1:31,32). Aser não expulsou os habitantes de Aco, nem os de Sidom, os de Alabe, os de Aczibe, os de Helba, os de Afeca e os de Reobe; porém os aseritas continuaram no meio dos cananeus que habitavam na terra, porquanto não os expulsaram.

Quinto, *o fracasso de Naftali* (1:32,33). Naftali não expulsou os habitantes de Bete-Semes nem os de Bete-Anate, permanecendo no meio dos cananeus que já habitavam na terra. No entanto, os habitantes de Bete-Semes e Bete-Anate foram submetidos a trabalhados forçados.

Sexto, *o fracasso de Dã* (1:34-36). Os amorreus arredaram os filhos de Dã, empurrando-os até as montanhas, e não os deixavam descer ao vale. Não foram os amorreus que viveram entre os danitas; foram os danitas que viveram entre os amorreus. Os amorreus lograram habitar nas montanhas de Heres, em Aijalom e em Saalabim; mas a mão da casa de José prevaleceu e eles foram submetidos a trabalhos forçados. Assim, o limite dos amorreus foi desde a subida de Acrabim e desde Sela para cima.

Notas

1 DAVIS, Dale Ralph. *Judges*, p. 19,20.
2 Ibidem, p, 16.
3 BRANSON, Robert D. Novo *comentário bíblico Beacon - Juízes*, p. 50.
4 DAVIS, Dale Ralph. *Judges*, p. 18,19.
5 BRANSON, Robert D. *Novo comentário bíblico Beacon – Juízes*, p. 50.
6 CHISHOLM JR., Robert B. *Juízes*, 114,115.
7 Ibidem, p. 115.
8 CUNDALL, Arthur E. *Juízes: introdução e comentário*. 2006, p. 52,53.
9 CHISHOLM JR., Robert B. *Juízes*, p. 116.
10 DAVIS, Dale Ralph. Judge, p. 16.
11 KELLER, Timothy. *Juízes para você*, p. 19.
12 RIDALL, R. Clyde. *O livro de Juízes*. In: *Comentário Bíblico Beacon*, v. 2, p. 97.
13 BRANSON, Robert D. *Novo comentário bíblico Beacon – Juízes*, p. 55.
14 CUNDALL, Arthur E. *Juízes: Introdução e Comentário*. 2006, p. 57.
15 KELLER, Timothy. *Juízes para você*. 2019, p. 20.
16 CHISHOLM JR., Robert B. *Juízes*, p. 121.
17 DAVIS, Dale Ralph. *Judges*, p. 24.
18 KELLER, Timothy. *Juízes para você*, p. 21.
19 WIERSBE, Warren W. *Comentário bíblico expositivo*, v. 2, p. 92.
20 CUNDALL, Arthur E. *Juízes: introdução e comentário*, p. 58.

Capítulo 2

A fidelidade de Deus e a infidelidade de seu povo

(Juízes 2:1-5)

MATTHEW HENRY FAZENDO UMA exposição do texto em tela, destaca o alto privilégio de Israel de receber uma mensagem procedente do céu, mesmo sendo uma mensagem de reprovação, correção e instrução. O pregador foi o Anjo do Senhor, ou seja, o próprio Senhor (2:1). As pessoas para quem o sermão foi pregado foram todos os filhos de Israel (2:4). O sermão destacou verdades sublimes: o que o Senhor fez por eles (2:1a); 2) o que o Senhor prometeu a eles (2:1b); o que o Senhor esperava deles (2:2a); a desobediência deles ao Senhor (2:2b); como o Senhor os disciplinou (2:3); finalmente, a eficácia da mensagem do Senhor para eles (2:4,5).[1]

Deus lembra seu povo do cumprimento de sua promessa (2:1)

Arthur Cundall diz que, nesta seção, o Senhor coloca o povo face a face com sua própria infidelidade.[2] Destacamos três pontos importantes:

Em primeiro lugar, *o próprio Senhor fala ao seu povo* (2:1a). "Subiu o Anjo do Senhor de Gilgal a Boquim [...]". O Anjo do Senhor é uma teofania. Trata-se da apresentação da própria segunda pessoa da Trindade pré-encarnada. Em Juízes esse Anjo é identificado como o próprio Deus (6:22; 13:21,22). O Anjo do Senhor repreende o povo em Boquim (pranteadores) por sua desobediência ou quebra da aliança e anuncia o julgamento.

O Anjo veio de Gilgal (o lugar da bênção) para Boquim (o lugar do choro). Israel tinha saído do lugar da vitória para o lugar do lamento.[3] Timothy Keller diz que o itinerário do Anjo é importante, pois foi em Gilgal que o povo fez uma aliança com Deus, onde Ele disse: "Hoje removi de vocês a humilhação sofrida no Egito (Js 5:9). Gilgal significar "remover". Foi ali que Deus perdoou o pecado dos israelitas, abraçou-os como seu povo e criou um relacionamento com eles pela graça, motivado unicamente por seu amor e bondade.[4]

Herbert Wolf, por outro lado, diz que o movimento do Anjo do Senhor de Gilgal para Boquim (Betel) pode significar a relocação do tabernáculo. Gilgal, situado entre o Jordão e Jericó, tinha sido o centro religioso inicial (Js 4:19,20). No entanto, em Juízes 20:18-28 e 21:1-4, Betel é identificada com o santuário.[5] É digno de destaque que Gilgal foi o primeiro acampamento feito pelos israelitas após cruzarem o Jordão (Js 4:19,20) e serviu de base para suas operações nas empreitadas militares subsequentes (Js 10:6,7).

Em segundo lugar, *o Senhor relembra a libertação do povo* (2:1b). "[...] e disse: do Egito vos fiz subir e vos trouxe à terra que, sob juramento, havia prometido a vossos pais [...]". O povo de Israel foi o povo liberto pelo Senhor de uma amarga escravidão. Com mão forte e poderosa o Senhor tirou o povo de Israel do cativeiro egípcio, conduziu-o quarenta anos pelo deserto e o introduziu na terra de Canaã. Israel foi escolhido, liberto e conduzido à terra da promessa não porque era o maior ou o melhor povo. Foi uma escolha livre e soberana. Israel tornou-se propriedade de Deus para ser um luzeiro para as nações. Deus prometeu a Abraão que faria dele uma grande nação e cumpriu a promessa. De igual modo, hoje, somos o povo de Deus comprado pelo sangue do Cordeiro, composto daqueles que procedem de toda tribo, língua, povo e nação (Ap 5:9). Fomos escolhidos não com base em méritos, mas por causa da soberana e livre graça de Deus (2Tm 1:9). Somos o povo peculiar de Deus com a vocação de proclamar as virtudes de Deus, aquele que nos chamou das trevas para a sua maravilhosa luz (1Pe 2:9).

Em terceiro lugar, *o Senhor relembra sua fidelidade à aliança* (2:1c). "[...] eu disse: nunca invalidarei a minha aliança convosco". Deus é fiel a si mesmo e à sua palavra. Ele é o avalista de suas próprias promessas. Israel foi escolhido por Deus, liberto por Deus, conduzido por Deus, introduzido à terra da promessa por Deus, disciplinado por Deus, mas jamais abandonado por Deus. Concordo com Arthur Cundall, quando diz que nem mesmo quando o julgamento divino recaiu sobre a nação, nas catástrofes de 722 e 586 a.C., Deus desistiu de seus propósitos redentores. Usando um remanescente purificado, preparou o caminho para uma nova aliança, o Novo Testamento selado com a morte de Cristo, provendo nova e dinâmica motivação interior para aquela obediência filial que faltava na história inconstante de Israel.[6]

Arthur Cundall ainda relembra, dizendo:

> O Senhor foi fiel no cumprimento de suas promessas aos patriarcas (Êx 33:1; Nm 14:23; 32:11; Dt 1:35; 10:11; 31:20,21,23; 34:4; Js 1:6). Ele os havia trazido para fora do Egito, e para a Terra Prometida. Nesta, como em todas as situações, nenhuma culpa poderia ser atribuída ao Todo-poderoso que jamais poderia agir de maneira inconsistente com sua natureza justa. Contudo, a aliança era condicional (Dt 28-30). Israel deveria ser leal ao seu Deus-Salvador, e obediente a seus mandamentos (Dt 30.16). Israel não deveria jamais fazer aliança com os cananeus, nem assumir compromisso com sua religião degenerada (Êx 23:32,33; 34:10-16).[7]

Deus lembra seu povo da necessidade de obedecer aos preceitos de sua aliança (2:2)

Warren Wiersbe corretamente afirma que nestes tempos de "pluralismo", em que a sociedade abriga pessoas com estilos de vida e crenças diferentes, é fácil ficar confuso e começar a pensar que tolerância é o mesmo que aprovação, o que não é verdade.[8] A igreja é aberta a todos, mas não aberta a tudo. Temos a obrigação de manter um modo de vida separado, a fim de não sermos contaminados pelo mundo (2Co 6:14-7.1). Destacamos aqui dois pontos importantes:

Em primeiro lugar, *Israel não poderia fazer aliança com os moradores da terra* (2:2). "Vós, porém, não fareis aliança com os moradores desta terra [...]". Uma condição para o cumprimento da aliança era Israel não fazer aliança como os moradores da terra. Como diz Robert Branson, a obrigação de Israel era cumprir o concerto, sobretudo não realizando outros concertos com os povos cananeus e destruindo os altares erigidos para outros deuses. Os israelitas não foram castigados por deixar os cananeus viverem, mas por firmar relacionamento e compromisso com eles, poupando os seus locais de adoração. O problema de Israel foi ter se tornado como os cananeus, tanto nas relações sociais como na adoração.[9] Warren Wiersbe corrobora: "Israel desobedeceu ao Senhor e não apenas poupou os cananeus e seu sistema religioso ímpio, como também começou a seguir o modo de vida dos inimigos".[10]

Em segundo lugar, *Israel deveria derrubar os altares pagãos* (2:2). "[...] antes, derribareis seus altares [...]". O grande laço para Israel foi a sedução religiosa. Deus os havia libertado do Egito, onde havia muitas divindades e, agora, eles entram em Canaã, onde os povos cananeus também adoravam muitos deuses. Por desobedecer aos preceitos da aliança, Israel fez concessões e acabou se rendendo à idolatria dos povos canaanitas.

Deus lembra seu povo da infidelidade à sua aliança (2:2)

A avaliação que o Deus da graça faz do desempenho de seu povo é severa: "Vocês me desobedeceram". Israel não cumpriu sua parte na aliança. Está escrito: "[...] contudo, não obedecestes à minha voz. Que é isso que fizestes?" (2:2b). A desobediência de Israel ao pacto trouxe uma exclamação de espanto! É como se Deus estivesse dizendo: "Como assim? Diante de tantos sinais de minha fidelidade, como você virou as costas para mim e quebrou a minha aliança?". Israel não desobedeceu a um rei opressor, mas o Deus de toda a graça, que o havia livrado do cativeiro e da morte. O Senhor milagrosamente os conduziu pelo deserto quarenta anos. O Senhor lhes deu pão do céu e fez água brotar da rocha. O Senhor não permitiu que as sandálias envelhecessem sob os pés israelitas nem que as roupas ficassem rotas no corpo deles. O Senhor triunfou sobre os inimigos deles e lhes deu líderes para conduzi-los em triunfo. O Senhor lhes deu sua santa lei e cumpriu sua aliança. Israel, porém, não obedeceu à voz do Senhor nem cumpriu a parte da aliança que lhe cabia.

Arthur Cundall diz que a prevalência de casamentos mistos com os cananeus inevitavelmente comprometeu a pureza do culto ao Senhor e, nessa atmosfera espiritualmente baixa, em geral, prestava-se deferência supersticiosa aos deuses locais, tidos como responsáveis pela fertilidade do solo. O levedo de Canaã permeou a nação toda.[11]

Warren Wiersbe é oportuno quando destaca que em sua aliança, Deus prometeu abençoar Israel se ele lhe obedecesse e discipliná-lo se lhe desobedecesse (Dt 27,28). Deus é sempre fiel à sua Palavra, quer seja para nos abençoar, quer seja para nos disciplinar, pois em ambos os casos Ele demonstra sua integridade e seu amor (Hb 12:1-11).[12]

Deus lembra seu povo das consequências da quebra da aliança (2:3)

Destacaremos três pontos importantes aqui:

Em primeiro lugar, *Deus não expulsou os povos de diante deles* (2:3a). "Pelo que também eu disse: não os expulsarei de diante de vós [...]". Se Deus não lutar por nós as nossas guerras, seremos derrotados fragorosamente. Nossas armas são impotentes demais; nossa força é débil demais; nosso poder é fraco demais para alcançarmos vitória sobre nossos inimigos. Clyde Ridall alerta para a terrível calamidade que espera os homens e as nações quando são abandonados por Deus.[13]

Em segundo lugar, *os povos foram adversários de Israel* (2:3b). "[...] antes, vos serão por adversários [...]". Os povos canaanitas se tornaram espinho para os israelitas, barreiras desconfortáveis na tentativa de Israel cumprir a vontade de Deus para si. Concordo com Timothy Keller quando diz que essa campanha militar dos israelitas para expulsar os cananeus não é uma limpeza étnica (Js 2:17-20; 6:25; Jz 1:16); tampouco é uma conquista imperialista, pois ninguém recebe permissão para saquear nem fazer escravos. A mistura de Israel com os povos cananeus resultou no sincretismo religioso, portanto o objetivo divino é purgar Israel dos ídolos. Deus exige senhorio sobre todas as áreas de nossa vida, e não apenas sobre algumas.[14]

Em terceiro lugar, *os deuses dos povos foram armadilhas para Israel* (2:3c). "[...] e os seus deuses vos serão por armadilha". Os deuses cananeus tornaram-se armadilhas para os israelitas; eram como as arapucas usadas pelos caçadores para capturar os passarinhos, uma metáfora para o modo como os adoradores eram seduzidos e levados até as garras da morte.[15] Arthur Cundall nessa mesma linha de pensamento diz que os habitantes da terra de Canaã são armadilhas em que os israelitas caíram, ao serem desencaminhados, para adorar os deuses da terra, deuses que acionam a tampa do alçapão que prende a vítima.[16]

Timothy Keller tem razão em dizer que a desobediência dos israelitas mostra que, embora não tivessem rejeitado completamente o Senhor como seu Deus, também não o aceitaram integralmente. A combinação desse discipulado parcial com as concessões feitas pelo povo é descrita no livro de Juízes como algo sem solidez e de vida curta. Em última instância, ou entregamos nossa vida inteira a Deus em obediência, amor e gratidão ou não entregamos nada. Obediência parcial gera desobediência total.[17]

O povo reage à repreensão divina (2:4,5)

Destacamos dois pontos importantes aqui:

Em primeiro lugar, *um choro coletivo* (3:4,5a). "Sucedeu que, falando o Anjo do Senhor estas palavras a todos os filhos de Israel, levantou o povo a sua voz e chorou. Daí, chamarem a esse lugar Boquim [...]". Ao ouvir o próprio Senhor dirigindo-se a Israel, acusando-o de quebra da aliança e anunciando, ao mesmo tempo, a disciplina e o julgamento, o povo prorrompeu em lágrimas. Normalmente é um bom sinal quando o povo de Deus, quebrantado e arrependido, entrega-se às lágrimas. Nas palavras de Warren Wiersbe, "Boquim era um lembrete da tristeza que resulta quando as ordens de Deus são comprometidas e negligenciadas. Talvez o nome de Boquim sinalize também que um período de fracasso e tristeza substituiu uma era de conquista e glória".[18]

A triste realidade é que não houve evidências de um arrependimento profundo, verdadeiro e permanente. Como diz o profeta Joel, Deus procura um coração quebrantado, e não apenas vestes rasgadas (Jl 2:12-14; Sl 51:17). Hoje, temos os olhos e o coração enxutos demais. Que o confronto divino produza em nós a tristeza segundo Deus (2Co 7:8-11)! Que Deus nos dê o dom das lágrimas do arrependimento!

Em segundo lugar, *um sacrifício ao Senhor* (2:5). "[...] e sacrificaram ali ao Senhor". O sermão do Anjo do Senhor produziu choro, lágrimas e profundas impressões no povo. As lágrimas levaram ao sacrifício. Vale destacar que essa geração posterior a Josué não se afastou totalmente do Senhor, mas também não lhe obedeceu completamente. Tristemente, as lágrimas foram esquecidas, os sacrifícios abandonados, e o povo voltou a pecar contra o Senhor.

Robert Chisholm, fazendo uma aplicação do texto em apreço, diz que como nova comunidade pactual do nosso Deus fiel e como destinatários de suas promessas confiáveis, devemos ser obedientes e preservar nossa identidade como povo, a fim de experimentarmos a plena realização de suas promessas.[19]

NOTAS

1 HENRY, Matthew. *Matthew Henry's commentary*, p. 243.

2 CUNDALL, Arthur E. *Juízes: introdução e comentário*, p. 62.

3 MACDONALD, William. *Believer's commentary*, p. 266.

4 KELLER, Timothy. *Juízes para você*, p. 23.

5 WOLF, Herbert. *Judges*. In: *Zondervan NIV Bible Commentary*. Zondervan, p. 332.

6 CUNDALL, Arthur E. *Juízes: introdução e comentário*, p. 64.

7 Ibidem, p. 63,64.

8 WIERSBE, Warren W. *Comentário bíblico expositivo*, v. 2, p. 93.

9 BRANSON, Robert D. *Novo comentário bíblico Beacon – Juízes*, p. 61.

10 WIERSBE, Warren W. *Comentário bíblico expositivo*. v. 2. 2006, p. 94.

11 CUNDALL, Arthur E. *Juízes: introdução e comentário*. 2017, p. 64.

12 WIERSBE, Warren W. *Comentário bíblico expositivo*, v. 2, p. 94.

13 RIDALL, R. Clyde. *O livro de Juízes*. In: *Comentário Bíblico Beacon*, v. 2, p. 102.

14 KELLER, Timothy. *Juízes para você*, p. 23.

15 BRANSON, Robert D. *Novo comentário bíblico Beacon – Juízes*, p. 61.

16 CUNDALL, Arthur E. *Juízes: introdução e comentário*, p. 65.

17 KELLER, Timothy. *Juízes para você*, p. 24.

18 WIERSBE, Warren W. *Comentário bíblico expositivo*, v. 2, p. 129.

19 CHISHOLM JR., Robert B. *Juízes*, p. 131.

Capítulo 3

O alto preço da desobediência

(Juízes 2:6; 3:1-6)

O TEXTO EM PAUTA é uma segunda introdução do livro de Juízes. O narrador bíblico volta a Josué e menciona novamente seu exemplo e sua morte. A passagem é um resumo de Juízes. Vemos nela o ciclo espiritual dos israelitas, que se repetirá por todo o livro, trazendo-nos um cenário sombrio do estado espiritual do povo de Deus. Robert Branson tem razão em afirmar que "o que unia as tribos não eram os laços de família ou solidariedade cultural, mas o concerto do Senhor. Não por acaso, ao final do livro, as tribos se voltam umas contra as outras em guerras fratricidas".[1]

Destacaremos alguns pontos importantes na exposição desse texto. Vejamos:

Uma geração que serviu a Deus (2:6-10a)

Josué foi um líder exponencial. Foi discípulo e sucessor de Moisés. Coube-lhe o privilégio de introduzir o povo de Israel na Terra Prometida por meio de suas vitoriosas campanhas militares, a fim de que as tribos possuíssem a terra. Clyde Ridall destaca que antes do final de sua vida, Josué reuniu a nação em Siquém, uma cidade murada (Gn 33:18), nas colinas de Efraim (Js 20:7), próxima do monte Gerizim (Js 9:7). Ela é a moderna Nablus, cerca de cinquenta quilômetros ao norte de Jerusalém.[2]

Destacamos aqui alguns pontos importantes:

Em primeiro lugar, *Josué, um líder inspirador* (2:6,7). Josué viveu cento de dez anos. Foi fiel a Deus na travessia do deserto e na conquista de Canaã. Sua liderança foi notória, sua vida foi irrepreensível, seu exemplo foi inspirador, sua morte foi o fim de um ciclo. Foi sob sua batuta que os inimigos foram vencidos e as tribos se instalaram na terra da promessa. Nos seus dias, o povo de Israel serviu ao Senhor. Nos dias subsequentes à sua morte, sob a liderança dos anciãos que viram os grandes feitos do Senhor, Israel serviu integralmente a Deus. Exemplos inspiram e levam outros consigo.

Em segundo lugar, *Josué, um líder que cumpriu sua missão* (2:8-10a). Josué, filho de Num, morreu aos cento e dez anos e foi sepultado no limite de sua herança. Diferentemente de José e Moisés, que não tiveram esse privilégio, ele morreu e foi sepultado na terra da promessa, cumprindo, assim, cabalmente seu ministério. O local do sepultamento de Josué foi identificado com razoável segurança como sendo a moderna Tibne, a dezesseis quilômetros a noroeste de Betel. Toda aquela geração que entrou na terra com Josué e serviu fielmente ao Senhor foi congregada a seus pais. Era um monótono ciclo de declínio, o fim de uma era.

Uma geração sem o conhecimento de Deus (2:10b)

A geração que surgiu após a morte de Josué e de seus coevos não tinha o mesmo compromisso espiritual nem a mesma envergadura moral. Está escrito: "[...] e outra geração após eles se levantou, que não conhecia o Senhor, nem tampouco as obras que fizera a Israel". O próprio Josué já havia advertido o povo: "Se deixardes o Senhor e servirdes a deuses estranhos, então, se voltará, e vos fará mal, e vos consumirá, depois de vos ter feito bem" (Js 24:20). Concordo com Arthur Cundall quando diz que a apostasia do período dos juízes é muito mais repreensível quando vista através das grandes obras feitas pelo Senhor.[3] Warren Wiersbe elenca quatro pecados dessa nova geração: 1) eles esqueceram-se do que o Senhor havia feito por eles (2.6-10); 2) eles abandonaram o que o Senhor havia dito (2:11-13); 3) eles perderam o direito de desfrutar o que o Senhor havia prometido (2:14,15); 4) eles deixaram de aprender com o que o Senhor havia feito (2:16-23).[4]

Duas lições precisam ser aprendidas aqui:

Em primeiro lugar, *a necessidade de os pais transmitir aos filhos a mesma fé.* A nova geração não conhecia mais o Senhor. Os pais falharam em transmitir a seus filhos os preceitos da Palavra de Deus (Dt 6:4-9), com isso o bastão da fé não foi passado às mãos da segunda geração. Concordo com Dale Ralph Davis quando diz que a fé no Senhor não é uma crença em um corpo de doutrinas que pode ser transferido como um valor monetário que passa da conta do pai para a do filho. O conhecimento do Senhor é de cunho pessoal e envolve formar uma aliança com Ele, de modo que a fé dos pais não se torna automaticamente a fé de seus filhos.[5]

Em segundo lugar, *a necessidade de contar aos filhos os feitos de Deus em nossa vida.* A nova geração não conhecia as obras que Deus fez a Israel. O legado foi perdido. O êxodo, a travessia do mar Vermelho, as provisões do deserto, a vitória sobre os inimigos, a conquista da Terra Prometida, as grandes obras de Deus foram omitidas da nova geração. Resultado? As gerações pósteras tornaram-se idólatras como veremos a seguir.

Uma geração rebelde a Deus (2:11,12)

A teologia é mãe da ética. Quando o povo desconhece Deus, o passo seguinte é a degradação moral. Arthur Cundall tem razão em dizer que durante este período houve um ciclo vicioso de quatro fases: apostasia (2:11-13), servidão (2:14,15), súplica e livramento (2:16-18). Esse é o padrão ilustrado nos capítulos seguintes. A nação abandonou o Senhor, crime que envolvia deslealdade a seus antepassados e esquecimento voluntário das poderosas obras que o Senhor realizara em seu benefício, especialmente o livramento do Egito.[6]

Destacamos alguns pontos que caracterizam o período:

Em primeiro lugar, *uma geração perversa* (2:11a). Por não conhecerem a Deus, fizeram o que era mau perante o Senhor, e a impiedade leva à perversão. No final do livro, a declaração "cada pessoa fez o que parecia certo aos seus próprios olhos" aparece duas vezes (17:6; 21:25), indicando que os israelitas rejeitaram o padrão estabelecido pelo Senhor, determinando eles mesmos o que era certo ou errado conforme seus próprios desejos (Dt 12:8). Os próprios israelitas haviam firmado o padrão do que é certo ou errado, não Deus.[7]

Em segundo lugar, *uma geração que desconhece o Deus verdadeiro acaba servindo a deuses falsos* (2.11b). Israel passou a servir aos baalins. Baalim é a forma plural de Baal. O nome pode significar "maridos", "proprietários" ou "senhores", o que ressalta a metáfora do adultério (2:17). Baal era a principal divindade canaanita e era considerado o padroeiro da prosperidade. O ritual de adoração a Baal envolvia a promiscuidade sexual. Esse culto pagão seduziu Israel por séculos e foi a causa de seus principais fracassos e tragédias. Robert Branson diz que "servir" a um mestre/deus significa cumprir seus mandamentos. No versículo 11, eles servem aos baalins; no versículo 13, a Baal e a Astarote; no versículo 19, a outros deuses; no versículo 3:6, aos deuses dos povos com que se casaram. Se a geração dos anciãos que se estendeu para além da morte de Josué permaneceu fiel, o mesmo não pode ser dito da geração seguinte.[8]

Clyde Ridall lança luz sobre o assunto:

> O balismo era uma religião da natureza. Sua ênfase era a fertilidade. Este culto diabólico provavelmente se originou da falsa ideia de que um ser sobrenatural é responsável pela produtividade de cada pedaço de terra e dos animais domésticos. Baal era uma divindade semita bastante conhecida no Egito antigo. Era o deus guardião dos fenícios. Era adorado em Moabe desde os tempos de Balaque (Nm 22:41). Entre os filisteus, era conhecido como Baal-Zebube, "o senhor das moscas" (2Rs 1:2). Na Caldeia ele era considerado o governador dos céus. A esta abominável adoração estavam associados vários atos lascivos (1Rs 14:24), beijar a imagem de Baal (Os 13:2) e a realização de sacrifícios humanos, isto é, pais que sacrificavam seus próprios filhos como ofertas queimadas (Jr 19:5).[9]

Concordo com Timothy Keller quando diz: "Os erros cometidos por uma geração de cristãos, normalmente, são ampliados na geração seguinte, composta de cristãos nominais. Compromisso é substituído por complacência e, depois, por condescendência."[10]

Em terceiro lugar, *uma geração infiel a Deus é também ingrata* (2:12a). Israel não apenas deixou ao Senhor, o Deus de seus pais, mas deixou aquele que os libertou da escravidão, aquele que lhes deu uma herança, aquele que os redimiu de sua humilhante opressão. Israel não ficou em um campo neutro, mas foi após outros deuses, os deuses pagãos dos povos ao redor para adorá-los. Essa foi uma ação de deliberada infidelidade, uma vergonhosa prostituição espiritual.

Em quarto lugar, *uma geração idólatra sempre provoca a ira de Deus* (2:12b). A idolatria é uma abominação para Deus, pois é uma substituição grotesca do Deus vivo por ídolos mortos.

Uma geração rendida a outros deuses (2:13)

O narrador bíblico é enfático: "Porque deixaram o Senhor e serviram a Baal e a Astarote" (2:13). Essas divindades pagãs foram verdadeiras armadilhas para Israel. Em vez de derrubar os altares pagãos, Israel foi seduzida por eles e caiu no alçapão da idolatria, prostituindo-se espiritual e fisicamente em cultos regidos pela sensualidade. Trocaram o criador pela criatura. Nas palavras do apóstolo Paulo, "Inculcando-se por sábios, tornaram-se loucos e mudaram a glória do Deus incorruptível em semelhança da imagem de homem corruptível, bem como de aves, quadrúpedes e répteis" (Rm 1:22,23).

Baal era o deus das tempestades e das chuvas. O culto a Baal era largamente difundido no Antigo Oriente Próximo.

Essa divindade pagã recebe diversos nomes, como Baal Berite (9:4), Baal-Peor (Nm 25:3), Baal-Gade (Js 11:17), Baal-Zebube (2Rs 1:2). Jezabel introduziu em Israel o culto a Baal-Melcarte, a variedade fenícia. Astarote, consorte de Baal, é a forma do plural de Astarte, deusa da guerra e da fertilidade. A religião desses deuses da fertilidade era acompanhada por todos os tipos de práticas lascivas, especialmente em Canaã, onde tal religião era tão degradada que incorporava até sacrifícios de crianças.[11]

R. Clyde Ridall diz, ainda, que Astarte, outro nome para Astarote, é a antiga deusa semítica do amor, da fertilidade e da maternidade. Ela era adorada a leste do Jordão desde os tempos de Abraão (Gn 14:5) pelos sidônios e fenícios (1Rs 11:33), pelos árabes do sul e pelos filisteus (1Sm 31:10). Na Babilônia e na Assíria (onde era conhecida como Ishtar), também era uma deusa da guerra. Sua adoração incluía a prostituição como um ritual religioso. Até mesmo Salomão fraquejou, seduzido pelos seus fascinantes encantos (1Rs 11:5). Nos dias de Jeremias, os hebreus a chamavam de "Rainha dos céus" (Jr 7:18). Era conhecida pelos gregos como Afrodite e pelos romanos como Vênus.[12]

Dale Ralph Davis alerta para o fato de que precisamos resgatar a compreensão de que o nosso Deus reina sobre toda a nossa vida, portanto, nada está fora de seu domínio — tempo, colheitas, negócios, política, economia, educação, ciência, sexo, história, artes, música e casamento. Toda a nossa vida é santa e deve se submeter ao reinado de Deus.[13]

Uma geração sob o juízo de Deus (2:14,15)

O apóstolo Paulo afirmou que a ira de Deus se revela do céu contra toda impiedade e injustiça (Rm 1:18). Não foi diferente com Israel. Em virtude da idolatria e imoralidade do povo, a ira de Deus se acendeu contra eles. É importante ressaltar que a ira de Deus é diferente da ira humana, pois é santa, e não um mero destempero emocional. Como diz Timothy Keller, "a ira nem sempre é o oposto do amor; ela pode ser uma manifestação do amor".[14] Vejamos:

Em primeiro lugar, *a ira de Deus os entregou nas mãos dos espoliadores* (2:14a). Israel nunca foi vencido pela força militar dos inimigos; sempre foi derrotado pelos seus próprios pecados. Não foram os inimigos que prevaleceram; foi o próprio Deus quem os entregou nas mãos dos espoliadores. As maldições de Deuteronômio 28:15-68 desenham graficamente essas maldades que se abateriam sobre Israel caso ela desobedecesse a aliança.

Em segundo lugar, *a ira de Deus os tornou vulneráveis* (2:14b). Deus tornou seu povo fraco e fortaleceu as mãos de seus adversários. O pecado enfraquece o povo de Deus e fortalece seus inimigos. Arthur Cundall ressalta que a nação que havia derrotado os soldados da terra, em batalha, sucumbiu às influências débeis dos deuses da terra, muito embora esses deuses não tivesses existência real, exceto na imaginação de seus adoradores.[15]

Em terceiro lugar, *a ira de Deus os fez sentir a própria mão do Senhor contra eles* (2:15a). A mão do Senhor era contra Israel em todas as suas investidas contra os inimigos. Eles faziam coleção de derrotas, pois o preço da desobediência é maldição em vez de bênção (Dt 28:15-68). Os inimigos de Israel foram os mesmos povos cujos deuses Israel decidiu cultuar.

Em quarto lugar, *a ira de Deus os levou a situação de grande aperto* (2:15b). Israel foi encurralado por Deus e cercado por seus inimigos. O resultado disso foi um imenso sufoco, um grande aperto. Deus permitiu que eles chegassem ao fim da linha, ao fundo do poço, para que pudessem se voltar para Ele em um profundo clamor. Essa aflição levou Israel a clamar ao Senhor (3:9).

Uma geração socorrida por Deus (2:16,18)

Israel jamais deixou de ser amado por Deus. Até mesmo a disciplina é um ato responsável de amor. Em virtude do aperto, dos gemidos do povo e da opressão de seus inimigos, Deus se compadeceu do povo e providenciou livramento. R. Clyde Ridall enfatiza que o ciclo era composto de pecado e apostasia, servidão a um poder estrangeiro, arrependimento e oração, levantamento de um juiz, um período de libertação, seguido pela morte do juiz, e um novo período de pecado, servidão e opressão.[16]

Destacamos aqui dois fatos importantes:

Primeiro, *Deus providenciou juízes libertadores* (2:16). Os juízes eram líderes suscitados por Deus, em ocasiões especiais, com capacitação especial, para libertarem os israelitas de seus opressores. Esses opressores pilhavam o povo, saqueavam suas lavouras e tornavam sua vida amarga. A influência desses juízes, porém, era passageira. Os israelitas tinham memória curta. Vezes após vezes eles viravam as costas para Deus. Recorriam a Deus apenas como se Ele fosse um corpo de bombeiro para apagar o incêndio ou um pronto socorro para atendê-los em suas dores.

Segundo, *Deus se compadeceu do seu povo* (2:18). Deus suscitava os juízes e era com eles em suas campanhas contra os opressores. O motivo de Deus levantar esses libertadores era a sua acendrada compaixão. Os gemidos do povo enterneciam o coração de Deus a ponto de o Senhor mudar a sorte deles, livrando-os de seus inimigos.

Uma geração infiel a Deus (2:17,19)

Do mesmo modo que o Senhor perseverava em demonstrar amor ao seu povo, Israel perseverava em abandonar o Senhor. O povo tornou-se contumaz no seu erro. Com memória curta, cedo se esquecia das bênçãos e rapidamente voltava à idolatria e à devassidão moral. Vejamos:

Em primeiro lugar, *uma desobediência contumaz* (2:17a). Na hora do aperto gemiam e clamavam ao Senhor. Por compaixão acendrada, o Senhor suscitava juízes para libertá-los, mas na obstinação do pecado, o povo não obedecia a seus líderes libertadores.

Em segundo lugar, *uma infidelidade reprovável* (2:17b). A atitude de Israel em abandonar o Senhor e buscar outros deuses é descrito pelo narrador bíblico como prostituição. O Senhor é apresentado nas Escrituras como marido de Israel. Israel estava desposada com o Senhor, mas foi uma esposa infiel (Os 1—3; Jr 3:1-13).

Timothy Keller alerta para o fato de que a igreja necessita não apenas de santos que vivam piedosamente, mas também de santos que reprovem e combatam a impiedosa cultura em que vivemos. Precisamos de mentes que não apenas identifiquem falsas doutrinas permeadas na educação e nos pronunciamentos dos governantes, mas também, desmascarem os pressupostos por trás dessa propaganda anticristã. Precisamos orar e pedir a Deus crentes genuínos que possam ser artistas, jornalistas, políticos e historiadores. Crentes que levantem a bandeira de uma contracultura que resista a essa avalanche cultural de promiscuidade e decadência.[17]

Em terceiro lugar, *uma apostasia galopante* (2:17c). Israel se desviou depressa do caminho por onde andaram seus pais. Em vez de imitarem o exemplo de seus ancestrais, copiaram a teologia e a ética de seus opressores pagãos.

Em quarto lugar, *uma obstinação vergonhosa* (2:19). A desobediência de Israel era obstinada. Logo que o juiz libertador morria, o povo voltava a pecar com ainda mais gana. Era uma deterioração progressiva. Cada ciclo sucessivo era caracterizado por uma queda mais profunda. Idolatria e imoralidade eram suas vestimentas. A cada nova geração que se levantava, a prática do pecado era ainda mais agressiva. Os filhos eram sempre piores do que os pais. Nas palavras de Timothy Keller, "os espinhos se afundavam cada vez mais na carne; as armadilhas prendiam Israel com força cada vez maior. À medida que o livro de Juízes avança, veremos que a rebeldia se torna mais ferrenha, a opressão mais pesada, o arrependimento menos sincero; os próprios juízes se tornaram mais corruptos".[18]

A conclusão é inevitável: precisamos de um líder mais eficaz, de um juiz mais forte, mas não encontramos esse líder em Juízes. Somente em Jesus encontraremos o verdadeiro libertador do seu povo!

Uma geração disciplinada por Deus (2:20-23)

O pecado é malignÍssimo. É o pior de todos os males. Seus frutos são amargos e seu salário é a morte. A desobediência de Israel não ficou sem a punição divina. Destacamos aqui alguns pontos:

Em primeiro lugar, *a ira de Deus se acendeu contra Israel* (2:20a). A ira divina é o santo repúdio de Deus ao pecado. O caráter santo de Deus não o permite reagir favoravelmente ao seu povo quando este está em um caminho de desobediência.

Em segundo lugar, *Israel precisou conviver com aqueles que deveria derrotar* (2:20b,21). Deus deixa de expulsar os povos canaanitas da Terra Prometida. A razão? O que povo de Israel não cumpriu sua parte na aliança nem deu ouvido à sua voz. Esses povos trouxeram desconforto ao povo de Deus. Foram como espinhos em suas ilhargas.

Em terceiro lugar, *Israel foi posto à prova por Deus* (2:22). Em vez de Israel triunfar sobre essas nações pagãs, são elas que serão o instrumento da prova de Deus a Israel. Essa nova geração é testada acerca de sua obediência a Deus.

Em quarto lugar, *Israel não pode vencer seus opressores* (2:23). As nações canaanitas ficaram na terra e não puderam ser expulsas porque Deus não o permitiu.

Uma geração posta à prova por Deus (3:1-4)

Deus demonstra misericórdia ao seu povo ao colocá-lo à prova. As nações que o Senhor manteve na região tinham o propósito de ensinar a guerra ao povo. O Senhor permitiu aos cananeus permanecerem na região para que a próxima geração israelita aprendesse a arte da guerra (3:1,2) e, também, provasse sua fé nos mandamentos dados por Moisés (3:4).[19] Nas palavras de Arthur Cundall, "Israel deveria viver num ambiente hostil, na morte de sua história, devido às pressões de pequenos reinados ao redor ou, num estágio posterior, devido à sua posição estratégica entre os sucessivos poderes mundiais da Assíria, da Babilônia, da Pérsia e da Grécia, de um lado, e do Egito, do outro".[20] Vejamos:

Em primeiro lugar, *a pedagogia divina* (3:1,2). As nações foram deixadas para provar Israel, e provar com uma finalidade positiva, ou seja, ensinar a guerra àqueles que não haviam presenciado as guerras travadas por Israel até chegar à conquista da Terra Prometida.

Em segundo lugar, *o propósito divino* (3:3,4). Os cinco príncipes filisteus eram chefes das cinco cidades-Estado: Asdode, Asquelom, Ecrom, Gate e Gaza. Todos eles eram cananeus, sidônios e heveus que habitavam as montanhas do Líbano. Eles permaneceram ali para que o Senhor, por meio deles, colocasse Israel à prova, a fim de determinar se tal geração daria ouvidos aos mandamentos ordenados a seus pais por intermédio de Moisés. Robert Branson diz que o objetivo da nação filisteia era o mesmo de Israel, governar as terras de Canaã. Por isso, foram uma ameaça militar constante até a época do rei Davi (2Sm 5:17-25).[21]

O termo "filisteu" é derivado de uma raiz hebraica e significa "rolar, como no pó ou nas cinzas" e, assim, por extensão, "ser um migrante". Esse povo belicoso de Caftor, Creta (Jr 47:4; Am 9:7) já estava na Palestina, lugar chamado assim por causa deles no tempo do Êxodo (Êx 13:17).[22]

Uma geração que falhou no teste de Deus (3:5,6)

Deus provou Israel, e Israel foi reprovado, pois se tornou igual aos povos pagãos e passou a adorar os seus deuses. Houve uma rápida aceitação dos deuses da natureza daquela terra e também das práticas corruptas associadas a eles. Warren Wiersbe diz que essas nações que sobreviveram adotaram uma "política de boa vizinhança" com relação a Israel e acabaram derrotando Israel de dentro para fora. Por vezes, Satanás vem como leão devorador, mas, com frequência, aparece como uma serpente enganadora (1Pe 5:8; 1Co 11:3).[23] Vejamos esses fatores de influência:

Em primeiro lugar, *a miscigenação racial* (3:5,6a). Os filhos de Israel habitaram no meio dos cananeus, heteus, amorreus, ferezeus, heveus, jebuseus, tomaram suas filhas por mulheres e deram as suas próprias filhas aos filhos deles.

Houve uma miscigenação racial e, consequentemente, uma espécie de perda de identidade. Robert Chisholm escreve:

> Israel havia se assentado no meio dos cananeus e permitiu que os altares pagãos permanecessem. Em vez de conduzir uma guerra divinamente sancionada e extinguir as nações remanescentes, Israel rejeitou o plano de Deus e se prostituiu com os deuses das nações. Como haviam temido Moisés e Josué, um fator-chave nesse declínio foi a disposição de Israel de se casar com a população nativa, pois alianças íntimas desse tipo poluem a comunidade pactual e inevitavelmente levam à concessão e ao pecado.[24]

Em segundo lugar, *o sincretismo religioso* (3:6b). Israel não apenas deixou de obedecer aos mandamentos dados por Deus, mas também trocou Deus pelos deuses dos canaanitas. Sua religião deixou de ser monoteísta. Israel passou a servir a outros deuses, rendendo-se a um tosco sincretismo religioso. Sobre isso, Timothy Keller alerta:

> Os israelitas combinaram o culto a Deus com o culto dos ídolos (17:3). A cosmovisão pagã admitia a existência de muitos deuses (deus da agricultura, dos negócios, do amor, da música, da guerra). Era uma religião do tipo "self-service", em que o adorador se mostrava soberano. A cosmovisão pagã, portanto, aceitava a existência, mas não a soberania exclusiva do Senhor. Ele era um entre muitos. Podia até ser o principal em grupo de iguais, mas não podia se declarar o único e verdadeiro Deus. Foi esse sistema de crenças que impediu Israel de tomar posse de toda Canaã. Fica o alerta: O maior perigo não é o de nos tornarmos ateus, mas, sim, querermos que Deus coexista com os ídolos em nosso coração.[25]

Notas

1 BRANSON, Robert D. *Novo comentário bíblico Beacon – Juízes*, p. 64.
2 RIDALL, R. Clyde. O livro de *Juízes*. In: Comentário bíblico Beacon, v. 2, 103.
3 CUNDALL, Arthur E. *Juízes: introdução e comentário*, p. 66.
4 WIERSBE, Warren W. *Comentário bíblico expositivo*, v. 2, p. 94-95.
5 DAVIS, Dale Ralph. Judges, p. 36.
6 CUNDALL, Arthur E. *Juízes: introdução e comentário*, p. 67.
7 BRANSON, Robert B. *Novo comentário bíblico Beacon – Juízes*, p. 66.
8 Ibidem, p. 65.
9 RIDALL, R. Clyde. O livro de *Juízes*. In: Comentário bíblico Beacon, v. 2, p. 104.
10 KELLER, Timothy. *Juízes para você*, p. 32.
11 CUNDALL, Arthur E. *Juízes: introdução e comentário*. 2017, p. 67,68.
12 RIDALL, R. Clyde. *O livro de Juízes*. In: *Comentário bíblico Beacon*, v. 2, p. 104.
13 DAVIS, Dale Ralph. *Judges*, p. 35.
14 KELLER, Timothy. *Juízes para você*, p. 35.
15 CUNDALL, Arthur E. *Juízes: introdução e comentário*, p. 68.
16 RIDALL, R. Clyde. *O livro de Juízes*. In: *Comentário bíblico Beacon*, v. 2, p. 104.
17 DAVIS, Dale Ralph. *Judges*, p, 34,35.
18 KELLER, Timothy. *Juízes para você*, p. 35,36.
19 BRANSON, Robert B. *Novo comentário bíblico Beacon – Juízes*, p. 64.
20 CUNDALL, Arthur E. *Juízes: introdução e comentário*, p. 70.
21 BRANSON, Robert B. *Novo comentário bíblico Beacon – Juízes*, p. 70.
22 RIDALL, R. Clyde. *O livro de Juízes*. In: *Comentário bíblico Beacon*, v. 2, p. 105.
23 WIERSBE, Warren W. *Comentário bíblico expositivo*, v. 2, p. 97.
24 CHISHOLM JR., Robert B. *Juízes*, p. 146.
25 KELLER, Timothy. *Juízes para você*, p. 39,40.

Capítulo 4

O grande livramento de Deus

(Juízes 3:7-11)

O TEXTO EM TELA abre a segunda maior divisão do livro de Juízes (3:7—16:31). A narrativa que temos aqui é um espelho dos ciclos que Israel viveu no período dos juízes: apostasia (3:7), disciplina por meio da opressão estrangeira (3:8), clamor (3:9), libertação (3:10) e conclusão (3:11).[1] Como bem pontua Warren Wiersbe, infelizmente Israel não confiou que Deus transformaria os povos a seu redor, de modo que foram os deuses desses povos que transformaram os israelitas, levando-os a fazer tudo o que Moisés os havia advertido a não fazer. Homens israelitas tomaram para si esposas pagãs e mulheres israelitas casaram-se com homens pagãos (Gn 24:3; 26:34,35; 27:46; Êx 34:15,16; Dt 7:3,4;

Js 23:12). Aos poucos os idólatras roubaram o coração de seu cônjuge, de modo que estes pararam de adorar o Senhor e passaram a adorar falsos deuses.

O pecado de Israel (3:7)

Há três coisas que devem ser destacadas aqui:

Em primeiro lugar, *os filhos de Israel fizeram o que era mal perante o Senhor* (3:7a). Eles fizeram escolhas deliberadamente erradas. Não praticaram o bem, mas o que era mal, e não agiram por ignorância, mas de forma acintosa perante o Senhor. A má ação a que se refere provavelmente envolve os casamentos com os povos cananeus, desembocando na adoração dos deuses pagãos.

Em segundo lugar, *os filhos de Israel se esqueceram do Senhor, seu Deus* (3:7b). Isso significa que negligenciaram as exigências pactuais e não foram gratos pelas bênçãos recebidas, o que revela uma atitude de autossuficiência, desprezando, assim, o Deus da aliança.

Timothy Keller esclarece que, na Bíblia, "lembrar" ou "esquecer" têm significado espiritual. Quando as pessoas do Antigo Testamento pediam a Deus "lembra-te da tua compaixão e do teu amor" (Sl 25:6) ou "não te lembres de nossos pecados" (Is 64:9), isso não queria dizer que acreditavam que Deus podia se esquecer da natureza deles ou do que alguém havia feito! Qual é, então, o significado de "lembrar" ou "esquecer"? Quando alguém pede a Deus "Lembra-te da tua compaixão e amor", está pedindo para Ele agir de acordo com seu caráter. Quando alguém pede a Deus "Não te lembres de meus pecados", está pedindo para Ele não agir de acordo com o que sabe. Portanto, dizer que os israelitas se "esqueceram" de Deus é dizer que eles não eram mais influenciados pelo que sabiam. Embora os israelitas soubessem quem Deus era e o que Ele desejava, isso não era real para eles. Esse também é um problema espiritual hoje. O que nossa mente sabe não é "real" para o nosso coração. Podemos reconhecer intelectualmente que algo é verdade, mas, bem no íntimo, essa verdade não se apoderará de nós, não nos sensibiliza nem nos controla. Conhecemos essas verdades, mas não as "provamos". Por isso, outras coisas — ídolos — tornam-se mais reais para o nosso coração, e passamos a adorá-los.[2]

Em terceiro lugar, *os filhos de Israel renderam culto aos baalins e ao poste-ídolo.* Ao virar as costas para Deus, Israel caiu em tosca idolatria, conforme Moisés já havia advertido (Dt 6:10-12; 8:10-20; 32.15-18). Eles adoraram os baalins e o poste-ídolo, conhecido também por Aserá. Robert Branson diz que Aserá era adorada em quase todas as regiões do Oriente Médio. Era considerada a mãe dos deuses e a consorte do deus superior El. No livro de Juízes, ela é mencionada apenas nesse texto e em 6:25,26,28,30; sendo que esses últimos versículos a descrevem como um objeto ou poste de madeira próximo do altar de Baal.[3] Arthur Cundall corrobora, dizendo:

> O poste-ídolo aqui referido, equivale a Aserote na ARC, sendo esta palavra o plural de Aserá, que indica tanto uma divindade feminina, consorte de Baal, como também um objeto de culto. Este, provavelmente, era um pilar de madeira, ou poste, substituto formal de uma árvore sagrada, que representava o elemento feminino na degradada religião canaanita. Aserá e Astarote podem ser vistas como formas intercambiáveis.[4]

A ira de Deus (3:8a)

Em Juízes 3:7, é o povo de Israel que está em ação, fazendo o que é mau perante o Senhor; mas a partir de

Juízes 3:8 é o Senhor quem entra em ação, como diretor principal.

Em resposta à apostasia, a ira do Senhor se acendeu contra Israel. A ira de Deus não é uma tempestade emocional. Não se trata de destempero emocional. A ira de Deus é sua santa repulsa ao mal. O Senhor não aceita devoção parcial nem tolera seu povo cultuando outros deuses. Ele anseia pelo seu povo com ciúmes (Dt 6:15). Concordo com Timothy Keller, quando diz que até mesmo ao castigar seu povo, Deus age com bondade. Ele manda sofrimento aos israelitas não para lhes dar o troco, mas para redimi-los.[5] Nessa mesma linha de pensamento Dale Ralph Davies diz que a ira Deus não pode ser considerada boas novas nem más novas, mas más-boas-novas. Ela mostra que o Deus do pacto, que conectou a si mesmo com seu povo, não permitirá que seu povo viva confortavelmente em sua infidelidade.[6]

A opressão do inimigo (3:8b)

O Senhor entregou Israel nas mãos de Cusã-Risataim, o rei da Mesopotâmia, e os filhos de Israel serviram a Cusã-Risataim oito anos. Arthur Cundall esclarece que a Mesopotâmia era a terra fértil a leste do rio Orontes, cobrindo as partes superior e média do Eufrates, e as terras banhadas pelos rios Habur e Tigre, isto é, modernamente, o leste da Síria e norte do Iraque.[7] Mesmo que esse ataque a Israel tenha vindo do Norte, é digno de destaque que Otniel, o libertador de Israel, procede da tribo de Judá, no extremo sul de Israel.

O nome do rei da Mesopotâmia significa "Cusã duplamente perverso".[8] Robert Chisholm diz que essa região da Mesopotâmia superior era a terra nativa de Abraão (Gn

24:10) e foi dessa região, outrossim, que Balaque de Moabe trouxe Balaão para amaldiçoar Israel (Dt 23:4; Nm 23:5). Ironicamente, Israel foi forçado a ser súdito do povo mesopotâmio exatamente por ter adorado os seus deuses.[9] É bem conhecida a expressão de Charles H. Spurgeon: "Deus nunca permite que seu povo peque com sucesso".[10]

O clamor do povo (3:9a)

Clamar ao Senhor foi a única contribuição dos israelitas para sua própria libertação. Sendo dominados por seus opressores, os filhos de Israel, na sua dor, clamaram ao Senhor. Esse clamor foi uma espécie de grito de angústia ou terror diante do sofrimento que seus opressores lhes impuseram. Aqueles que viraram as costas para Deus nos dias de bonança e fartura, voltam-se para o Senhor nos tempos de jugo estrangeiro e escassez. Nas palavras de Robert Branson, "esse clamor denota um pedido de desesperado de ajuda a Deus, que não continha um tom de arrependimento ou remorso pelo pecado; em vez disso, o clamor levava a termo apenas o desespero dos suplicantes".[11] Dale Ralph Davies corrobora com esse entendimento quando diz que o termo hebraico *zaaq* por si mesmo não traz a ideia de arrependimento. Assim, quando Deus suscita um libertador para Israel, Ele não está reagindo a qualquer arrependimento da parte de Israel, mas respondendo à sua miséria e à sua dor em vez de estar respondendo à penitência do povo.[12]

O libertador (3:9,10)

Deus ouviu o gemido do povo, lembrou-se de sua aliança com Abraão, Isaque e Jacó e providenciou-lhe um libertador. O libertador não foi escolhido pelo povo nem mesmo se autonomeou líder sobre o povo. Ele foi suscitado por Deus. Destacamos aqui alguns pontos:

Em primeiro lugar, *é Deus quem dá líderes ao seu povo* (3:9b). O Senhor suscitou um libertador que os libertou. Esse primeiro juiz de Israel foi Otniel, da tribo de Judá, sobrinho e genro de Calebe, o homem que capturou Hebrom. Diferentemente dos israelitas que se casaram com cananeus (3:6), provocando a ira do Senhor, Otniel casou-se dentro da comunidade pactual (1:12,13). Não é de se surpreender que foi o primeiro juiz de Israel e o padrão para todos os outros que haveriam de vir em sua esteira. Otniel significa "leão de Deus".[13] Ele é um líder modelo, portanto, não encontramos nele nenhum traço negativo.

Em segundo lugar, *é Deus quem capacita os líderes do seu povo* (3:10a). Otniel foi capacitado pelo próprio Espírito do Senhor, que veio sobre ele. Revela-se aqui, pela primeira vez, a dotação de força sobrenatural aos juízes de Israel. Otniel não libertou o povo fiado em sua própria força ou estratégia militar. Ele foi capacitado pelo próprio Espírito de Deus. Nas palavras de Warren Wiersbe: "Esse foi o segredo da força de Otniel, como também foi para Gideão (6:34), Jefté (11:29), Sansão (14:6,19; 15:14) e como deve ser para o cristão hoje (At 1:8; 2:4; 4:8,31; Ef 5:18)".[14] Arthur Cundall diz que esses indivíduos foram chamados de "carismáticos", visto que a graça divina (carisma) lhes foi concedida, como fenômeno que continuaria a ocorrer no período da monarquia (1Sm 10:10; 11:6; 16:13). Desde o Pentecoste, uma dotação mais geral e permanente do Espírito Santo tem sido o privilégio de todos os discípulos.[15] Timothy Keller destaca: "Nesta passagem, como em todo o Antigo Testamento, Deus envia seu Espírito a um único líder; no Novo Testamento, Deus envia seu Espírito ao grupo inteiro de pessoas, à igreja".[16]

Em terceiro lugar, *é Deus quem dá vitória ao seu povo por meio desses líderes* (3:10b). Otniel saiu à peleja, mas o foi o Senhor que lhe entregou nas mãos Cusã-Risataim, rei da Mesopotâmia. Otniel se apresenta e sai à peleja, mas a vitória vem de uma intenção divina. Do mesmo modo, Davi dispôs a enfrentar Golias, mas o foi o Senhor quem o entregou em suas mãos. Assim, a disposição humana não dispensa a ação divina.

O tempo de paz (3:11)

A terra teve paz durante quarenta anos, o tempo de uma geração, restabelecendo o equilíbrio na comunidade pactual. Concordo com Timothy Keller quando diz que é sossego da opressão física, mas, também, da opressão espiritual autoinfligida da idolatria, que desencadeou a opressão física.[17]

Otniel não apenas resgatou sua nação do povo estrangeiro e da escravidão, mas também serviu seu povo como juiz durante quarenta anos. Estou de acordo com o que escreveu Warren Wiersbe: "Nunca subestime o bem que uma pessoa pode fazer quando está cheia do Espírito de Deus e é obediente à vontade do Senhor".[18]

Concluímos com duas aplicações sugeridas por Timothy Keller. A primeira delas é que restauração e avivamento só acontecem ao povo de Deus quando Deus trabalha por meio de seu libertador. A "paz" da alegria de servir a Deus em vez de sofrer na escravidão aos falsos deuses só acontece por intermédio dos atos salvadores do Senhor. Não há como forçar ou fabricar avivamento — tudo o que nos resta é clamar a Deus por libertação. A segunda aplicação é que esse episódio não termina em paz. Termina com morte. As coisas foram bem até a morte de Otniel, filho de Quenaz (3:11). Salvação e paz dependem da liderança do juiz escolhido por Deus. Otniel é um bom juiz, mas não é eterno. O versículo 11 revela o problema de todos os líderes humanos na igreja de Deus — mesmo os mais capacitados pelo Espírito —, eles morrem. Precisamos daquele líder que afirmou: "Eu sou aquele que vive; estive morto, mas eis que estou vivo pelos séculos dos séculos e tenho as chaves da morte e do inferno" (Ap 1:18). Os quarenta anos de paz que Otniel conseguiu antes de morrer nos levam a agradecer o Senhor Jesus Cristo pela paz eterna que Ele nos traz pela sua morte e ressurreição.[19]

Notas

1 WIERSBE, Warren W. *Comentário bíblico expositivo*, v 2, p. 98.
2 KELLER, Timothy. *Juízes para você*, p. 43,44.
3 BRANSON, Robert D. *Novo comentário bíblico Beacon – Juízes*, p. 75.
4 CUNDALL, Arthur E. *Juízes: introdução e comentário*, p. 73.
5 KELLER, Timothy. *Juízes para você*, p. 46.
6 DAVIES, Dale Ralph. *Judges*, p. 49.
7 CUNDALL, Arthur E. *Juízes: introdução e comentário*, p. 72.
8 WIERSBE, Warren W. *Comentário bíblico expositivo*, v. 2, p. 99.
9 CHISHOLM JR., Robert B. *Juízes*, p. 153.
10 "The Consecration to the Holy Spirit," sermão pregado em 1881.
11 BRANSON, Robert D. *Novo Comentário bíblico Beacon – Juízes*, p. 76.
12 DAVIES, Dale Ralph. *Judges*, p. 50.
13 MACDONALD, William. *Believer's Bible commentary*, p. 267.
14 WIERSBE, Warren W. *Comentário Bíblico Expositivo*, v. 2, p. 99.
15 CUNDALL, Arthur E. *Juízes: Introdução e Comentário*, p. 73,74.
16 KELLER, Timothy. *Juízes para você*, p. 47.
17 KELLER, Timothy. *Juízes para você*, p. 47.
18 WIERSBE, Warren W. *Comentário Bíblico Expositivo*, v. 2, p. 100.
19 KELLER, Timothy. *Juízes para você*. 2019, p. 48.

Capítulo 5

Um livramento surpreendente

(Juízes 3:12-31)

A MORTE DE OTNIEL encerrou um ciclo (3:11). Agora, o zigue-zague recomeça, pois os israelitas voltaram a fazer o que era mau aos olhos do Senhor (3:12). Como resultado dessa reincidente apostasia, Deus os entregou a Eglom, rei de Moabe. Eglom não está sozinho, pois há uma confederação de inimigos que se juntaram a ele para oprimir Israel (3:13). A sujeição é ainda mais amarga, pois Eglom conquistou Jericó, a mesma cidade por onde Israel entrou vitoriosamente. O pecado fez do lugar da vitória um campo de derrota para Israel. Os israelitas tiveram que amargar dezoito anos de sujeição humilhante, pagando ao rei moabita pesados tributos (3:14).

Destacaremos alguns pontos importantes nesta exposição.

Os israelitas retornam ao pecado (3:12a)

A contumácia de Israel em pecar contra Deus, fazer o que é mau aos olhos do Senhor e prostrar-se diante dos ídolos dos povos constituíram-se em uma triste marca do povo da aliança. As bênçãos de Deus não produziam gratidão, mas fastio. Em vez de o povo voltar-se para Deus, desviava-se dele. Em vez de seguir o caminho da retidão, açodadamente entregava-se à prática do mal.

O Senhor entrega os israelitas nas mãos do opressor (3:12b-14)

O Senhor não premia o pecado, e a apostasia pavimenta o caminho da opressão. O pecado é o maior de todos os males, pois onde o pecado medra, a mão benfazeja da providência se retira. Se o pecado entra, Deus sai. Onde o pecado prevalece, as mãos do inimigo se agigantam. Não eram os inimigos externos de Israel que os ameaçava, mas seus pecados contumazes.

O Senhor deu poder a Eglom, rei dos moabitas, contra Israel. O nome do monarca significa "novilho" ou "jovem touro" e, segundo a descrição fornecida, o rei moabita era muito gordo ou obeso (3:17), como um bezerro cevado pronto para o abate.[1] Eglom era um tirano que havia enriquecido às custas de Israel ao longo dos últimos dezoito anos. Sua opulência física simboliza sua ganância, pois era o resultado de um estilo de vida luxuoso e permissivo possibilitado pela riqueza roubada de Israel.[2]

Eglom formou uma coalizão contra Israel, ajuntando consigo os filhos de Amom e os amalequitas, conhecidos como terroristas do deserto. Os moabitas habitavam uma região entre o mar Morto e o rio Arnom, a leste do vale do Jordão. Em hebraico, Amom significa "aparentado", isto é, nascido de incesto. Os amonitas eram descendentes de Bem-Ami (Gn 19:38), um filho de Ló cuja mãe era a filha mais nova do patriarca. Amaleque significa "laborioso". Ele era filho de Esaú (Gn 36:12) e pai da tribo árabe, inimiga hereditária dos israelitas (Êx 17:8; Dt 25:17). A coalizão derrotou facilmente Israel e tomou posse de Jericó, a cidade das Palmeiras (3:13; Dt 34:3).[3]

Os israelitas foram feridos por essa confederação de inimigos, e os filhos de Israel serviram a Eglom, rei dos moabitas, por dezoito anos, pagando-lhe tributos (3:17,18). Robert Chisholm chama a atenção para o fato de que a referência ao envolvimento amalequita na campanha de Eglom é tristemente irônica, pois Moisés havia instruído Israel a aniquilar os amalequitas por causa de como trataram o povo de Deus (Dt 25:17-19; Êx 17:8-16). A falha de Israel nesse ponto voltou para assombrá-lo.[4]

Os israelitas clamam ao Senhor (3:15a)

Sempre que os filhos de Israel se viam apuros, clamavam ao Senhor, não porque estavam arrependidos de seus pecados; queriam apenas se ver livres das consequências de seus pecados. Era uma volta rasa e superficial. O amor dos filhos de Israel pelo Senhor era como um vapor, uma neblina. Não havia constância.

Os ouvidos do Senhor não estão surdos para ouvir nem suas mãos encolhidas para socorrer. Movido pelas ternas e infinitas misericórdias, Deus mais uma vez ouviu o clamor do povo, provendo para ele poderoso livramento.

Deus suscita um libertador improvável (3:15b-17)

Em resposta ao clamor do povo, Deus suscitou um libertador: Eúde, homem canhoto, filho de Gera, benjamita.

Robert Chisholm diz que mais uma vez, o Senhor reagiu de forma positiva ao clamor de Israel, providenciando um libertador (3:9,15). O narrador informa seu nome (Eúde), um traço físico característico (canhoto) e seu contexto familiar e tribal (filho de Gera, o benjamita).[5]

Curiosamente o nome Benjamim significa "filho da mão direita", mas Eúde, sendo benjamita, é descrito como alguém canhoto, sendo restrito quanto à sua mão direita (3:15). É bem verdade que a tribo de Benjamim tinha uma unidade militar feita de guerreiros canhotos altamente treinados em atirar pedras (20:16). Essas caraterísticas fazem de Eúde um protagonista inesperado que derrota um inimigo fisicamente superior, mas intelectualmente inferior, por meio de sua coragem e esperteza.

Destacamos aqui alguns pontos sobre Eúde:

Em primeiro lugar, *era um libertador improvável* (3:15b). O fato de Eúde ser um canhoto não o qualificava como um guerreiro, pelo menos não pelos padrões convencionais. O normal é que o soldado deveria ser destro. Artur Cundall diz que o termo "canhoto" atribuído a Eúde significa que ele era considerado restrito quanto à sua mão direita.[6] Timothy Keller diz que se estudarmos as referências bíblicas sobre "mão direita", veremos que são todas muito positivas. Deus jura por sua mão direita, tem eterno prazer à sua mão direita e seu Escolhido senta-se à sua direita (Is 62:8,9; Sl 16:11; 110:1). A mão direita era símbolo de poder e habilidade. O guerreiro lutava com a espada na mão direita. Assim, Eúde é uma escolha surpreendente; em uma sociedade que era ainda mais cruel que a de hoje em relação a pessoas com deficiência física, ele seria considerado inútil. Ninguém o procuraria para nada nem o seguiria de livre e espontânea vontade. Deus, porém, o escolhe.[7]

Estou de acordo com o que escreve Robert Chisholm a esse respeito:

> O canhotismo de Eúde provou ser de grande importância em sua trama para matar o rei moabita. Por ser canhoto, Eúde amarrou sua espada na coxa direita, ao contrário da norma. Assim, Eglom, jamais suspeitou que Eúde estava estendendo sua mão para pegar a espada quando usou sua mão esquerda para pegar a arma por debaixo do manto. Quando Eúde desembainhou a arma, o rei já não tinha mais tempo para alertar os guardas.[8]

Em segundo lugar, *era um libertador que fabrica sua própria arma* (3:16). Eúde fabricou sua própria espada bigúmea, cingindo-a debaixo das suas vestes, do lado direito. O que parecia ser o ponto fraco de Eúde, na verdade, é seu ponto forte. Eglom nem seus capatazes podiam esperar que um canhoto representasse qualquer perigo. Como escreve Michael Wilcock: "Se Eúde não é capaz de empunhar uma arma com sua mão direita, todos assumem que ele não consegue empunhá-la de nenhum outro jeito. Assim, ele é admitido na presença do rei, quando solicita uma audiência particular com Eglom. Por causa de sua deformidade, ele não representa risco à segurança do moabita".[9]

Em terceiro lugar, *era um libertador portador do tributo ao rei moabita* (3:17). Eúde, sendo canhoto, conseguiu esconder sua espada debaixo de suas vestes, sem ser notado, sendo ao mesmo tempo, juntamente com vários homens (3:18), o portador dos tributos dos israelitas ao rei de Moabe. Dessa maneira, ele se aproximou do opressor sem levantar qualquer suspeita.

A morte do opressor (3:18-26)

Eglom era um inimigo mais perigoso do que Cusã-Risataim. Este era de longe, aquele de perto e tinha outros aliados. Israel já estava debaixo de jugo há dezoito anos, e Eglom era o rei que oprimia os filhos de Israel.

Destacamos três pontos aqui:

Em primeiro lugar, *a estratégia do libertador* (3:18-20). Eúde, o canhoto, acompanhado de um séquito, foi o portador do tributo ao rei moabita. Seu propósito era conhecer o ambiente, estabelecer uma estratégica e matar Eglom. Ele usou de astúcia para matar o tirano e destronar o regime de opressão. Ao entregar o tributo, Eúde não viu nenhuma chance de usar sua espada, mas ao retornar com sua comitiva até Gilgal, retornou sozinho com o argumento de que trazia uma mensagem da parte de Deus para Eglom.

Em segundo lugar, *a destreza do libertador* (3:21-25). Sem qualquer suspeita, o rei ordenou que todos os seus assistentes se retirassem, permitindo a Eúde sacar sua espada e enterrá-la completamente no ventre do obeso rei moabita. Depois de ceifar a vida de Eglom, Eúde cerrou as portas sobre si. Robert Chisholm diz que ele não se trancou dentro do aposento do rei, mas sua espada foi trancada na barriga do rei.[10] Os assistentes do rei, ao verem as portas fechadas, pensaram que ele estivesse aliviando o ventre. No entanto, como o tempo estava passando, eles pegaram as chaves e, ao abrirem as portas, encontraram o rei morto.

Há comentaristas que não veem Eúde como um líder digno de destaque, mas como um assassino que adota métodos reprováveis. Sobre isso, Robert Branson comenta:

> As ações de Eúde ocasionaram um longo debate, afinal, havia justiça em matar um rei? O poeta John Milton (1608-1674)

> usou a história do juiz israelita para justificar a execução de Carlos I. Outros, como Voltaire (1694-1778) e o nobre escocês George Mackenzie (1636-1691) denunciaram aqueles que apelaram ao exemplo de Eúde para justificar a execução de soberanos. Durante a Segunda Guerra Mundial, Dietrich Bonhoeffer agonizou sobre a questão de saber se um cristão poderia ou não participar de um tiranicídio. No final, ele se juntou ao plano para assassinar Hitler.[11]

O narrador, porém, diz que o próprio Eúde afirma que Deus trabalhava por meio dele (3:28). Concordo com Timothy Keller quando diz: "Deus nem sempre usa métodos que achamos 'normais' ou 'óbvios' para realizar a obra. Deus libertou seu povo, dando-lhe vitória sobre o inimigo e paz durante oitenta anos (3:30)".[12]

Em terceiro lugar, *a fuga do libertador* (3:26). Eúde escapou da proteção dos guardas e fugiu para convocar as tropas de Efraim, os filhos de Israel, para a peleja. O plano funcionou. O improvável aconteceu. Sozinho, Eúde matou o rei e ganhou moral para convocar o povo para o combate.

A libertação de Israel (3:27-30)

Destacamos alguns pontos aqui:

Em primeiro lugar, *uma convocação para a batalha* (3:27). Eliminado o líder dos opressores, Eúde toca a trombeta nas montanhas de Efraim, convocando os filhos de Israel para a peleja. O apelo de Eúde foi atendido, e, como líder dessa empreitada, ele foi à frente deles.

Em segundo lugar, *uma orientação dada* (3:28). Eúde ordena o povo a segui-lo e dá os motivos para tanto. Ele afirma aos filhos de Israel que o Senhor havia entregado os inimigos moabitas em suas mãos. Com essa orientação, os filhos de Israel desceram após ele e tomaram os vaus do Jordão contra os moabitas, e a nenhum deles deixaram passar.

Em terceiro lugar, *uma vitória retumbante* (3:29,30a). A vitória dos filhos de Israel foi retumbante, pois feriram dos moabitas uns dez mil homens valentes e não escapou nem sequer um. Sob a liderança de Eúde, Moabe foi subjugado naquele dia ao poder de Israel. O placar foi mudado. O opressor está derrotado e o povo oprimido agora alcança consagradora vitória.

Em quarto lugar, *um tempo de paz* (3:30b). Depois dessa expressiva vitória, a terra de Israel ficou em paz por oito décadas, o que representa, talvez, duas gerações.

Um libertador estrangeiro (3:31)

Um único versículo nos conta as façanhas de Sangar. Sozinho ele foi capaz de destruir uma unidade militar com seiscentos filisteus, usando apenas uma aguilhoada de boi, uma longa vara afiada em uma das pontas ou com uma ponta de ferro, usada no lugar de um chicote para manejar os bois. Depois de Eúde, Sangar é mencionado como libertador de Israel. Esse é o mais breve registro da vitória de um juiz. Sangar era um estrangeiro, possivelmente convertido à religião israelita, como Urias, o hitita (2Sm 2:3ss). Possivelmente sua origem era hitita ou hurriana.

Não consta que foi Deus quem o levantou. No entanto, ele libertou Israel dos filisteus, arqui-inimigos do povo de Deus. Sangar é um homem desconhecido. Usando uma arma nada convencional, Ele feriu seiscentos homens dos filisteus. Sua ousadia assemelha-se à de Sansão, que com uma queixada de jumento matou mil filisteus. Artur Cundall diz que o uso de armas improvisadas tem paralelo em outras partes de Juízes: Eúde precisou fazer sua própria arma (3:16). Sansão usou uma queixada de jumento (15:16). É provável que os filisteus já estavam pondo em prática a sua política de desarmar os povos que lhe eram sujeitos (5:8; 1Sm 13:19-22).[13] Dale Ralph Davies destaca que os instrumentos de Deus usados para a libertação de seu povo formam um grande arsenal: a espada de Eúde (3:16), a aguilhada de Sangar (3:31), o martelo de Jael (4:21), as buzinas e tochas de Gideão (7:16), a pedra de moinho da mulher (9:53), a queixada de jumento de Sansão (15:15).[14]

O fato de um estrangeiro ter sido o libertador de Israel sinaliza um declínio na liderança agora que Otniel e Eúde haviam saído de cena. Talvez por isso, uma mulher juíza e profetisa precisou convencer um general israelita a lutar, e uma mulher não israelita matou um líder inimigo. Mesmo que um declínio na liderança masculina de fato seja preocupante, isso não limita as possibilidades do Senhor.[15]

Robert Chisholm chama a atenção para o fato de que a vitória de Sangar não foi seguida por um período de paz. Mesmo que sua vitória tenha afastado a ameaça filisteia, o pecado de Israel causou uma opressão ainda pior no Norte. Nesse cenário, Sangar ainda pode ser considerado um contemporâneo de Débora.[16]

Aplicação

Dale Ralph Davies diz que o tema dessa narrativa é sobre o caminho que Deus usa para salvar o seu povo em suas aflições. O Senhor é o responsável por esse juiz canhoto e levantou um libertador. O texto não diz um assassino, um mentiroso, um enganador, mas um salvador. Essa, portanto, é uma história de salvação cujo foco não é como Deus pode usar um homem da estirpe de Eúde, mas como Deus se deleita em salvar seu povo de suas aflições. Nosso foco não é ver os problemas que Deus criou, mas a salvação que Ele trouxe.[17]

Timothy Keller diz, acertadamente, que a partir de Eúde, todos os juízes apontam para Cristo. Ao contrário deles, Cristo não usou de engano (Eúde), não precisou de ajuda (Débora/Baraque), não mostrou ambição (Gideão), impulsividade (Jefté) nem fraqueza sexual (Sansão). Na verdade, em todos os aspectos, Ele foi tão íntegro quanto Otniel se apresenta nas páginas de Juízes. Jesus foi também um libertador improvável, pois não libertou seu povo por meio de um grande triunfo, mas por meio de sua morte na cruz.[18] Ele nasceu em uma manjedoura, cresceu em uma carpintaria, morreu em uma cruz, mas ressuscitou em glória e levou cativo o cativeiro.

Notas

1 BRANSON, Robert D. *Novo Comentário Bíblico Beacon – Juízes*, p. 77.
2 CHISHOLM JR., Robert B. *Juízes*, p. 163.
3 RIDALL, R. Clyde. *O livro de Juízes*. In: *Comentário bíblico Beacon*, v. 2, p. 106.
4 CHISHOLM JR., Robert B. *Juízes*. 2017, p. 161.
5 CHISHOLM JR., Robert B. *Juízes*, p. 162.
6 CUNDALL, Artur E. *Juízes: introdução e comentário*, p. 75.
7 KELLER, Timothy. *Juízes para você*, p. 49,50.
8 CHISHOLM JR., Robert B. *Juízes*, p. 162.
9 WILCOCK, Michael. The Message of *Judges*, p. 41.
10 CHISHOLM JR., Robert B. *Juízes*,p. 168.
11 BRANSON, Robert D. *Novo comentário bíblico Beacon – Juízes*, p. 82.
12 KELLER, Timothy. *Juízes* para hoje, p. 52.
13 CUNDALL, Artur E. *Juízes: introdução e comentário*, p. 79,80.
14 DAVIES, Dale Ralph. *Judges*, p. 66.
15 CHISHOLM JR., Robert B. *Juízes*, p. 178,179.
16 Ibidem, p. 178.
17 DAVIES, Dale Ralph. *Judges*, p. 59.
18 KELLER, Timothy. *Juízes para você*, p. 53.

Capítulo 6

Uma esmagadora vitória

(Juízes 4:1-24)

O FOCO DE ATENÇÃO muda, agora, das tribos sulinas para as nortistas. A ameaça de Jabim e Sísera, longe de relacionar-se a pequenas porções de território, envolvia seis tribos nesse novo conflito. Foi o primeiro grande perigo da época dos juízes.[1]

A história de Débora, Baraque e Jael é contada em duas versões, primeiro em uma narrativa em prosa (capítulo 4) e depois em um poema (capítulo 5). As duas versões se complementam com informações omitidas pelas outra. Sem o poema ou sem a narrativa em prosa, estaríamos menos informados sobre os acontecimentos da história.[2] Nessa mesma linha de pensamento Timothy Keller diz que os capítulos 4 e 5 de Juízes são muito interessantes, não somente pelos eventos que relatam, mas porque os dois relatam os mesmos eventos — um da perspectiva do historiador e o outro da perspectiva do poeta.[3]

O texto em apreço destaca, mais uma vez, a infidelidade contumaz dos filhos de Israel, a opressão de seus inimigos, o clamor ao Senhor e o poderoso livramento de Deus. Warren Wiersbe destaca quatro fatos no texto em tela: 1) uma situação trágica (4:1-3); 2) uma revelação divina (4:4-7); 3) um participante irresoluto (4:8-10); 4) um confronto vitorioso (4:11-23): Sísera é advertido (4:11,12); Sísera é derrotado (4:13-16); Sísera é morto (4:17-23).[4]

Uma opressão amarga (4:1-3)

Depois da morte de Eúde, o povo voltou a pecar contra o Senhor, servindo aos deuses cananeus. Enquanto Israel se deixava seduzir pelos deuses cananeus, os cananeus oprimiam o povo. Destacamos aqui quatro pontos importantes:

Em primeiro lugar, *a infidelidade contumaz* (4:1). A expressão, "os filhos de Israel tornaram a fazer o que era mau perante o Senhor" (4:1) é uma triste repetição que retrata a infidelidade contumaz do povo de Israel nesse turbulento período dos juízes. Robert Branson destaca que a morte de um juiz frequentemente precede a descrição do retorno de Israel ao pecado (3:11; 8:33; 12:7).[5] Encontramos neste versículo o ciclo do pecado, ou seja, a adoração aos baalins (2:11). Dale Ralph Davis diz que é difícil ser criativo no pecado, de modo que há uma certa monotonia nessa prática. As pessoas voltam a fazer o que já fizeram antes. O pecado é uma enfadonha rotina, não uma experiência nova. A pista nova se torna uma rota velha, trazendo em sua esteira escravidão e insatisfação.[6]

Em segundo lugar, *a disciplina necessária* (4:2). Como consequência dessa apostasia, mais uma vez, Deus entrega-os nas mãos de seus inimigos. Nesse caso, Deus entregou-os nas mãos de Jabim, rei de Canaã, cujo comandante era Sísera. Jabim era o rei de Hazor e liderou uma coalizão contra os israelitas (Js 11:1-9). Josué derrotou essa coalizão, matou Jabim (Js 11:10) e queimou a cidade governada por ele. O nome "Jabim" pode ter sido o título hereditário do trono, atribuído aos seus sucessivos ocupantes.[7] Hazor era uma importante cidade situada quatorze quilômetros ao norte do mar da Galileia e localizada em uma importante rota comercial entre o Egito e a Mesopotâmia. O comandante do exército de Jabim era Sísera (4:2,7).

Em terceiro lugar, *o pedido de socorro* (4:3a). Sempre que as circunstâncias eram desfavoráveis, os filhos de Israel clamavam ao Senhor. Aqui não foi diferente. Com a canga no pescoço, o povo gritou por socorro e pediu livramento da opressão.

Em quarto lugar, *a força descomunal* (4:3b). O narrador destaca a força descomunal do exército cananeu. Jabim tinha à sua disposição novecentos carros de ferro, além de contar com uma superioridade numérica e tecnológica. Isso dava a ele o controle completo dos vales e das planícies. Depois de duas gerações, oitenta anos de paz, agora, durante vinte anos, os filhos de Israel foram duramente oprimidos por Jabim.

Uma liderança surpreendente (4:4-10)

Destacamos aqui seis pontos importantes:

Em primeiro lugar, *Débora, profetisa e juíza de Israel* (4:4,5). Débora ocupa a honrosa posição de profetisa e juíza de Israel, ofícios geralmente reservados aos homens.

Ela trazia a Palavra de Deus ao povo e julgava suas causas. Os filhos de Israel subiam a ela para juízo, e ela os atendia debaixo da palmeira de Débora, entre Ramá e Betel, na região montanhosa de Efraim. Outras mulheres também exerceram o ofício de profetisa. Miriã, irmã de Moisés, era profetisa (Êx 15:20). Igualmente, Hulda transmitiu um oráculo de Deus como profetisa (2Rs 22:14-20). As filhas do diácono Filipe também eram profetisas (At 21:8,9).

Timothy Keller ressalta que os israelitas procuravam Débora para todos os tipos de pendengas sociais, legais e relacionais. Ela liderou com sabedoria e caráter, e não pela força bruta. Se por um lado Otniel foi à guerra (3:10) e Eúde maquinou assassinato (3:16), por outro, Débora aconselhou e guiou o povo. Ela foi a maior antecipação da monarquia, e até de Cristo, o qual sustentou o governo em seus ombros e é chamado de "Maravilhoso Conselheiro [...]" (Is 9.6).[8]

Em segundo lugar, *Baraque convocado para a batalha* (4:6). A autoridade de Débora se estendia para além da tribo efraimita, pois ela convocou Baraque, oriundo de Natfali. Débora convoca Baraque, filho de Abinoão, de Quedes, da tribo de Naftali, por intermédio de uma pergunta retórica: "Porventura, o Senhor, Deus de Israel, não deu ordem, dizendo: Vai, e leva gente ao monte Tabor, e toma contigo dez mil homens dos filhos de Naftali e dos filhos de Zebulom?". Na ocasião, ela aponta o líder, Baraque; o lugar do confronto, monte Tabor; a quantidade de homens que devem sair à peleja, dez mil; e as tribos que devem compor o exército, Naftali e Zebulom. Artur Cundall destaca que a convocação inicial foi feita aos homens de Naftali e Zebulom, duas das tribos mais interessadas, embora o capítulo 5 deixe bem claro que outras quatro tribos tomaram parte ativa, possivelmente em uma fase posterior das operações.[9]

Em terceiro lugar, *a promessa de vitória* (4:7). Débora, como profetisa, não apenas convoca Baraque, mas dá a ele garantia de vitória da parte do Senhor. O próprio Senhor traria Sísera, comandante do exército de Jabim, com os seus carros e tropas, e os entregaria nas mãos de Baraque. A vitória não é decorrente do braço da carne, mas da intervenção do Senhor. Concordo com Timothy Keller quando diz "O exército de Baraque não era páreo para o exército de Sísera, e Sísera não era páreo para Deus".[10]

Em quarto lugar, *a hesitação de Baraque* (4:8). Baraque responde à convocação de Débora com hesitação, e a obediência às ordens divinas começava a mostrar rachaduras.[11] Ele até se dispõe a atender ao chamado, desde que Débora vá com ele. Baraque é uma espécie de líder inseguro que precisa de alguém com mais carisma e vigor ao seu lado. Artur Cundall diz que Baraque, em sua hesitação, tem excelentes companheiros no Antigo Testamento. Moisés, até mesmo no final de seu encontro com Deus na sarça ardente, demonstrou extraordinária falta de entusiasmo para aceitar a chamada divina (Êx 4:13); o próprio Gideão considerava-se a pior escolha de Deus (Jz 6:15); e Jeremias protestou por causa de sua pouca idade (Jr 1:16).[12] Certamente somos todos inadequados para a grande obra, como diz o apóstolo Paulo: "Não que por nós mesmos sejamos capazes de pensar alguma coisa, como se partisse de nós; pelo contrário, a nossa suficiência vem de Deus, o qual nos habilitou para sermos ministros [...]" (2Co 2:5,6).

Em quinto lugar, *a concordância de Débora* (4:9). Débora responde à condição de Baraque com uma garantia firme: "Certamente, irei contigo [...]". Ela se coloca como uma mulher decidida e está pronta para o grande desafio de libertar sua nação das mãos do opressor. No entanto, Débora alerta Baraque de que os louros da vitória sobre Sísera não serão atribuídos a ele, mas a uma mulher. Ela não especifica quem é essa mulher, mas o contexto favorece tanto ela mesma como Jael, esposa de Héber, o queneu.

Em sexto lugar, *a convocação das tribos para a batalha* (4:10). Baraque convoca Zebulom e Naftali em Quedes, reunindo um exército de dez mil homens. Débora, como prometido, subiu com Baraque a Cades para a peleja.

Uma família estratégica (4:11)

Héber era um descendente dos queneus, sendo aparentado com o povo de Israel, pois o sogro de Moisés pertencia a esse povo. Os queneus eram um grupo nômade que vagueava pela região desértica ao sul de Judá. Por outro lado, Héber e sua casa tinham um relacionamento pacífico com Jabim, rei dos cananeus (4:17), mas a relação consanguínea falou mais alto do que a relação amistosa entre a casa de Héber e rei Jabim. Jael, esposa de Héber, matou o comandante de Jabim, libertando Israel da amarga opressão.

Uma batalha renhida (4:12-16)

Destacamos aqui três pontos importantes:

Em primeiro lugar, *Sísera mobiliza seu exército* (4:12,13). Sísera toma conhecimento de que Baraque havia subido ao Tabor para a batalha. Então, convoca todos os seus novecentos carros de ferro e todo o povo que estava com ele, saindo de Horosete-Haboim para o ribeiro Quisom.

Em segundo lugar, *Débora ordena a peleja* (4:14). Débora, uma líder encorajadora, dá as coordenadas a Baraque. Não havia mais tempo a perder. Baraque deveria se dispor imediatamente, pois o Senhor entregaria Sísera em suas mãos naquele mesmo dia. Baraque atende à orientação de Débora e desce com os dez homens do monte Tabor. A vitória não viria como resultado da destreza militar de Baraque, mas da ação providente de Deus. Robert Branson diz que as tropas de Israel estavam engajadas em guerra santa, pois era o próprio Deus que lhes traria vitória.[13] Artur Cundall diz que é possível que Deus tivesse dado a ordem de atacar ao ver a aproximação da tempestade, sabendo que uma chuva torrencial nulificaria a vantagem numérica dos cananeus, e o equipamento bélico superior; seria este, pois, o momento propício para o ataque. Uma tempestade favoreceu os israelitas e capacitou-os a estender sua vantagem das faldas das montanhas (onde as carruagens não podiam funcionar com eficiência), para os vales, onde até então os cananeus tinham sido supremos.[14]

Em terceiro lugar, *a vitória retumbante* (4:15,16). Foi o Senhor quem derrotou Sísera, todos os seus carros e todo o seu exército, a fio de espada, diante de Baraque. Clyde Ridall diz que a palavra "derrotou" (4:15) em hebraico significa "aniquilou, desbaratou, confundiu e exterminou rapidamente". A batalha foi do Senhor do início ao fim. Uma enchente repentina e violenta do rio Quisom transformou a planície em um charco no qual as gloriosas carruagens dos cananeus se tornaram um obstáculo em vez de uma vantagem. O resultado foi a derrota e destruição total das forças de Sísera.[15] Warren Wiersbe ainda destaca que a palavra "derrotou" também significa "confundiu, deixou em pânico". Era exatamente o que Deus havia feito com os soldados que conduziam os carros egípcios no mar Vermelho (Êx 14:24) e a mesma coisa que faria posteriormente com os filisteus nos dias de Samuel (1Sm 7:10).[16]

Os dez mil israelitas levemente armados, mas capazes de rápida movimentação, despejaram-se no vale para travar combate com uma força de carruagens bélicas impossibilitadas de movimentar-se no lamaçal. A única manobra sábia seria a fuga.[17] Sísera, vendo seu próprio carro emperrado, saltou do carro e fugiu a pé. Baraque perseguiu os carros e os exércitos cananeus e todo o exército de Sísera caiu a fio de espada, sem escapar nenhum sequer. Foi uma vitória esmagadora!

Uma fuga desastrosa (4:17-24)

O propósito de introduzir Héber, o queneu, no versículo 111, agora se esclarece. Héber havia se estabelecido ao longo da estrada que leva até à cidade sagrada de Quedes, o destino final onde Sísera almejava encontrar refúgio. Héber estava em conflito, pois sua lealdade estava dividida entre os israelitas — com quem seu clã tinha parentesco pelo matrimônio de Moisés — e Jabim, o rei de Hazor, com quem havia estabelecido uma relação de paz.[18] Destacaremos cinco pontos importantes:

Em primeiro lugar, *a fuga de Sísera* (4:17). Sísera fugiu a pé para a tenda de Jael, mulher de Héber, o queneu. Talvez, na confiança de que havia paz entre Jabim, rei de Hazor, e a casa de Héber. O poderoso comandante do exército de Jabim, liderando um enorme batalhão de carruagens de ferro precisa correr a pé, em pânico, fugindo a batalha, enquanto é acossado pelos soldados de Baraque.

Em segundo lugar, *a trama de Jael* (4:18-20). Jael tinha conhecimento dos vinte anos de opressão que Israel vinha sofrendo nas mãos de Sísera. Ela, então, sai ao encontro do comandante e convida-o a entrar em sua tenda, oferecendo-lhe segurança enquanto apaziguava sua alma dizendo:

"Não temas". Sísera entrou na tenda de Jael, e esta o escondeu, colocando sobre ele uma coberta. Sísera fez dois pedidos a Jael. Primeiro, pediu água para beber. Jael lhe deu um odre com leite e voltou a cobri-lo. Segundo, pediu que Jael ficasse à porta, como sentinela. No caso de alguém perguntar se ele tinha entrado na tenda, ela deveria responder "Não!".

Em terceiro lugar, *a morte de Sísera* (4:21). Sísera não sabia que Jael estava tramando sua morte. Enquanto o comandante vencido pela exaustão caiu no sono, ela tomou uma estaca da tenda e um martelo, e, sorrateiramente, cravou-lhe a estaca na fronte, a ponto de a estaca varar a cabeça de Sísera e penetrar na terra. O comandante opressor morreu nas mãos de uma mulher. Nas palavras de Robert Branson, "somos levados de volta ao pronunciamento de Débora. Jael ficara do lado de Israel e matara um inimigo; a glória era dela, não de Baraque, que só foi procurar por Sísera no acampamento de Héber tardiamente".[19]

Em quarto lugar, *a façanha de Jael* (4:22). A mesma Jael que saiu ao encontro de Sísera, agora, sai ao encontro de Baraque para mostrar o homem que ele procurava. Tendo Baraque seguido a Jael, eis que Sísera estava morto com uma estaca na fronte.

Em quinto lugar, *a vitória tributada a Deus* (4:23,24). O narrador não estadeia a liderança corajosa de Débora nem a sagacidade de Jael na vitória sobre Jabim e seu comandante, mas atribui a vitória a Deus. O louvor é dado a Deus por livrar Israel da opressão. Foi Deus quem humilhou Jabim, rei de Canaã, diante dos filhos de Israel. Deus mesmo fortaleceu os filhos de Israel que cada vez mais prevaleciam contra Jabim até que o exterminaram. Ao concluir este capítulo, é importante enfatizar que a honra de vitória sobre Jabim e Sísera, como diz Timothy Keller, não é de nenhum ser humano. Foi o Senhor quem falou a Débora e por meio dela. Foi o Senhor quem se adiantou a Baraque e deu-lhe a vitória (4:14,15). Foi o Senhor quem entregou Sísera nas mãos de Jael (4:9). Deus é o libertador de acordo com sua vontade, e não segundo os méritos de seu povo; assim, Ele merece toda a glória.[20] A libertação foi completa e integral. Concordo com Robert Branson, "uma libertação parcial da opressão não liberta absolutamente nada".[21]

NOTAS

1 CUNDALL, Artur E. *Juízes: introdução e comentário*, p. 80.
2 BRANSON, Robert D. *Novo comentário bíblico Beacon – Juízes*, p. 83.
3 KELLER, Timothy. *Juízes para você*, p. 56.
4 WIERSBE, Warren W. *Comentário bíblico expositivo*, v. 2, p. 104-106.
5 BRANSON, Robert D. *Novo comentário bíblico Beacon – Juízes*, p. 85.
6 DAVIS, Dale Ralph. *Judges*, p. 72.
7 BRANSON, Robert D. *Novo comentário bíblico Beacon – Juízes*, p. 83,84.
8 KELLER, Timothy. *Juízes para você*, p. 57.
9 CUNDALL, Artur E. *Juízes: introdução e comentário*, p. 83.
10 KELLER, Timothy. *Juízes para você*, p. 60.
11 BRANSON, Robert D. *Novo comentário bíblico Beacon – Juízes*, p. 88.
12 CUNDALL, Artur E. *Juízes: introdução e comentário*, p. 84.
13 BRANSON, Robert D. *Novo comentário bíblico Beacon – Juízes*, p. 89.
14 CUNDALL, Artur E. *Juízes: Introdução e comentário*. 2017, 85,86.
15 RIDALL, R. Clyde. *O livro de Juízes*. In: *Comentário bíblico Beacon*, v. 2, p. 109,110.
16 WIERSBE, Warren W. *Comentário Bíblico Expositivo*. Vol. 2. 2006, p. 106.
17 CUNDALL, Artur E. *Juízes: Introdução e Comentário*. 2017, p. 86.
18 BRANSON, Robert D. *Novo Comentário Bíblico Beacon – Juízes*. 2017, p. 89,90.
19 BRANSON, Robert D. *Novo Comentário Bíblico Beacon – Juízes*. 2017, p. 92.
20 KELLER, Timothy. *Juízes para você*. 2019, p. 66.
21 BRANSON, Robert D. *Novo Comentário bíblico Beacon – Juízes*. 2017, p. 92.

Capítulo 7

O cântico de Débora

(Juízes 5:1-31)

QUANDO DESEJAVAM CELEBRAR OCASIÕES especiais, os israelitas costumavam expressar-se por meio de cânticos, de modo que o escritor passa da prosa narrativa à poesia jubilosa.[1] Dale Ralph Davis diz que Juízes é uma celebração de vitória, não apenas de uma vitória conquistada pela destreza militar, mas da vitória concedida pelo livramento divino. Trata-se do triunfo do Senhor sobre Sísera e suas hostes.[2]

Robert Branson diz que o poema do capítulo 5 e a narrativa do capítulo 4 trabalham juntos para retratar os eventos de um modo mais completo do que poderiam fazer se fossem lidos separadamente. O poema contém uma lista detalhada das tribos que participaram e das tribos que não participaram da batalha. A cena conclusiva da mãe de Sísera aguardando o retorno vitorioso do filho é totalmente irônica. O atraso não se deve à celebração do vencedor, isso porque ele já está morto. O poema celebra os feitos das tribos e dos indivíduos, porém o ator principal é o Senhor. É a Ele que o poema é dedicado (5:2,4), e são as suas ações que são reconhecidas como principal recurso para o sucesso na batalha.[3]

Timothy Keller destaca que no capítulo 4 o Senhor é mencionado apenas em quatro versículos, três dos quais quando Débora fala (4:6,9,14) e o outro em (4:15). No capítulo 5, Deus está por toda parte. Enquanto os soldados israelitas marchavam, o Todo-poderoso marchava com eles, revelando seu poder em meio à chuva torrencial (5:4). Enquanto seu povo avançava pelo monte Tabor, o Senhor, diante de quem as montanhas tremem, ia à guerra (5:5).[4]

Clyde Ridall sugere o esboço que se segue:[5]

O Senhor sai para a guerra (5:1-5)

Eis aqui o cântico de Débora e Baraque, um dos mais antigos poemas do Antigo Testamento. O cântico destaca a disposição dos líderes e do povo de se engajarem na peleja contra os opressores. O sentimento que move o coração dos cantores e que deve ser ouvido pelos reis e príncipes é de louvor e exaltação ao Deus de Israel. Reis e príncipes são convidados a prestar atenção ao hino de louvor dirigido ao Deus de Israel. Outras nações ao redor de Israel temerão e se maravilharão, quando ouvirem falar dos portentosos atos de Deus em prol de seu povo.[6]

A batalha está prestes a ser travada, mas a vitória não virá da destreza dos soldados de Israel, mas da intervenção divina. Os cantores narram Deus marchando desde Edom, às margens do mar Vermelho, e fazendo a Terra estremecer com sua marcha. O valente de Israel move as nuvens para derramarem água sobre a terra, e na presença dele os montes cambaleiam e fumegam como o Sinai. Saindo o Senhor para a guerra, não há inimigo que o resista. Artur Cundall diz que, em linguagem poética, o cântico liga o livramento atual com a revelação do passado, no Sinai, quando, na cerimônia da aliança, Deus falou, sendo acompanhado de grande tempestade e, possivelmente, de um grande terremoto. O mesmo Deus todo-poderoso havia saído diante deles nessa ocasião. Toda a criação pareceu enfileirar-se ao lado do exército insignificante e mal equipado dos israelitas.[7] Dale Ralph Davis, nessa mesma linha de pensamento, diz que o Deus que decisivamente veio a Israel no Sinai vem novamente ao seu povo para socorrê-lo em seus problemas. O Deus que libertou o seu povo no mar Vermelho pode libertá-lo nas águas no Megido. O Deus que fez o Sinai fumegar pode liderar seu povo em uma esmagadora vitória sobre seus inimigos no monte Tabor.[8]

Israel é oprimido pelos inimigos (5:6,7)

Os cantores voltam os olhos ao passado e relembram o livramento que Deus trouxe a Israel por meio de Sangar e de Jael. Sangar feriu seiscentos homens dos filisteus com uma aguilhada de bois (3:31), libertando Israel; e Jael matou Sísera, o comandante de Jabim, rei de Canaã, com uma estaca (4:21). Nesse tempo, a sociedade estava marcada pela violência. As caravanas cessaram ou seguiam por estradas vicinais por causa dos assaltos frequentes. As aldeias em Israel ficaram desertas até que a própria Débora se levantou por mãe em Israel. Concordo com Artur Cundall quando diz que o tema desses versículos é a condição miserável, empobrecida de Israel sob o jugo canaanita. Aqueles que precisavam viajar, faziam-no por meio de rotas menos frequentadas para evitar serem molestados. Além disso, a agricultura era afetada pelas depredações dos cananeus, e as pequenas vilas sem muros dos israelitas não serviam de proteção contra as pilhagens de seus agressivos vizinhos.[9]

Israel é julgado pelo Senhor (5:8)

A opressão aos israelitas da parte do rei cananeu tinha uma causa: a idolatria. Os israelitas escolheram deuses novos, os deuses canaanitas, e abandonaram ao Senhor. O próprio Deus entregou os israelitas nas mãos de seus opressores. A apostasia dos israelitas enfraqueceu-os, de modo que as mãos dos soldados se afrouxaram. O pecado vulnerabilizou e abateu o ânimo dos guerreiros, e o resultado da apostasia foi a guerra, a fraqueza e a servidão. Não se via um só escudo ou lança, quer porque Israel fizera a paz com os cananeus nativos (3:5,6), quer porque a nação tinha sido desarmada (1Sm 13:19-22).

Israel é convocado a testemunhar (5:9-11)

Os líderes de Israel devem bendizer ao Senhor por causa da esplêndida vitória que tinham alcançado contra seus inimigos. Devem, ainda, falar das bênçãos exponenciais que alcançaram na peleja contra Jabim e Sísera. Nos poços de água nos quais as informações eram compartilhadas, em lugar dos inimigos falarem de suas conquistas e vitórias sobre Israel, é Israel quem testemunhará a respeito dos atos de justiça do Senhor, pondo um ponto final na opressão do inimigo.

Nas palavras de Artur Cundall, "o viajante não precisava mais viajar furtivamente por caminhos menos conhecidos:

havia liberdade de movimentos, e reuniões tranquilas à beira dos poços, lugar de encontro, óbvio, dos viandantes".[10]

As tribos são convocadas para a guerra (5:12-18)

Uma grande obra é feita sob a liderança e inspiração de um grande líder. Débora já exercia o papel de profetisa e juíza, mas agora se apresenta como mãe da nação. Ela toma a dianteira para liderar a nação oprimida na batalha contra os inimigos. Vejamos:

Em primeiro lugar, *uma convocação para a batalha* (5:12). A opressão dos cananeus havia colocado a nação de Israel em uma espécie de sonolência. Os israelitas estavam conformados e não demonstravam qualquer reação. Débora, então, se levanta, conclamando a si mesma para despertar e agir. O líder inspira mais pelo exemplo do que pela força. Quando se põe de pé, outros também se levantam. Quando dá o primeiro passo, outros seguem suas pegadas. Débora não se conforma com a opressão e age. A resposta de muitas das tribos foi imediata e inspirada pelo exemplo de seus líderes.

Em segundo lugar, *uma resposta favorável* (5.13). A conclamação e o exemplo de Débora moveram o restante dos nobres e o restante do povo se engajou na peleja para quebrar o jugo do inimigo. Jabim e Sísera foram enfrentados e vencidos.

Em terceiro lugar, *as tribos que se alistaram para a guerra* (5:14-18). O narrador lista as tribos que atenderam à convocação de Débora. A lista daqueles que responderam ao chamado para a luta começa com as tribos situadas no planalto central: Efraim, Benjamim e Maquir, provável clã de Manassés. Zebulom e Issacar situavam-se ao norte do vale de Jezreel. As tribos de Ruben e Gileade ficaram à leste do rio Jordão e não responderam. Também ficaram em silêncio as tribos costeiras de Aser, ao norte, e Dã, ao sul. Judá está manifestadamente ausente da lista.[11]

É de bom alvitre destacar que de Efraim desceram guerreiros após Débora. A tribo de Benjamim, de igual modo, seguiu com soldados. A tribo de Zebulom teve papel decisivo de liderança nessa batalha. Os soldados da tribo de Zebulom e de Naftali se expuseram à morte nessa batalha. Os príncipes da tribo de Issacar foram com Débora e Baraque e participaram decisivamente na peleja. A tribo de Rubens, por sua vez, ficou dividida e houve grande discussão, mas sem ação efetiva. Na hora do enfrentamento, o que se precisa é de ação, e não de discussão, pois uma casa dividida não pode prevalecer. As tribos de Dã e Aser se estabeleceram na região costeira, junto ao mar Mediterrâneo. O famoso porto de Jope pertencia à tribo de Dã; os damitas, contudo, não se voluntariaram para a batalhar nem quiseram interromper os seus negócios, negando-se a ajudar.

O Senhor luta por Israel (5:19-23)

A batalha foi travada, e os inimigos se aliaram para pelejar contra Israel. No entanto, o próprio Senhor entrou em campo para impor aos inimigos uma derrota fragorosa. Nas palavras de Artur Cundall, "os exércitos conjugados dos reis das cidades-estados canaanitas enfrentaram as forças da natureza, convocadas por ordem do Deus de Israel. A violenta tempestade e a turbulência do Quisom, foram responsáveis diretos pela vitória de Israel".[12]

Vejamos:

Em primeiro lugar, *os inimigos de Israel se aliam, mas não vencem* (5:19). Os reis cananeus se uniram e pelejaram em Tanaque, junto às águas do Megido, porém não lograram êxito nem levaram qualquer despojo de prata. O campo que lhes parecia favorável tornou-se em armadilha. Os reis cananeus chegaram de olho nos espólios, mas fugiram de mãos vazias. Warren Wiersbe diz que os reis cananeus e suas forças combinadas (com novecentos carros) encontraram o exército israelita em Megido, na planície de Jezreel. Uma vez que era a estação de secas, os soldados com seus carros esperavam aniquilar o exército de Israel, mas Deus tinha outros planos. Enviou uma tempestade forte que transformou o ribeiro Quisom em uma torrente violenta e o campo de batalha em um pântano.[13]

Em segundo lugar, *a providência de Deus impõe aos inimigos derrota acachapante* (5:20-22). Deus abriu as comportas do céu e derramou uma chuva torrencial, a ponto de os carros de ferro dos cananeus ficarem emperrados. O que lhes era vantagem tornou-se estorvo. Os soldados cananeus foram arrastados pelo ribeiro de Quisom, que transbordou. Quando as tribos de Israel entraram na peleja e viram a mão de Deus estendida contra seus inimigos, ficaram reanimados. Como resultado, os combatentes cananeus tiveram de fugir às pressas, montados em seus cavalos, que se mostraram incapazes de salvá-los. Clyde Ridall diz que o meio usado por Deus para destruir o exército cananeu foi o rio Quisom. Quando estava cheio, o rio varreu os soldados inimigos que tentaram cruzá-lo, e o solo se transformou em um pântano no qual as carruagens atolaram.[14] Robert Branson coloca essa cena assim:

> O versículo 22 descreve a batida trovejante dos cascos dos cavalos puxando as carruagens em direção ao solo amolecido. Os ouvintes sabem que eles, à medida que se aproximam rapidamente da batalha, rumam de modo igualmente apressado para a lama, que travará suas rodas e tornará impossível suas

manobras. Então, eles serão presas fáceis para a infantaria israelita.[15]

Em terceiro lugar, *a maldição da omissão covarde* (5:23). O narrador, falando da parte do Anjo do Senhor, lança um apelo a Israel para amaldiçoar Meroz e seus moradores porque se omitiram em vir em socorro do Senhor e de seus heróis nessa batalha. A traição de Meroz é teológica: a batalha era do Senhor, e eles não vieram ajudar. Por isso, não foram Débora nem Baraque que amaldiçoaram o povo de Meroz; a maldição veio do Anjo do Senhor. A traição da vila de Meroz contrasta deliberadamente com a ação patriótica de Jael. Uma maldição amarga foi lançada sobre Meroz por sua recusa em apoiar não somente o exército israelita, mas o próprio Senhor. Meroz demonstrou ser uma notável exceção à reação imediata das outras tribos.

A vitória de Jael sobre o opressor (5:24-27)

O narrador interpreta a ação de Jael, mulher de Héber, o queneu, de matar o comandante Sísera dentro de sua tenda. Longe de censurar ou condenar sua ação, enalteceu-a, chamando-a de bendita sobre as mulheres que vivem em tendas. Essa fala foi incorporada por Isabel em sua saudação à Maria (Lc 1:42), e com base nisso, escritores medievais viram a esposa de Héber como uma precursora da mãe de Jesus.

O comandante que oprimia, extorquia, saqueava e estuprava, fugindo dos soldados de Israel, entra na tenda de Jael e pede água, mas ela lhe dá leite e nata. Exausto e rendido ao sono, Sísera adormeceu. Com uma estaca da tenda e um martelo, Jael deu um golpe fatal em Sísera, rachando-lhe a cabeça. O opressor caiu aos seus pés, vencido pela morte. Israel estava livre de seu opressor!

Robert Chisholm diz que, nesse episódio, Deus demonstrou que suas mãos não podem ser atadas por uma crise de liderança. Ele pode trazer libertação de lados inesperados, seja por meio de um homem com nome pagão munido apenas de uma aguilhada ou por meio da esposa de um aliado do inimigo armada com um pouco de leite, um martelo e uma estaca de tenda. Ele tem à sua disposição aliados irresistíveis no âmbito cósmico (as estrelas dos céus e o rio Quisom), tornando fúteis os esforços militares dos governantes meramente humanos.[16]

A miséria dos inimigos do Senhor (5:28-31)

Aqueles que estavam acostumados a vencer, oprimir e espoliar não podem imaginar outra coisa nessa peleja que não seja a vitória. Vejamos os elementos desse enredo:

Em primeiro lugar, *uma expectativa frustrada* (5:28). A mãe de Sísera, acostumada a ver seu filho liderando a opressão dos cananeus sobre Israel, está à janela, aguardando o retorno triunfante do filho. No entanto, essa expectativa é frustrada, pois dessa vez o filho não retornará. De fato, a vitória não aconteceu. O sofrimento que impuseram ao povo de Deus caiu sobre a sua própria cabeça.

Em segundo lugar, *uma confissão de culpa* (5:29,30). As damas da matriarca se unem à mãe do opressor para justificar a demora do retorno de Sísera, fazendo uma triste confissão. A demora seria para recolher os ricos despojos, bem como para escravizar jovens para exploração sexual. Robert Branson diz que as mulheres capturadas eram submetidas à exploração sexual e, como consequência, elas se tornavam não apenas objetos de prazer para os homens, mas também produtoras de outra geração de escravos para seus novos donos.[17] Timothy Keller reforça essa ideia, dizendo que Sísera raptava moças para transformá-las em escravas sexuais. A grande ironia é que o homem que usava as mulheres como objeto é morto por um objeto que as mulheres usavam.[18]

Em terceiro lugar, *uma distinção necessária* (5:31). O narrador faz um contraste profundo entre os inimigos de Deus e os que o amam. Nas palavras de Warren Wiersbe, "a batalha em Megido foi mais do que apenas um conflito entre exércitos adversários. Foi um conflito entre as forças das trevas e as forças da luz".[19] Tomado de zelo pelo Senhor, o narrador clama para que os inimigos de Deus pereçam e que aqueles que amam a Deus brilhem como o Sol ao se levantar em seu esplendor. Assim o capítulo 5 vê a mão de Deus em todas as coisas, festeja o sucesso e glorifica a Deus acima de tudo. Sua tônica é de uma alegria contínua.

Em quarto lugar, *uma paz restaurada* (5:32). Depois dessa vitória avassaladora sobre os cananeus, a terra ficou em paz por quarenta anos. A paz é resultado da volta para Deus. Robert Chisholm, aplicando a passagem em apreço, diz que o Novo Testamento também retrata Deus como guerreiro, que luta e derrota seus inimigos, mas no Novo Testamento a batalha é primariamente espiritual. Os inimigos não são cananeus de carne e osso, mas forças espirituais convocadas por Satanás (Ef 6:10-20). No entanto, no fim, Jesus, o Rei dos reis e Senhor dos senhores, aniquilará todos os seus inimigos, colocando-os debaixo de seus pés (Ap 17:13,14; 19:11-16; 1Co 15:23-25).[20]

Notas

1 WIERSBE, Warren W. *Comentário bíblico expositivo*, v. 6, p. 107.
2 DAVIS, Dale Ralph. *Judges*, p. 81.
3 BRANSON, Robert D. *Novo comentário bíblico Beacon – Juízes*, 96,97.
4 KELLER, Timothy. *Juízes para você*, p. 67.
5 RIDALL, R. Clyde. *O livro de Juízes*. In: *Comentário bíblico Beacon*, v. 2, p. 110-113.
6 CUNDALL, Artur E. *Juízes: Introdução e Comentário*, p. 92.
7 CUNDALL, Artur E. *Juízes: Introdução e Comentário*, p. 92,93.
8 DAVIS, Dale Ralph. *Judges*, p. 83.
9 CUNDALL, Artur E. *Juízes: introdução e comentário*, p. 93.
10 Ibidem, p. 94.
11 BRANSON, Robert D. *Novo comentário bíblico Beacon – Juízes*, p 99.
12 CUNDALL, Artur E. *Juízes: introdução e comentário*, p. 97.
13 WIERSBE, Warren W. *Comentário bíblico expositivo*, v. 2, p. 108.
14 RIDALL, R. Clyde. *O livro de Juízes*. In: *Comentário bíblico Beacon*, v. 2, p. 112.
15 BRANSON, Robert D. *Novo comentário bíblico Beacon – Juízes*, p. 100.
16 CHISHOLM JR., Robert B. *Juízes*, p. 211.
17 BRANSON, Robert D. *Novo comentário bíblico Beacon – Juízes*, p. 101.
18 KELLER, Timothy. *Juízes para você*, p. 69.
19 WIERSBE, Warren W. *Comentário bíblico expositivo*, v. 2, p. 109.
20 CHISHOLM JR., Robert B. *Juízes*, p. 213.

Capítulo 8

O alto preço da desobediência

(Juízes 6:1-10)

O POVO DE ISRAEL vive uma espécie de gangorra espiritual, cujos altos e baixos configuram uma rotina enfadonha. A mesma e velha história da desobediência de Israel está de volta. Artur Cundall diz que o passar dos anos apagou a memória do grande livramento divino, e a próxima geração reverteu-se a uma religião sincretista e indolente que mais uma vez ameaçou obliterar a religião distintiva de Israel.[1] Israel voltou a adorar os ídolos pagãos, mesmo sendo o povo da aliança; abandonou o Senhor, apesar das muitas manifestações da bondade de Deus; virou as costas para Deus apesar do cuidado divino; mergulhou fundo no pecado, apesar de tantas vezes ser alertado por Deus.

O povo de Israel volta-se para o Senhor quando está em apuros, mas esquece-se dele nos tempos de bonança. Muito embora essa triste realidade se repita vez após vez, a nação caminha para uma derrota geral, para uma degradação cada vez mais açodada e um declínio cada vez mais sombrio. Ao término do livro, veremos uma nação dividida, no fundo do poço, no estágio mais avançado de sua degradação.

A reincidência no pecado (6:1a)

A narrativa bíblica começa com a expressão: "Fizeram os filhos de Israel o que era mau perante o Senhor" (6:1a). Eles viraram as costas para o Senhor e voltaram-se para os outros deuses dos povos em adoração, mesmo sabendo que não passavam de ídolos. Curvaram-se diante desses ídolos e se entregaram a uma tosca idolatria e retumbante apostasia. J. P. Millar diz que a idolatria é a forma mais ofensiva de pecar contra Deus, pois afronta a majestade e a santidade dele. Assim, os israelitas pecaram contra a clara luz da revelação divina, abusando do mais alto privilégio: ser o povo escolhido de Deus.[2]

A disciplina divina (6:1b)

O resultado inevitável da idolatria é a disciplina do Senhor, uma vez que Deus não pode, em nenhum caso, tolerar o pecado. A natureza de Deus é irreconciliavelmente oposta ao pecado. Nas palavras de J. P. Millar, "o pecado carrega sua própria punição em seu seio".[3] A Palavra de Deus uniformemente condena o pecado, e a providência de Deus está sempre contra ele. Está escrito: "[...] por isso, o Senhor os entregou nas mãos dos midianitas por sete anos" (6:1b). Vale a pena relembrar a famosa frase de Spurgeon: "Deus nunca permite que seu povo peque com sucesso".

O ancestral dos midianitas era Midiã, o quarto filho de Abraão com Quetura (Gn 25:1-6). Outro laço familiar entre Israel e Midiã fora estabelecido quando Moisés se casou com Zípora, a filha de Reuel, um sacerdote midianita (Êx 2:15-22). Os midianitas tiveram como aliados em suas invasões a Israel os amalequitas, que ocupavam a área ao sul de Judá, e os povos do Oriente, um grupo nômade do deserto sírio.[4]

Clyde Ridall chama a atenção para o fato de que os midianitas eram uma tribo nômade que habitava uma região no deserto da Arábia a leste do mar Morto e das fronteiras de Moabe e Edom. Os mercadores midianitas compraram José e o levaram para o Egito. Os midianitas também estavam entre aqueles que foram enviados a Balaão para fazer com que ele amaldiçoasse Israel (Nm 22:4-7). Enquanto se encaminhavam para Canaã, os israelitas mataram cinco reis de Midiã (Nm 31:8), pilharam toda uma região (Nm 31:10,11) e mataram a população masculina e todas as mulheres casadas (Nm 31:17). Portanto, as invasões midianitas foram motivadas não apenas pelos despojos que foram tomados, mas por um desejo de vingança contra os israelitas.[5]

É digno de nota que os midianitas não prevaleceram sobre os israelitas meramente por seu poderio militar, mas porque o Senhor entregou os filhos de Israel em suas mãos. O prevalecimento dos midianitas sobre Israel não relacionado à força do inimigo, mas à disciplina divina ao seu povo. Robert Chisholm diz que a opressão dos midianitas, apesar de mais curta, foi mais intensa do que as outras opressões. Em vez de simplesmente exigir tributos de Israel, os midianitas, juntamente com os amalequitas e outros povos do leste, invadiram a terra em grande número, destruíram a colheita e forçaram os israelitas a se esconderem nas montanhas, deixando a nação severamente enfraquecida.[6]

A opressão do inimigo (6:2-6a)

Destacaremos cinco pontos importantes aqui:

Em primeiro lugar, *a escravidão* (6:2,3). O domínio dos midianitas, amalequitas e outros povos do Oriente sobre Israel tornou o povo da aliança escravo. O povo estava subjugado por uma coalisão de forças inimigas, amargando um jugo pesado. Os israelitas cultivavam seus campos, mas quando chegava a época da colheita, os midianitas e seus comparsas tomavam posse da colheita e destruíam tudo que não podiam aproveitar.

Em segundo lugar, *a fuga* (6:2). A opressão de Midiã era tão forte que os israelitas eram forçados a abandonar suas casas, fugir para as montanhas e fazer esconderijos nos montes, escondendo-se em covas, cavernas e áreas fortificadas. Os israelitas deixavam para trás suas lavouras, seus rebanhos e sua provisão, enquanto os midianitas e seus aliados pilhavam e rapinavam tudo, deixando um rastro de destruição.

Em terceiro lugar, *a destruição da economia* (6:3-5). Os midianitas organizaram uma coalisão de nações para invadir a terra, e tudo o que Israel pôde fazer foi fugir para os montes e se esconder. O domínio desses opressores não era tanto político, mas de viés econômico, pois pilhavam as lavouras e os rebanhos. Nas palavras de Timothy Keller, "os midianitas não estavam interessados em controle político, mas em exploração econômica, em pilhagem das lavouras".[7] Israel tinha suas plantações devastadas e seus rebanhos destruídos, de modo que suas fontes de sustento e renda eram completamente aniquiladas. Cada vez que

Israel semeava na esperança de farturosas colheitas, a coalizão de inimigos subia contra ele e acampava, destruindo os produtos da terra. Não restava sustento algum em Israel, quer de víveres, quer de produtos agrícolas. O caminho de destruição deixado pelos inimigos se estendia até Gaza, na extremidade sul da Filistia. Uma vez que os midianitas e seus aliados eram tribos nômades, o narrador registra em uma linguagem hiperbólica: "Pois subiam com os seus gados e tendas e vinham como gafanhotos, em tanta multidão, que não se podiam contar, nem a eles nem aos seus camelos; e entravam na terra para a destruir" (6:5). Robert Chisholm diz que a comparação das hordas midianitas a gafanhotos, ao mesmo tempo em que ressalta sua força numérica e capacidade destrutiva, pode também ecoar a maldição pactual de Deuteronômio 28:38.[8] Artur Cundall acrescenta que nesses saques foi empregada uma arma secreta: o camelo. Nesse capítulo está a primeira documentação do uso em larga escala deste animal em uma campanha militar. Tal arma deu aos midianitas e seus aliados uma imensa vantagem: uma força de combate rápida, de longo alcance que, certamente encheu de terror o coração dos israelitas.[9]

Em quarto lugar, *a fome* (6:4). O resultado dessa opressão econômica era a fome, pois em uma realidade eminentemente agropastoril, não deixavam aos filhos de Israel "sustento algum" (6:4).

Em quinto lugar, *a fraqueza* (6:6a). "Assim, Israel ficou muito debilitado com a presença dos midianitas [...]". Os filhos de Israel não tinham forças nem estratégias para quebrar esse jugo estrangeiro. Estavam desprovidos de forças, de recursos e até mesmo de provisão para sobreviver nesses sete anos de opressão.

O clamor do povo ao Senhor (6:6b)

A resposta de Israel à opressão dos midianitas foi clamar ao Senhor, o Deus da libertação, que salvara a nação de sua antiga servidão no Egito. Timothy Keller diz que nessa conjuntura, ficamos na expectativa de Deus levantar um libertador, um juiz (como em 3:9,15; 4:4,6,7). Em vez disso, Deus lhes enviou um profeta. Em vez de enviar um salvador, deu-lhes um sermão. Eles tinham de saber por que precisavam ser resgatados.[10] Nessa mesma linha de pensamento, Robert Chisholm destaca que em ciclos anteriores, Deus havia respondido ao clamor de Israel enviando um libertador (3:9,15) ou anunciando sua intenção de libertar (4:6). O padrão muda aqui. Deus realmente pretendia libertar Israel de sua miséria (6:14,16), mas, antes de expressar sua intenção, enviou um profeta para confrontar a nação com a razão de seus problemas.[11]

A exortação do Senhor (6:7-10)

A resposta imediata do Senhor ao clamor do seu povo não foi enviar um juiz libertador, mas um profeta. Mais do que libertação, Israel precisava de entendimento e arrependimento. Como diz Timothy Keller, "a essência do sermão mostra que Deus quer levar o povo ao verdadeiro arrependimento — e isso sugere que o *clamor* dos versículos 6 e 7 não foi sinal de arrependimento genuíno".[12] Deus enviou um profeta em vez de um libertador, porque Israel precisava entender por que estava sendo oprimido mais do que de imediata libertação. Israel precisava entender que Deus havia entregado a nação nas mãos dos midianitas (6:1) porque o povo não dera ouvido à sua voz (6:10). Concordo com Dale Ralph Davis quando diz que o caminho de Deus com o seu povo não mudou. Como Israel, desejamos escapar de nossas circunstâncias enquanto Deus deseja que as interpretemos. Algumas vezes precisamos de entendimento mais do que de livramento. A compreensão do caminho de Deus acerca da santidade é mais importante do que a ausência de sofrimento.[13]

Qual foi a exortação do profeta de Deus?

Quanto ao passado, *o Senhor relembra seu povo acerca de sua libertação* (6:7-9). Israel vivia uma espécie de amnésia espiritual. Os israelitas haviam se esquecido dos grandes livramentos de Deus ao longo de sua história. O Senhor, então, traz à memória do povo a grande libertação ocorrida no período do êxodo e reconta a história de seus atos graciosos do Senhor em benefício de seu povo. O Senhor quebrou o poder de Faraó, desbancou o panteão de deuses egípcios e tirou o seu povo da amarga escravidão com mão forte e poderosa. Não bastasse essa monumental libertação, Ele também livrou Israel durante quarenta anos de peregrinação pelo deserto, dando-lhe vitória sobre seus inimigos até expulsar os povos da terra de Canaã e introduzir a nação na Terra Prometida. O passado está eivado dos grandes e portentosos feitos do Senhor.

Quanto ao presente, *o Senhor relembra seu povo acerca de sua aliança* (6:10a). O Senhor relembra aos filhos de Israel quem Ele é, o Deus da aliança: "Eu sou o Senhor, vosso Deus [...]". Apesar da contumaz desobediência de Israel, inclinando-se a outros deuses; apesar da ingratidão de Israel, esquecendo-se dos grandes feitos do Senhor; apesar da dureza de coração de Israel, estampada em um arrependimento raso e epidérmico, o Senhor não anulou sua aliança. Ele ainda é o Senhor, Deus de Israel.

Quanto ao futuro, *o Senhor ordena seu povo a não ter medo* (6:10b). O profeta de Deus exorta o povo a lidar com o futuro sem as peias do medo, sem as algemas do temor. Os deuses dos amorreus, a quem Israel servia em sua apostasia, não tinham poder para amaldiçoar o povo. O problema de Israel não era a presença dos inimigos, mas a ausência de Deus. A ordem divina é peremptória: "não temais os deuses dos amorreus em cuja terra habitais".

Quanto à resposta do povo ao seu amor, *o Senhor denuncia a sua contumaz desobediência* (6:10c). A última palavra do profeta de Deus à nação de Israel foi uma denúncia solene: "[...] contudo, não destes ouvidos à minha voz". A desobediência de Israel era contumaz. O povo era lerdo demais em obedecer e açodado demais em desviar-se do Senhor. Por isso, Deus manda o profeta convencê-lo do pecado antes de mandar o juiz resgatá-lo da opressão.

Notas

1 CUNDALL, Artur E. *Juízes: introdução e comentário*, p. 100.
2 MILLAR, J. P. *Judges*. In: The Preacher's Complete Homiletic Commentary on the book of *Judges*, p. 311,312.
3 Ibidem, p. 316.
4 CUNDALL, Artur E. *Juízes: introdução e comentário*, p. 100.
5 RIDALL, R. Clyde. *O livro de Juízes*. In: *Comentário bíblico Beacon*, v. 2. 2015, p. 113.
6 CHISHOLM JR., Robert B. *Juízes*, p. 230,231.
7 KELLER, Timothy. *Juízes para você*, p. 72.
8 CHISHOLM JR., Robert B. *Juízes*, p. 231.
9 CUNDALL, Artur E. *Juízes: introdução e comentário*, p. 100.
10 KELLER, Timothy. *Juízes para você*, p. 72,73.
11 CHISHOLM JR., Robert B. *Juízes*, p. 231.
12 KELLER, Timothy. *Juízes para você*, p. 73.
13 DAVIS, Dale Ralph. *Judges*, p. 92.

Capítulo 9

A surpreendente graça de Deus

(Juízes 6:11-40)

O TEXTO EM APREÇO é sucedido pela denúncia divina: "[...] contudo, não destes ouvidos à minha voz" (6:10). Em vez de sobrevir juízo sobre o povo, como aconteceu noutras ocasiões (Jr 11:9-11; 25:1-11), o julgamento que deveria ser anunciado é omitido. Em vez disso, as palavras seguintes tratam da vinda do Anjo do Senhor convocando Gideão para libertar o povo das mãos dos midianitas (6:11). Essa é a expressão de uma graça surpreendente, que não trata o povo segundo seus pecados, mas consoante à imensa misericórdia divina (Sl 103:10). Nas palavras de Warren Wiersbe, "os israelitas não deram qualquer sinal de arrependimento, mas sua aflição tocou o coração amoroso de Deus.[1] Dale Ralph Davis diz que essa mesma realidade pode ser vista em Efésios 2:1-3: estávamos sem vida, sem socorro e sem esperança, mas Deus sendo rico em misericórdia (Ef 2:4), nos salvou pela graça, mediante a fé (Ef 2:8).[2]

A comissão divina em um tempo de grande crise (6:11,12)

Apesar da desobediência de Israel, o Senhor jamais deixou de amá-lo e vir ao seu encontro para restaurá-lo. Veremos aqui três verdades importantes:

Em primeiro lugar, *o comissionador* (6:11). O Anjo do Senhor veio e assentou-se debaixo do carvalho, que está em Ofra, vila a oeste do Jordão que pertencia a Joás, pai de Gideão. Este estava malhando trigo no lagar para o pôr a salvo dos midianitas. O lagar era uma cavidade escavada em uma rocha, havendo um canal ligando-a a uma tina mais abaixo. As uvas eram colocadas nessa depressão e pisadas para extrair o suco, que escorria até a tina. A malhação do trigo, por sua vez, era usualmente feita por um trenó debulhador puxado por bois em área exposta, de maneira que o vento carregasse a palha. Contudo, Gideão estava improvisando no lagar, longe das vistas dos bandos de assaltantes.[3]

O tempo era de terrível opressão. Os filhos de Israel estavam sendo pilhados pelos midianitas, que vinham anualmente saquear seus rebanhos, pilhar suas lavouras e arrebatar os frutos da terra. Diante desse cenário, os israelitas precisavam fugir para as montanhas e se esconder em covas e cavernas. Gideão estava malhando o pouco trigo que colhera em um lagar. É nesse ambiente que o Anjo do Senhor, uma representação do próprio Senhor, aparece para ele para lhe dar a missão de libertar o povo de Israel do poder dos midianitas.

Clyde Cundall diz que o Anjo do Senhor aparece tanto distinto quanto idêntico a Yahweh, o Deus da aliança com Israel. Ele fala sobre o Senhor (v. 12) e também fala como Ele (v.14). Repetidos em vários lugares do Antigo Testamento, esses fatos têm levado diversos eruditos a considerarem "o Anjo do Senhor" como uma manifestação pré-encarnada da segunda pessoa da Trindade.[4] Concordo com Timothy Keller, "essa figura é o Anjo do Senhor e, também, é o Senhor. Temos aqui uma indicação de que o nosso Deus é multipessoal. Temos uma alusão clara à TRINDADE".[5]

Em segundo lugar, *o comissionado* (6:12a). O Anjo do Senhor aparece a Gideão, filho de Joás, membro da tribo de Manassés. Seu pai já tinha sucumbido ao culto de Baal. Sua família já estava rendida à idolatria, e sua tribo, mergulhada no sincretismo religioso. Diante de tudo isso, ele se considerava um homem inadequado para a missão. Isso prova que, com frequência, Deus escolhe "as coisas fracas deste mundo" a fim de realizar grandes coisas para a sua glória.

Em terceiro lugar, *a promessa* (6:12b). A aparição do Anjo do Senhor é seguida por uma promessa: "o Senhor é contigo, homem valente". Duas coisas aqui são dignas de nota. A primeira delas é que mesmo naquela circunstância de opressão do inimigo e empobrecimento do seu povo, o Senhor afirma estar do lado deles, e não contra eles. A segunda coisa é que Gideão, que possuía naipes de covardia ou temor, é chamado pelo próprio Senhor de homem valente.

A queixa humana diante de um grande desafio (6:13-16)

A reação de Gideão às palavras do Anjo do Senhor é contundente. Vejamos:

Em primeiro lugar, *as circunstâncias adversas* (6:13). Gideão contesta a afirmação do Anjo do Senhor, dizendo que as circunstâncias pareciam contradizer suas palavras: "Se o Senhor é conosco, por que nos sobreveio tudo isto? E que é feito de todas as suas maravilhas que nossos pais nos contaram, dizendo: Não nos fez o Senhor subir do Egito? Porém, agora, o Senhor nos desamparou e nos entregou nas mãos dos midianitas" (6:13). Nas palavras de Robert Chisholm, "Gideão argumentou que as circunstâncias provavam que o Senhor havia abandonado Israel e entregado a nação a Midiã. Seu argumento é correto apenas em parte. Deus havia abandonado seu povo temporariamente, mas apenas porque Israel havia pecado contra Ele (Dt 32:15)".[6] Nas palavras de Timothy Keller, "Deus estava usando as circunstâncias em que os israelitas se encontravam para lhes mostrar a miséria da idolatria e levá-los a clamar a Ele em arrependimento em busca de socorro. Na verdade, não foi Deus quem abandonou o povo de Israel, foi o povo de Israel quem abandonou a Deus".[7] Temos a tendência de ver nossos problemas como evidência do abandono de Deus, em vez de vê-los como sinal da providência de Deus para nos voltarmos para Ele.

Em segundo lugar, *a ordem expressa* (6:14). Agora, o próprio Senhor, representado pelo seu Anjo, dá uma ordem expressa a Gideão: "Vai nessa tua força e livra Israel da mão dos midianita; porventura, não te enviei eu?". A companhia divina seguida da comissão divina são os dois fatores determinantes para a vitória sobre os midianitas.

Em terceiro lugar, *a inadequação para o cumprimento da missão* (6:15). Gideão reage ao chamado divino como Moisés reagiu antes dele (Êx 3:11) e como Jeremias reagiu depois dele (Jr 1:6), acentuando sua completa inadequação para o cumprimento da missão. Sua família é a mais pobre em Manassés, e ele o mais novo da casa de seu pai.

Em quarto lugar, *a garantia divina* (6:16). A garantia divina para a vitória sobre os midianitas é a sua presença com Gideão. Nas palavras do apóstolo Paulo: "Se Deus é por nós, quem será contra nós?" (Rm 8:31). Se Deus está conosco, somos maioria absoluta. O mesmo Deus que dá a ordem a Gideão para ferir os midianitas dá também a capacidade necessária para que a ordem se cumpra. Portanto, a fé obedece apesar do que vemos ou sentimos.

A prova da segurança em tempo de incertezas (6:17-24)

Diante da convocação e das garantias dadas pelo Senhor a Gideão, ele pede uma prova de que está falando mesmo com o Senhor. Destacamos aqui quatro fatos importantes:

Em primeiro lugar, *o pedido de um sinal* (6:17,18). Gideão pede um tempo para ir e trazer sua oferta ao Senhor. O Senhor consente. Nas palavras de Warren Wiersbe, "Deus teria de gastar tempo com Gideão transformando seus pontos de interrogação em pontos de exclamação".[8]

Em segundo lugar, *a oferta voluntária* (6:19,20). Gideão foi e preparou um cabrito e bolos asmos de um efa de farinha, e os trouxe. Então o Senhor deu-lhe instruções acerca de como disporia a oferta sobre a penha.

Em terceiro lugar, *a visão do Anjo do Senhor* (6:21,22). O Anjo de Deus tocou com a ponta do cajado a carne e os bolos asmos; então, subiu fogo da penha e consumiu a carne e os bolos. Após isso, o Anjo do Senhor desapareceu da presença de Gideão. Aqui vemos um paradoxo: Gideão pediu um sinal e, ao ser atendido, ficou alarmado. A presença do Senhor, longe de aquietar a alma de Gideão, deixou-a ainda mais aterrada, pois imaginou que, por ter visto o Anjo do Senhor, certamente morreria.

Em quarto lugar, *a pacificação da alma* (7:23,24). O Senhor, entretanto, pacificou sua alma, dizendo-lhe: "Paz seja contigo! Não temas! Não morrerás!" (6:23). Em resposta à essa palavra, Gideão levanta um altar ao Senhor e lhe dá um novo nome, que aparece pela primeira vez na Escritura, *Yahweh-Shalom,* "o Senhor é paz" (6:24). Concordo com o que diz Warren Wiersbe: "Gideão passou a crer que o Senhor poderia usá-lo, não em função de quem ele era, mas em função de quem Deus era".[9]

A destruição do altar do falso deus para o estabelecimento do culto ao Deus verdadeiro (6:25-32)

Gideão precisava assumir uma posição firme em sua própria vila antes de ter a ousadia de enfrentar o inimigo no campo de batalha.[10] Antes de matar Golias, o duelista filisteu, diante de dois exércitos, Davi aprendeu a confiar no Senhor ao matar um leão e um urso nos descampados solitários de Belém. A fé começa em casa. Gideão precisou confrontar o mal em seu próprio clã e desbancar o deus canaanita antes de triunfar sobre os inimigos opressores. Antes de Gideão declarar guerra aos midianitas, deveria declarar guerra a Baal. Vejamos:

Em primeiro lugar, *uma ordem clara* (6:25,26). O Senhor ordenou que Gideão pegasse um boi de propriedade de seu pai com o propósito de derrubar o altar de Baal, que também pertencia a seu pai, cortando de igual modo o poste-ídolo que estava junto ao altar. Timothy Keller chama a atenção para o fato de os israelitas não terem trocado o culto a Deus pelo culto aos ídolos; eles combinaram o culto a Deus com o culto aos ídolos. Cultuavam a Deus formalmente, porém a vida deles girava em torno dos deuses da agricultura, ou do comércio, ou do sexo e da beleza. Prevalecia, assim, o sincretismo religioso.[11]

Deus ordenou que Gideão, do mesmo, edificasse um altar ao Senhor, seu Deus, usando o segundo boi da junta para oferecer como holocausto e queimar a oferta com a lenha do poste-ídolo. O culto verdadeiro não pode coexistir com o culto falso, com isso, para se levantar o altar verdadeiro é preciso derrubar o altar falso. De modo algum a verdade pode fazer concessão à mentira. Concordo com Robert Chisholm quando diz que "não basta construir um altar para o Senhor, se deixarmos de pé o altar de outro deus".[12]

Em segundo lugar, *uma obediência pronta* (6:27). Gideão não hesitou nem retardou. Ele tomou dez homens dentre os seus servos e fez como o Senhor lhe ordenara. Por temer sua família e o povo da cidade, ele realizou sua missão debaixo do manto da noite. Quando o burburinho da cidade cessou, ele destruiu os símbolos da adoração cananeia que haviam enfeitiçado os israelitas.[13] Como diz Dale Ralph Davis, "dois altares não podem coexistir lado a lado. Você não pode ter um altar ao Senhor (6:24) e um altar a Baal (6:25). Eles são mutuamente excludentes. Juízes 6:24,25 e Mateus 6:24 concordam: ninguém pode servir a dois senhores".[14]

Em terceiro lugar, *uma reação imediata* (6:28-30). Quando pela madrugada os homens daquela cidade se levantaram e viram o altar de Baal destruído e o poste-ídolo cortado, sabendo que Gideão era o iconoclasta, recorreram ao pai dele, pedindo-o para que este o entregasse para ser morto.

Em quarto lugar, *uma resposta sábia* (6:31,32). Apesar de ter sido o dono do altar de Baal, Joás, por amor[15] a seu filho ou por desencanto com Baal, dá uma resposta sábia e irrefutável: "Contendereis vós por Baal? Livrá-lo-eis vós? Qualquer que por ele contender, ainda esta manhã, será morto. Se é deus, que por si mesmo contenda; pois derribaram o seu altar" (6:31). Que tipo de deus é Baal que não consegue sequer proteger a si mesmo e sua própria honra? Se Baal fosse verdadeiramente um deus, intervir a seu favor seria um insulto digno de morte, pois um deus que fosse verdadeiramente Deus poderia vingar-se a si mesmo, sem necessidade de interferência ou ajuda humana.[16] Anos depois, o profeta Elias usou uma abordagem semelhante (1Rs 18:27). Em virtude dessa façanha, Gideão passou a ser chamado de Jerubaal, o destruidor de Baal.

O enfrentamento do inimigo, o cenário de uma grande vitória (6:33-40)

Destacamos aqui três fatos importantes:

Em primeiro lugar, *a coalisão invasora* (6.33). Era o tempo da colheita, e os invasores midianitas, amalequitas e povos do Oriente, em uma poderosa coalisão, ajuntaram-se para pilhar Israel pelo oitavo ano consecutivo, atravessando o Jordão e acampando-se no vale de Jezreel. Eram cento e trinta e cinco mil invasores (8:10; 7.12) montados em camelos (6:6), formando uma nuvem devoradora, como um bando de gafanhotos.

Em segundo lugar, *a convocação das tribos de Israel* (6:34,35). Nesse momento, Gideão, revestido com o poder do Espírito Santo, entrou em ação, e tocando o rebate, os homens de seu próprio clã, os abiezritas, ajuntaram-se a ele. Enviou mensageiros a toda a tribo de Manassés, Aser, Zebulom e Naftali e estas saíram ao seu encontro. Essas quatro tribos ficavam próximas ao vale de Jezreel e, portanto, eram as mais afetadas pelo exército invasor. Anteriormente, o Espírito do Senhor viera sobre Otniel (3:10); mais tarde, Ele mesmo fortalecerá Jefté (11:29) e Sansão (14:6; 15:14) com a capacidade de realizar poderosos feitos.[17]

Em terceiro lugar, *a hesitação, a precaução da fé* (6:36-40). Antes de liderar o ataque, Gideão pediu a Deus que lhe desse mais dois sinais, configurando o teste da lã na eira. No primeiro sinal, o orvalho deveria encharcar a lã e a terra ficar seca ao redor. No segundo sinal, a terra deveria ficar molhada pelo orvalho e a lã, seca. O Senhor aquiesceu ao pedido de Gideão, e os dois milagres aconteceram.

A paciência de Deus com Gideão é um sinal de esperança e um lembrete de que, quando Deus decide libertar seu povo, Ele o fará, mesmo se tiver de recorrer aos heróis mais improváveis. E mais, Deus demonstrou que Ele, e não Baal, era o controlador do tempo, das chuvas e do orvalho. Concordo com Robert Chisholm quando diz que os testes pretendiam demonstrar o controle do Senhor sobre o orvalho. Isso é significativo, pois segundo o pensamento cananeu, Baal, o deus da tempestade, controlava a chuva e o orvalho. Assim, ao ver a demonstração da soberania de Deus sobre o orvalho, uma área que supostamente estava sob o controle de Baal, Gideão pode ter certeza de que ele estava protegido da vingança de Baal.[18]

Nessa mesma linha de pensamento, o pastor e teólogo Timothy Keller escreve:

Gideão foi muito específico ao pedir que Deus lhe mostrasse que Ele não era uma das forças da natureza (como os outros deuses), mas era soberano sobre as forças da natureza. Gideão, portanto, não estava atrás de "sinaizinhos" que o ajudassem a tomar uma decisão. Ele queria mesmo entender quem Deus é. Lembremo-nos de que Gideão não tinha Bíblia nem tampouco os muitos "meios de graça" que temos hoje (a Palavra, o batismo, a ceia, a comunhão cristã). Gideão estava tratando das áreas em que sua fé era fraca e desinformada.[19]

NOTAS

1 WIERSBE, Warren W. *Comentário bíblico expositivo*, v. 2, p. 112.
2 DAVIS, Dale Ralph. *Judges*. 2000, p. 94.
3 CUNDALL, Artur E. *Juízes: introdução e comentário*, p. 101.
4 RIDALL, R. Clyde. *O livro de Juízes*. In: *Comentário bíblico Beacon*, v. 2, p. 115.
5 KELLER, Timothy. *Juízes para você*, p. 80.
6 CHISHOLM JR., Robert B. *Juízes*, p. 232,233,
7 KELLER, Timothy. *Juízes para você*, p. 78.
8 WIERSBE, Warren W. *Comentário bíblico expositivo*, v. 2, p. 112
9 WIERSBE, Warren W. *Comentário bíblico expositivo*, v. 2, p. 114.
10 Ibidem, p. 114.
11 KELLER, Timothy. *Juízes para você*, p. 81.
12 CHISHOLM JR., Robert B. *Juízes*, p. 235.
13 BRANSON, Robert D. *Novo comentário bíblico Beacon – Juízes*, p. 107.
14 DAVIS, Dale Ralph. *Judges*, p. 98.
15 Ibidem, p. 97.
16 CUNDALL, Artur E. *Juízes: introdução e comentário*, p. 104,105.
17 BRANSON, Robert D. *Novo Comentário Bíblico Beacon – Juízes*, p. 108.
18 CHISHOLM JR., Robert B. *Juízes*, p. 237,238.
19 KELLER, Timothy. *Juízes para você*, p. 83.

Capítulo 10

A vitória retumbante da fé

(Juízes 7:1-25)

Tendo sido contemplado pelos sinais de Deus, Gideão assume seu novo nome, Jerubaal, o homem que derrubou o altar do deus canaanita. O uso desse nome, além de demarcar uma transição na narrativa, pode sinalizar também a fé renovada de Gideão.[1] Esse nome representa o início de uma nova história para ele. Gideão, então, reuniu uma tropa de trinta e dois mil homens junto à fonte de Harode. A localização do acampamento israelita perto da fonte de Harode é irônica, pois o significado da palavra é "tremer, estar aterrorizado", o que aponta o estado emocional do exército de Gideão.[2] Os midianitas e seus aliados acamparam no vale de Jezreel, ao norte do lugar onde ficaram os soldados de Gideão.

O texto em pauta trata do exercício da fé, mas do que de um embate militar. Vejamos:

Quando Deus prova a fé (7:1-8)

A vitória sobre a coalizão dos inimigos invasores e opressores não seria uma ação da supremacia do exército de Israel; pelo contrário, seria uma manifestação eloquente do poder de Deus. Os inimigos oprimiram Israel porque Deus os usou como vara de disciplina para o povo eleito (6:1). Os inimigos seriam derrotados pelo braço onipotente de Deus sem o concurso do exército israelita, mesmo que Gideão imaginasse que precisaria de todos os homens para derrotar o inimigo (7:2). Destacamos aqui quatro fatos importantes:

Em primeiro lugar, *a prevenção divina contra a vanglória* (7:1,2). Na contramão de qualquer estratégia militar, o Senhor disse a Gideão que o contingente militar de Israel era muito grande. Se o Senhor desse a vitória a um exército tão grande, os soldados assumiriam todo o crédito da vitória. Como diz Robert Branson, "Deus não queria que Israel pudesse reivindicar a honra pela vitória e vangloriar-se, dizendo que por suas próprias mãos salvaram-se a si mesmos".[3]

Sabendo, então, da tendência do povo de autopromoção, autoglorificação e vanglória, o Senhor usou expedientes para reduzir drasticamente o número de soldados. Dos trinta e dois mil soldados alistados no exército, o Senhor o enxugou em mais de noventa e nove por cento. Ficaram apenas trezentos homens. Isso para que, ao alcançarem a vitória, pudessem saber que a vitória era uma proeza divina, e não uma ação humana, e que os louvores deveriam ser dados ao Senhor, e não a Israel. Concordo com Warren Wiersbe quando diz: "As vitórias alcançadas pela fé glorificam a Deus, pois ninguém é capaz de explicar como ocorreram".[4]

Timothy Keller diz que a natureza humana é tal que, se houver a mínima chance de nos gabarmos de nosso trabalho, faremos exatamente isso. Quando achamos que merecemos o crédito por nosso próprio resgate e libertação, roubamos de Deus a exaltação que Ele merece receber.[5]

Em segundo lugar, *a dispensa divina dos medrosos* (7:2). A primeira peneira que Deus usou para filtrar e enxugar o número dos soldados israelitas foi dispensar os medrosos. Dos trinta e dois mil, vinte mil revelaram-se medrosos e foram dispensados. Nas palavras de Timothy Keller: "Esse pessoal admitiu publicamente que não tinha estômago para lutar. Certamente, os que admitiram seu medo em público teriam maior probabilidade de bater em retirada durante a luta".[6]

Artur Cundall diz que dois terços do exército de Gideão derreteram-se ao receberem a oportunidade de escaparem da peleja.[7] Aqueles que usam a farda e empunham as armas, mas carregam no peito um coração covarde e medroso, são uma ameaça ao exército combatente e podem abater todo o moral de uma tropa. Certamente, essa estratégia prática tinha em mente o bem-estar moral do exército.

Este princípio já havia sido estabelecido por Moisés: "Qual o homem medroso e de coração tímido? Vá, torne-se para casa, para que o coração de seus irmãos se não derreta como o seu coração" (Dt 20:8). Um soldado medroso presta um desserviço ao exército. É uma ameaça, e não uma ajuda. É um estorvo, e não um cooperador. Sua pusilanimidade pode desencadear uma onda de covardia. Warren Wiersbe escreve: "O medo costuma se espalhar, e um único soldado temeroso é capaz de causar mais estrago do que um regimento inteiro de soldados inimigos. O medo e a fé não podem conviver por muito tempo no mesmo coração. Ou o medo vence a fé e desistimos, ou a fé vence o medo e triunfamos".[8]

Em terceiro lugar, *a dispensa divina dos distraídos* (7:4-6). A segunda peneira usada por Deus é assaz estranha, não havendo consenso sobre o seu significado. Gideão deveria levar esses doze mil homens às águas para ali serem provados por Deus. Clyde Ridall diz que a palavra hebraica usada aqui para provar (7:4) é a mesma usada para descrever o processo de derreter o metal visando separá-lo das impurezas.[9] Quem lambesse a água como um cão deveria ser dispensado. Os rejeitados foram aqueles que, atirando ao vento as precauções, caíram de joelhos para beber água distraidamente. Somente os que levassem água à boca atentos ao que se passava em redor deveriam ser selecionados. Nesse teste, apenas trezentos foram aprovados, havendo, assim, uma redução de mais de 99% no exército de Gideão. No entanto, com esses trezentos, Gideão triunfou sobre os midianitas.

Dale Ralph Davis diz, porém, que os trezentos são um sinal da fraqueza de Israel, e não um epítome de sua força. O propósito não era retratar a valentia desses homens, mas destacar o poder de Deus em livrar Israel de tão grande multidão invasora.[10] Concordo com Clyde Ridall quando diz: "Minorias criativas sempre serviram à causa da justiça de maneira muito mais eficiente do que as massas descuidadas".[11] Talvez, Jonh Wesley inspirou-se nos trezentos de Gideão quando disse: "Dê-me um exército de cem homens que não temam coisa alguma a não ser o pecado e, que não amam coisa alguma a não ser Deus e farei estremecer as portas do inferno".

Em quarto lugar, *a constatação que com Deus poucos são maioria* (7:7,8). Fica evidente que a vitória nem sempre é resultado da ação de uma maioria. Deus transforma fraqueza em força e a minoria em uma potência vitoriosa. As palavras de Winston Churchill sobre a Força Aérea Britânica na Segunda Guerra Mundial certamente se aplicam aos trezentos homens de Gideão: "No campo dos conflitos humanos, nunca tanta gente deveu tanto a tão poucos".[12] Nos versículos 3 a 8, Gideão exibe fé profunda ao confiar em Deus, e não em números. Essa é a fé que o leva a ser elogiado em Hebreus 11:32-34: "Pois me faltará tempo se eu falar de Gideão [e outros...] que, por meio da fé, venceram reinos [...], da fraqueza tiraram força, tornaram-se poderosos na guerra, puseram em fuga exércitos estrangeiros". Nas palavras de Timothy Keller, "vemos aqui o triunfo da fé, pois Gideão vem de uma família fraca, de uma tribo fraca e tem de encarar os midianitas apenas com um punhado de homens".[13]

Quando Deus fortalece a fé (7:9-15)

O propósito do Senhor era que Gideão e seus trezentos homens atacassem o arraial dos midianitas durante a noite, mas primeiro teve de tratar do medo que persistia no coração de Gideão (7,9,10). Deus já havia dito três vezes a Gideão que daria a vitória a Israel (6:14,16; 7.7) e o havia tranquilizado com três sinais especiais: o fogo de uma rocha (6:19-21), a lã molhada (6:36-38) e a lã seca (6:39,40). Depois de toda essa ajuda divina, Gideão deveria ter se fortalecido em sua fé, mas não foi o que aconteceu.[14] O propósito agora, portanto, não é acabar com o seu potencial de arrogância, mas assegurá-lo da vitória. Então, o Senhor mais uma vez fortalece a fé de Gideão. Vejamos:

Em primeiro lugar, *por intermédio de uma promessa* (7:9). Naquela mesma noite, quando os soldados acamparam junto à fonte de Harode e os trezentos foram selecionados, Deus dá mais uma prova de que estava engajado no projeto de triunfar sobre os midianitas. O Senhor disse pela quarta vez a Gideão que havia entregado o exército midianita em suas mãos. O Senhor disse a Gideão para se levantar e descer contra o arraial dos midianitas, porque o havia entregado em suas mãos.

Em segundo lugar, *por intermédio de um sinal* (7:10-14). Para encorajar Gideão, que possivelmente ainda estava com medo, o Senhor lhe ordena a convocar o jovem *Pura,* para acompanhá-lo ao arraial dos midianitas. Ao chegar à vanguarda do arraial, viu os midianitas, os amalequitas e todos os povos do Oriente acampados. Em uma linguagem hiperbólica, o narrador diz que essa multidão colossal cobria o vale como gafanhotos; e eram os seus camelos em multidão inumerável como a areia que há na praia do mar (7:12). Chegando, pois, Gideão, certo homem estava contando um sonho ao seu comandante. Nesse sonho, um pão de cevada rolava contra o arraial dos midianitas e deu de encontro à tenda do comandante, de maneira que esta caiu, e se virou de cima para baixo, e ficou assim estendida. O comandante interpretou o sonho e disse: "Não é outra coisa, senão a espada de Gideão, filho de Joás, homem israelita. Nas mãos dele entregou Deus os midianitas e todo este arraial" (7:14).

Em terceiro lugar, *por intermédio de uma confirmação* (7:15). O relato do sonho finalmente levou Gideão ao lugar onde Deus queria que ele estivesse. Gideão ao ouvir a interpretação do sonho, não teve mais dúvidas da vitória. Sua reação imediata foi adorar ao Senhor. Então, voltou ao arraial de Israel e liderou os trezentos rumo à vitória, dizendo-lhes: "Levantai-vos, porque o Senhor entregou o arraial dos midianitas nas vossas mãos" (7:15). Como Eúde e Débora antes dele (3:28; 4:14), Gideão estava convencido de que o poder do Senhor bastava e a vitória estava assegurada.

Quando Deus recompensa a fé (7:16-25)

Deus deu a Gideão a garantia da vitória, mas também escolheu os melhores métodos. Vejamos:

Em primeiro lugar, *a sabedoria para preparar o exército* (7:16-18). Gideão teve sabedoria divina para criar a estratégia da vitória. Primeiramente, ele dividiu seu exército em três companhias de cem cada uma. Depois, colocou nas mãos de cada soldado três objetos: uma trombeta para tocar, um cântaro de barro para quebrar e uma tocha para acender. Finalmente, eles deveriam, sob sua liderança, fazer três gestos coordenados: tocar a trombeta, quebrar os vasos e erguer as tochas, dizendo: "Pelo Senhor e por Gideão" (7:18). Ali, Gideão era o líder e o exemplo a ser seguido.

Em segundo lugar, *a coragem para comandar o exército* (9:19-22). As três companhias deveriam cercar o arraial dos midianitas. Gideão, o líder, já tinha dado a instrução: "Olhai para mim e fazei como eu fizer" (7:17). Era madrugada, quando as guardas já haviam sido trocadas. A maior parte do colossal exército midianita estava dormindo em suas tendas. De repente, sob o comando de Gideão, todos tocaram as trombetas, quebraram os cântaros e seguraram na mão esquerda as tochas e exclamaram: "Espada pelo Senhor e por Gideão" (7:20). Vendo-se cercados pela luz repentina e por todo aquele barulho, os midianitas concluíram que estavam sendo atacados por um exército numeroso e entraram em pânico. O barulho ensurdecedor deve ter espantado os camelos, e os midianitas começaram a atacar todos quantos surgissem na escuridão, não distinguindo quem era amigo e quem era inimigo. Os trezentos de Gideão, ao redor do arraial midianita, porém, não saíram do lugar. Ao soar das trezentas trombetas, o Senhor tornou a espada de um contra o outro, e isto em todo o arraial, que fugiu rumo às cidades da Transjordânia.

Robert Branson enfatiza que o pânico invadiu o acampamento midianita. No pânico e no escuro, eles não saberiam distinguir os aliados dos adversários. Consequentemente, o Senhor colocou a espada de cada um deles contra a de seu vizinho.[15]

Clyde Ridall descreve a cena assim:

> O toque repentino das trombetas, seguido do estranho som de potes quebrados nas altas horas da noite acordaram o acampamento inteiro. Quando os midianitas abriram seus olhos sonolentos e olharam na escuridão, viram que estavam completamente cercados por um círculo de tochas flamejantes. Eles provavelmente acharam que aquilo se tratava de uma guarda avançada que liderava uma tropa de milhares de soldados e que o toque da trombeta era um sinal de avanço [...]. Os soldados inimigos foram tomados pelo pânico. Gritaram e fugiram de medo enquanto Gideão e seus homens tocavam suas trombetas. No meio da confusão e da escuridão, os midianitas começaram a atacar e matar uns aos outros.[16]

Timothy Keller diz que, no final, os trezentos não mataram nem mesmo um único soldado inimigo. Nenhum soldado israelita voltou para casa contando seus próprios feitos, mas, sim, o que Deus fez enquanto eles só observavam.[17]

Robert Chisholm chama a atenção para o fato de que o tocar das trombetas nos lembra também da grande vitória do Senhor sobre Jericó, quando os israelitas tocaram suas trombetas diante dos muros da cidade como prelúdio à intervenção milagrosa do Senhor.[18]

Em terceiro lugar, *a iniciativa para aumentar o exército* (9:23-25). Em face da fuga dos inimigos, os homens de Israel, de Naftali, de Aser e de todo o Manassés foram convocados a perseguirem os midianitas. Gideão enviou mensageiros a todas as montanhas de Efraim, ordenando que descessem de encontro aos midianitas e impedissem a passagem deles pelas águas do Jordão. Os efraimitas atenderam ao chamado e impediram que os midianitas assim o fizesse. Além disso, os efraimitas prenderam e mataram dois príncipes dos midianitas, Orebe (corvo) e Zeebe (lobo). Ambos foram executados, e seus nomes passaram a identificar os lugares de execução: a rocha de Orebe e a prensa de uvas de Zeebe (7:25).

A história começa com um homem se escondendo em um lagar (6:11), mas termina com o príncipe inimigo sendo morto em outro lagar. Robert Branson diz que essa referência recorda a cena inicial da história, na qual Gideão, com medo dos midianitas, secretamente malha grãos em uma prensa de uvas (6:11). Agora, o juiz israelita atravessa o Jordão perseguindo os sobreviventes do exército de Midiã.[19]

Notas

1 CHISHOLM JR., Robert B. *Juízes*, p. 239.

2 Ibidem, p. 239.

3 BRANSON, Robert D. *Novo comentário bíblico Beacon – Juízes*, p. 111.

4 WIERSBE, Warren W. *Comentário Bíblico Expositivo*, v. 2, p. 119.

5 KELLER, Timothy. *Juízes para você*. 2019, p. 86.

6 Ibidem.

7 CUNDALL, Artur E. *Juízes: introdução e comentário*, p. 107.

8 WIERSBE, Warren W. *Comentário bíblico expositivo*, v. 2, p. 119.

9 RIDALL, R. Clyde. *O livro de Juízes*. In: *Comentário bíblico Beacon*, v. 2, p. 118.

10 DAVIS, Dale Ralph. *Judges*, p. 104.

11 RIDALL, R. Clyde. *O livro de Juízes*. In: *Comentário bíblico Beacon*, v. 2, p. 118.

12 WIERSBE, Warren W. *Comentário bíblico expositivo*, v. 2, p. 119.

13 KELLER, Timothy. *Juízes para você*, p. 88.

14 WIERSBE, Warren W. *Comentário bíblico expositivo*, v. 2, p. 120.

15 BRANSON, Robert D. *Novo Comentário Bíblico Beacon – Juízes*. 2017, p. 114.

16 RIDALL, R. Clyde. *O livro de Juízes*. Em *Comentário Bíblico Beacon*. Vol. 2. 2015, p. 119.

17 KELLER, Timothy. *Juízes para você*. 2019, p. 96.

18 CHISHOLM, Robert B. *Juízes*. 2017, p. 244.

19 BRANSON, Robert D. *Novo Comentário Bíblico Beacon – Juízes*. 2017, p. 116.

Capítulo 11

Uma vitória com gosto de derrota

(Juízes 8:1-35)

Em países como Angola, Afeganistão e Camboja, há lugares com milhões de minas que ainda não foram desativadas. Tais lugares são assaz perigosos, pois essas minas, ao explodirem, deixam pessoas mutiladas e mortas. Na jornada da vida há também muitas minas prontas a explodir em nosso caminho, por isso precisamos permanecer vigilantes tanto depois da vitória quanto antes da batalha.

Dale Ralph Davis diz que aqui o povo de Deus é o retrato de sua própria fraqueza, a fraqueza de sua fragmentação. Enquanto isso, Gideão enfrenta três conflitos: com Baal (capítulo 6), com os midianitas (capítulo 7) e com Israel (capítulo 8).[1]

O texto em tela mostra os altos e baixos de Gideão, revelando sua humildade e seu orgulho; sua diplomacia e sua vingança; sua renúncia e seu apego ao poder.

O capítulo 8 de Juízes é um brado de alerta, uma trombeta altissonante a alertar nossa geração e as gerações pósteras acerca dos grandes perigos que sucedem mesmo depois de uma grande vitória. Mais pessoas caem depois do sucesso, do que no âmago da crise. A riqueza é um terreno mais escorregadio do que a pobreza. O poder é mais ameaçador do que a fraqueza.

Veremos, a partir de agora, diversas circunstâncias da vida de Gideão, algumas chamando a atenção para sua sabedoria, outras revelando sua insensatez.

Diplomacia, o triunfo da humildade (8:1-3)

A tribo de Efraim, irmã da tribo de Manassés, ambas procedentes de José, era a mais rica e poderosa tribo do norte, ficando atrás apenas da tribo de Judá. Seu território ficava nos planaltos centrais, sendo uma das poucas áreas em que a conquista foi completa. Os efraimitas ficaram preservados pela sua posição central contra muitas incursões dos vizinhos hostis de Israel. Além disso, os dois santuários mais importantes no período dos juízes, Betel e Siló, estavam situados dentro de suas divisas, o que sem dúvida concorreu para aumentar o prestígio de Efraim.[2] Os efraimitas ressentiram-se de não terem sido convocados para a batalha. Eles haviam ajudado Eúde (3:26-29), bem como Débora e Baraque (5:13,14). Não podiam ficar de fora da celebração nem longe dos holofotes da vitória. O alerta de Deus sobre o perigo da vanglória é claramente visto aqui. Warren Wiersbe opina que, se Gideão os chamasse e, depois, mandasse a maior parte deles de volta, teriam criado um problema ainda maior antes da batalha do que fizeram depois.[3]

Sobre esse aspecto, destacamos três pontos:

Em primeiro lugar, *o ciúme busca reconhecimento* (8:1). A tribo de Efraim está com ciúmes de não ter sido chamada para fazer parte do exército de Israel e não ter participado dos louros da vitória. A autoglorificação dessa tribo requeria reconhecimento.

Em segundo lugar, *a humildade produz reconciliação* (8:2). Gideão lida com essa tensão tribal, humilhando-se e enaltecendo os contendores. Nas palavras de Clyde Ridall "a resposta de Gideão foi uma obra-prima de conciliação".[4] Timothy Keller diz que deve ter sido difícil engolir o esnobismo e a crítica de Efraim, mas Gideão segurou a língua.[5] Gideão rasga desabridos elogios aos efraimitas, dizendo que os rabiscos de Efraim eram melhores do que a vindima de Abiezer, a vila de seu clã. Ele escolheu uma abordagem sábia e humilde, conforme ensina Salomão: "A resposta brande desvia o furor, mas a palavra dura suscita a ira" (Pv 15:1). Gideão mostrou a força do autocontrole: "Melhor é o longânimo do que o herói de guerra, e o que domina o seu espírito, do que o que toma uma cidade" (Pv 16:32). Artur Cundall diz, acertadamente, que o tato de Gideão dirimiu uma situação potencialmente perigosa.[6]

Em terceiro lugar, *o elogio abranda a ira* (8:3). A estratégia diplomática de Gideão jogou água na fervura, aplacou a ira dos efraimitas e pacificou os ânimos. A Palavra de Deus adverte: "Como o abrir-se de uma represa, assim é o começo da contenda; desiste, pois, antes que haja rixas" (Pv 17:14). Como bem afirmou Warren Wiersbe: "Gideão provou que podia controlar não apenas um exército, mas, também, seu temperamento e sua língua".[7]

Ingratidão, um sentimento que gera hostilidade (8:4-9)

A vitória da noite anterior tinha sido um esplendoroso sucesso. Cento e vinte mil homens guerreiros estavam mortos. Mas, a batalha ainda não tinha terminado. Era preciso capturar os dois reis midianitas e prevalecer sobre os restantes quinze mil soldados inimigos. Destacamos aqui quatro pontos importantes:

Em primeiro lugar, *um pedido negado* (8:4-6). Artur Cundall diz que o exército de Gideão havia sido equipado com vistas a um ataque de surpresa e, não para perseguição longa a um exército desbaratado; entretanto, Gideão esperava, sem dúvida, obter suprimentos dos israelitas situados a leste do Jordão. Nisto ficou desapontado, porque os cidadãos de Sucote e Peniel recusaram-se a ajudá-lo, julgando ser melhor não ficarem abertos à vingança, da parte dos midianitas.[8]

Gideão e seus trezentos soldados estavam no encalço dos reis midianitas quando atravessaram o Jordão e chegaram famintos e exaustos a Sucote, em Gade. Gideão então pede para seus homens alguns pães, mas em vez de receber a provisão solicitada, obteve uma resposta cheia de desdém. Os homens de Sucote se recusaram a ajudar os irmãos, faltando com a hospitalidade, marca distintiva dos povos do Oriente. Eles imaginaram que ajudar Gideão e seus homens era investir em uma causa fracassada, e que, se os reis midianitas soubessem mais tarde que eles haviam ajudado, viriam para atacá-los. Warren Wiersbe, coloca essa situação assim:

> Os homens de Sucote não acreditaram na capacidade de Gideão de derrotar o exército dos midianitas — que havia batido em

retirada — e de capturar os dois reis. Se Sucote ajudasse Gideão e ele fracassasse, a cidade sofreria retaliações dos midianitas. Os homens de Sucote não pensaram que alimentar um irmão faminto era uma oportunidade de mostrar amor, mas sim um risco que não desejavam correr.[9]

Em segundo lugar, *uma ameaça feita* (8:7). Gideão que usara de diplomacia para falar à tribo de Efraim, usa uma ameaça severa aos homens de Sucote em nome do Senhor. Ele promete voltar com os reis midianitas capturados e, ao retornar, trilharia a carne dos homens de Sucote com os espinhos do deserto e os abrolhos. Era uma espécie de morte cruel para aqueles que trataram Gideão e seus soldados com dureza de coração e rebelião contra o Deus do céu. Robert Branson diz que Gideão já não estava mais sendo orientado por Deus ao buscar vingança contra as cidades de Sucote e Peniel. A única referência ao Senhor nessa passagem está no versículo 7 e no versículo 19, na resposta dada por Gideão aos homens de Sucote e na vingança de sangue aos reis midianitas; de resto, porém, o nome do Senhor some da história. Vemos, então, não mais o homem tímido e inseguro, mas um líder forte e autocentrado que dá vazão a uma terrível vingança contra aqueles que não o ajudaram.[10] Concordo com Timothy Keller quando diz que a ira de Gideão contra Sucote e Peniel mostra que ele espera receber glória por suas realizações. Ele acha que merece admiração e honra pelo que fez.[11]

Em terceiro lugar, *um pedido negado* (8:8). O mesmo pedido de ajuda foi feito em Peniel e a resposta foi a mesma. Os homens de Peniel, por ingratidão a Gideão, traição à pátria e rebelião contra Deus, movidos pelo medo de retaliação dos reis midianitas, nada deram a Gideão.

Em quarto lugar, *uma ameaça feita* (8:9). De igual modo, Gideão promete voltar em paz e derribar a torre da cidade, tirando deles qualquer refúgio contra possíveis ataques.

Vitória, resultado de coragem e perseverança (8:10-12)

Gideão tinha muitos sinais e grandes garantias de Deus da vitória completa sobre os midianitas e seus aliados. Então, não desistiu nem descansou até prevalecer sobre os opressores de Israel. Destacamos aqui três pontos:

Em primeiro lugar, *vitória apesar de um menor número* (8:10). Os reis Zeba e Zalmuna estavam em Cancor, a leste do mar Morto e 15 mil soldados estavam com eles. Apesar do número expressivo das tropas inimigas, Gideão não se intimida. Já haviam caído cento e vinte mil homens que puxavam da espada, e esse remanescente também seria derrotado.

Em segundo lugar, *vitória como resultado da estratégia* (8:11). Assim como Gideão pegou todo o acampamento da coalisão de surpresa, agora, também, fere o exército restante, que se achava descuidado. Gideão é um estrategista. Sabendo que a vitória era uma promessa de Deus, não hesitou em usar os melhores métodos.

Em terceiro lugar, *vitória completa sobre um poderoso exército* (8:12). Os dois reis midianitas fugiram, mas Gideão os perseguiu e os prendeu, desbaratando todo o exército. Gideão libertou Israel do domínio estrangeiro. A terra ficou livre dos invasores por quarenta anos.

Retribuição, uma ameaça cumprida (8:13-17)

As ameaças feitas aos homens de Sucote e Peniel não foram esquecidas. Gideão voltou com os dois reis midianitas presos e retribuiu com mal aos homens dessas duas cidades que ficavam no território de Gade. Sucote e Peniel ficaram do lado dos inimigos, então Gideão os tratou como inimigos. Concordo com Dale Ralph Davis quando diz que a resistência de Sucote e Peniel em ajudar Gideão não foi orgulho, mas medo.[12] Tanto o orgulho de Efraim quanto o medo de Sucote e Peniel foram estúpidos e errados. A paixão por reconhecimento e segurança destruiu a coesão de Israel. Vejamos:

Em primeiro lugar, *punição aos homens de Sucote* (8:13-16). Gideão prendeu um jovem de Sucote e exigiu dele, por escrito, o nome dos príncipes e anciãos da cidade. O jovem listou setenta e sete homens. Gideão tomou os anciãos da cidade, espinhos do deserto e abrolhos. Com esses instrumentos infligiu uma severa punição aos homens de Sucote. Artur Cundall diz que esses flagelos indicam uma tortura horrorosa, cujo ponto final é a morte.[13]

Em segundo lugar, *punição aos homens de Peniel* (8:17). Ao chegar em Peniel, Gideão derrubou a torre e matou os homens da cidade. O homem da paz agora é um vingador implacável. O diplomata agora tem gosto de sangue na boca.

Vingança, motivos pessoais em jogo (8:18-21)

Gideão tinha razões pessoais para prender e matar os reis midianitas. Seus irmãos de sangue haviam sido assassinados por esses dois reis em tempos idos, no monte Tabor. Vejamos:

Em primeiro lugar, *vingança pessoal, pagando com a mesma moeda* (8:18,19). Gideão tinha contas pessoais a acertar com os dois reis midianitas, uma dívida de sangue, pois haviam matado seus irmãos em Tabor. Ele pergunta aos reis sobre os homens que eles mataram e os reis respondem com sarcasmo, sabendo que não escapariam das mãos de Gideão. Então, Gideão os faz saber que esses homens que eles mataram eram seus irmãos de sangue, e que por isso seriam justiçados. Nas palavras de Artur Cundall, "tendo solucionado a crise nacional, Gideão estava livre, agora, para acertar suas contas particulares com Zeba e Zalmuna".[14] Timothy Keller chega a sugerir que a perseguição cruel e incansável de Gideão foi menos motivada pelo desejo de completar a libertação do povo de Deus do que pelo desejo pessoal de vingança — pela honra da própria família.[15]

Em segundo lugar, *regicídio, a morte dos reis assassinos* (8:20,21). Gideão pede a Jéter, seu jovem filho primogênito, para matar os dois reis à espada. O jovem titubeou e vacilou diante da tarefa de vingar os tios. Os reis rogaram a Gideão para ele mesmo acionar contra eles a espada da morte. Gideão, sem pestanejar, matou os dois reis, e ainda, tomou os ornamentos em forma de meia-lua que estavam no pescoço dos seus camelos.

Reinado, um convite rejeitado (8:22,23)

Por gratidão a Gideão pela grande vitória, mas sem compreender o propósito de Deus em canalizar a glória da vitória para Ele mesmo, e não para Gideão e seus trezentos soldados, convidam Gideão para estabelecer um reinado dinástico. Vejamos:

Em primeiro lugar, *um convite equivocado do povo* (8:22). O povo atribuiu a retumbante vitória sobre os midianitas e aliados a Gideão, e não a Deus. Por isso, quis fazer dele um rei, instituindo uma monarquia dinástica, um regime hereditário, quando na verdade, o rei de Israel era o Senhor. O governo em Israel era, essencialmente, uma teocracia, não uma monarquia.

Em segundo lugar, *uma rejeição justificada do líder* (8:23). Gideão consegue discernir o motivo por trás do pedido dos israelitas: eles querem ser governados por um homem, e não por Deus. Gideão declinou do convite por motivos puramente teológicos, justificando que não poderia tomar o lugar de Deus. Gideão argumentou que eles já tinham um rei e arrematou: "O Senhor vos dominará" (8:23; Sl 80:1; 99:1). Nas palavras de Timothy Keller, "os israelitas não precisam de um rei a quem obedecer; precisam obedecer ao Rei que já têm".[16] Concordo com Artur Cundall quando diz: "A ação de Gideão, ao despojar-se resolutamente do convite para a promoção pessoal, foi exemplar, merecendo os mais elevados elogios".[17]

Pedido insensato, um laço para a nação (8:24-28)

Dale Ralph Davis destaca que muitos homens, embora tenham tido uma carreira brilhante, não a concluíram bem. De fato, não é fácil terminar bem. Reis como Asa, Josafá, Uzias, Ezequias inobstante terem começado bem, não foram consistentes até o fim. Esse mesmo fato se aplica a Gideão.[18]

Não há momento mais perigoso na vida do que depois de uma grande vitória. Gideão não conclui bem sua carreira e vacila depois de uma retumbante vitória. Artur Cundall tem razão em dizer que o capítulo final da vida de Gideão aparece como um anticlímax das ações heroicas da seção anterior. O homem que havia liderado seus patrícios tão magnificamente estabelece, agora, um exemplo deplorável de autoindulgência, em que se envolve ele mesmo, sua família e toda a nação. Talvez seja mais fácil honrar Deus mediante ação corajosa, sob a luz de uma emergência nacional, do que honrá-lo persistentemente no dia a dia, que exige um tipo diferente de coragem. Gideão passou pelo teste da adversidade com distinção, porém não foi bem-sucedido no teste da prosperidade.[19]

O comentarista bíblico Warren Wiersbe, nessa mesma linha de pensamento, esclarece:

> Depois de rejeitar o trono, Gideão passou a viver como um rei! Juízes 8:29-32 descreve o estilo de vida de um monarca e não de um juiz ou de um oficial militar reformado. Gideão tornou-se um homem rico, em parte pelos despojos de guerra, em parte pelos presentes que recebeu do povo; teve muitas esposas e, pelo menos, uma concubina. Suas esposas lhe deram setenta filhos e sua concubina lhe deu um filho. Aliás, Gideão chamou o filho de Abimeleque, que significa, "meu pai é um rei" e, posteriormente, esse filho tentou fazer jus a seu nome e tornar-se rei de Israel. Além disso, tudo indica que Gideão tentou assumir funções sacerdotais, pois fez sua própria estola, a qual provavelmente ele consultava em nome do povo.[20]

Destacamos aqui três pontos:

Em primeiro lugar, *a cobiça da riqueza* (8:24-26). Gideão pediu recompensa financeira pela libertação do povo (8:24) e ficou muito rico (8:25,26). Ele também pediu o ouro dos despojos, arrecadando cerca de dezenove quilos de ouro. O estilo de vida que passou a ter, para quem se considerava membro da família mais pobre da tribo de Manassés (6:15), foi de grande ostentação. Não aceitou o ofício de rei, mas viveu como um. Gideão poderia ter aprendido com Abraão, o ancestral da nação de Israel, que depois de sua vitória na batalha não tomou coisa alguma para si. Recusou especialmente qualquer coisa vinda do rei de Sodoma (Gn 14:17,21-23). Em vez disso, Abraão teve comunhão com Melquisedeque, rei de Salém, um tipo do Senhor Jesus Cristo (Hb 7—8), e em tudo o que disse e fez, Abraão deu glória ao Senhor dos céus e da terra.[21]

Em segundo lugar, *a profanação do culto verdadeiro* (8:27). Se não bastasse a ostentação da riqueza, Gideão fez uma estola sacerdotal e a pôs na sua cidade, Ofra. No entanto, Gideão não era sacerdote e Ofra não era um santuário de adoração. A estola tornou-se um talismã, um objeto de idolatria e de adoração sincretista. E todo o Israel se prostituiu ali, após a estola que veio a ser um laço para Gideão e sua casa. Nas Escrituras, a idolatria é considerada prostituição (Is 50:1-3; 54:6-8; Jr 2:1-3; Tg 4:4; Ap 2:4). Concordo com Clyde Ridall quando diz que, o que Gideão queria que fosse um inofensivo símbolo de uma grande vitória transformou-se em tropeço para ele e toda a sua família. Toda a nação passou a venerar aquele objeto com a natural afinidade que a natureza humana corrompida tem pela idolatria.[22] Robert Chisholm diz que podemos fazer um paralelo entre Gideão e Arão, que produziu um bezerro com os brincos de ouro do povo e, apesar de bem-intencionado, levou Israel à idolatria (Êx 32). A comparação com Arão é irônica, pois no início da história, Deus atribuiu a Gideão o papel de um novo Moisés. Como Moisés, Gideão havia sido transformado de um servo hesitante em instrumento de libertação, mas agora, como Arão, irmão de Moisés, ele ingênua e tolamente desviou Israel de seu caminho.[23] Gideão certamente perdeu uma grande oportunidade de realizar uma profunda reforma em Israel e de experimentar um poderoso reavivamento.

Em terceiro lugar, *uma paz insuficiente* (8:28). Os midianitas foram abatidos diante dos filhos de Israel e nunca mais prevaleceram; e nos dias de Gideão a terra ficou em paz durante quarenta anos. Contudo, que tipo de paz? Houve apenas a ausência de ataques e pilhagem; ausência de opressão política e econômica. Entretanto, essa era uma paz insuficiente, pois o povo não abandonou os ídolos cananeus nem se voltou para Deus. Dale Ralph Davis chama a atenção para o fato de que, depois do versículo 28, a terra não teve mais descanso no período dos juízes. Há, sim, uma progressiva desintegração do povo que não serve ao Deus que lhe proveu tantos livramentos. O povo que persiste na apostasia despreza o dom de Deus e, em vez de paz, colhe apenas tormento.[24]

Aposentaria, uma vida de rei sem ser rei (8:29-32)

O plano de aposentadoria de Gideão foi muito extravagante. Ele saiu de cena, mas seu exemplo deixou muito a desejar. Mesmo não sendo rei, viveu como um rei. Vejamos:

Em primeiro lugar, *um grande harém* (8:29,30). Gideão teve muitas mulheres e setenta filhos. Esse grande harém era uma ostentação só encontrada nos reis do Oriente Médio. Essa família disfuncional tornou-se uma grande tragédia, pois seus setenta filhos foram mortos por seu meio-irmão Abimeleque, sendo que este foi executado por uma mulher, a qual jogou uma pedra em sua cabeça. Concordo com o que Warren Wiersbe diz: "Fora da vontade de Deus não há segurança alguma".[25]

Em segundo lugar, *um nome pretencioso* (8:31). Se não bastasse suas muitas mulheres, ainda teve uma concubina em Siquém, e dessa relação espúria teve um filho que recebeu o nome de Abimeleque, cujo significado é: "meu pai é rei". Artur Cundall chega a sugerir que o nome dado a Abimeleque pode indicar que Gideão ainda suspirava pela honraria que ele havia recusado.[26]

Em terceiro lugar, *uma morte em idade avançada* (8:32). Gideão morreu em boa velhice e avançada idade.

Foi sepultado no sepulcro de seu pai Joás, em Ofra dos abiezritas.

Apostasia, uma volta aos cultos pagãos (8:33-35)

O Gideão que derrubou o altar de Baal em Ofra agora incita o culto sincretista na mesma cidade com a estola sacerdotal. A idolatria não foi estancada nem mesmo em seus dias. Ele começou como um servo, mas tornou-se uma celebridade. Além de autoritário, tornou-se vingativo. O resultado de tudo isso foi o declínio dele, de sua família e de sua nação. Nessa mesma linha de pensamento, Robert Branson escreve:

> Gideão começou sua magistratura destruindo um ídolo falso, mas terminou-a construindo outro objeto de falsa adoração. Nosso desejo de adorar o que vemos, tocamos e controlamos nos afasta do verdadeiro Deus e leva-nos à escravidão idólatra [...]. Gideão representa a ambiguidade dos juízes. Fortalecido por Deus e comissionado para trazer livramento, no final, ele traz escravidão espiritual. A decadente espiral social e espiritual de Israel ganhará ímpeto.[27]

Dois pontos merecem destaque:

Em primeiro lugar, *a infidelidade crônica do povo de Israel* (8:33). A morte de Gideão acelerou o processo do açodamento do povo rumo à idolatria e à prostituição espiritual. Os filhos de Israel foram atrás dos baalins e puseram Baal-Berite na posição de deus. Na mente deles, o Senhor poderia bem ser Deus para as épocas de crise, porém os deuses da fertilidade pareciam oferecer mais para o dia a dia.[28]

Em segundo lugar, *o esquecimento de Deus e de seus feitos* (8:34). O resultado de terem se rendido aos deuses cananeus é que Israel esqueceu-se do Senhor, seu Deus, e de seus grandes feitos. O povo sequer usou de benevolência com a casa de Gideão, segundo todo o bem que ele fizera a Israel no passado.

NOTAS

1 DAVIS, Dale Ralph. *Judges*, p. 107.
2 CUNDALL, Artur E. *Juízes: introdução e comentário*, p. 111.
3 WIERSBE, Warren W. *Comentário Bíblico Expositivo*, v. 2, p. 124.r
4 RIDALL, R. Clyde. *O livro de Juízes*. In: *Comentário bíblico Beacon*, v. 2, p. 120.
5 KELLER, Timothy. *Juízes para você*, p. 99.
6 CUNDALL, Artur E. *Juízes: introdução e comentário*, p. 112.
7 WIERSBE, Warren W. *Comentário bíblico expositivo*, v. 2, p. 125.
8 CUNDALL, Artur E. *Juízes: introdução e comentário*, p. 112.
9 WIERSBE, Warren W. *Comentário bíblico expositivo*, v. 2, p. 125,126.
10 BRANSON, Robert D. *Novo comentário bíblico Beacon – Juízes*, p. 118.
11 KELLER, Timothy. *Juízes para você*, p. 100.
12 DAVIS, Dale Ralph. *Judges*, p. 108.
13 CUNDALL, Artur E. *Juízes: introdução e comentário*, p. 113.
14 CUNDALL, Artur E. *Juízes: Introdução e Comentário*. 2017, p. 115.
15 KELLER, Timothy. *Juízes para você*. 2019, p. 101.
16 KELLER, Timothy. *Juízes para você*. 2019, p. 103.
17 CUNDALL, Artur E. *Juízes: Introdução e Comentário*. 2017, p. 117.
18 DAVIS, Dale Ralph. *Judges*. 2000, p. 111.
19 CUNDALL, Artur E. *Juízes: introdução e comentário*, p. 118.
20 WIERSBE, Warren W. *Comentário bíblico expositivo*, v. 2, p. 127.
21 Ibidem, p. 128.
22 RIDALL, R. Clyde. *O livro de Juízes*. In: *Comentário bíblico Beacon*, v. 2, p. 123.
23 CHISHOLM JR., Robert B. *Juízes*, p. 249.
24 DAVIS, Dale Ralph. *Judges*, p. 116.
25 WIERSBE, Warren W. *Comentário bíblico expositivo*, v. 2, p. 128.
26 CUNDALL, Artur E. *Juízes: introdução e comentário*, p. 120.
27 BRANSON, Robert D. *Novo comentário bíblico Beacon – Juízes*, p. 121.
28 CUNDALL, Artur E. *Juízes: introdução e comentário*, p. 121.

Capítulo 12

O desastroso governo do espinheiro

(Juízes 9:1-57)

ATÉ O CAPÍTULO 8 de Juízes, observamos uma sequência bem conhecida de eventos: pecado, opressão, clamor, escolha de um juiz, vitória, paz. Agora, porém, há um desvio total de sequência. Deparamos com um episódio horroroso na história de Israel.[1]

O capítulo 9 é o mais longo capítulo do livro de Juízes e, ao mesmo tempo, um dos mais sombrios registros da história. A família disfuncional de Gideão colapsa. Um banho de sangue fecha a biografia desse afamado juiz. Seus setenta filhos são assassinados a sangue frio por ordem de Abimeleque, o filho ilegítimo. A sede de poder falou mais alto no coração desse ambicioso jovem do que os vínculos familiares. Gideão recusou o convite para ser rei, mas seu filho Abimeleque dispôs-se a ir às últimas consequências para ascender ao trono.

É triste constatar que o povo de Israel não apenas esqueceu o Senhor; eles esqueceram também Gideão (8:35). A apostasia em relação ao Senhor e a ingratidão em relação a Gideão ocorreram concomitantemente. Eles traíram Gideão, sua obra e sua família. O narrador carrega as tintas quando enfatiza a ingratidão de Israel para com a família de Gideão. Isso pode ser visto tanto nas palavras de Jotão (9:16-20) como na explanação teológica (9:23,24,56,57).[2]

A posse do reino (9:1-21)

Destacamos aqui alguns pontos importantes:

Em primeiro lugar, *um projeto de poder ambicioso* (9:1,2). Abimeleque era ambicioso e traidor. Quando cresceu, levou seu nome a sério e decidiu transformá-lo em realidade. Ele vai a Siquém, sua cidade natal, para falar aos irmãos de sua mãe e a toda a geração da casa do pai de sua mãe, a fim de que pleiteassem sua causa diante de todos os cidadãos da cidade. Na ocasião, ele apresentou duas opções: ser governado por setenta homens (os filhos de Gideão) ou ser governado por um só homem (ele mesmo). Abimeleque advoga sua própria causa, mostrando sua origem e seu grau de parentesco com os siquemitas como condições favoráveis ao seu governo. Aqui está um homem sem as credenciais da humildade. Concordo com Warren Wiersbe quando diz que a ambição egoísta conduz à destruição. Com as palavras "Eu subirei ao céu", um anjo transformou-se no Diabo (Is 14:13); e a declaração: "É esta a grande Babilônia que eu edifiquei" transformou um rei em um animal (Dn 4:28-37).[3]

Em segundo lugar, *uma adesão unânime* (9:3). A proposta de Abimeleque foi exitosa. Seus parentes transmitiram a mensagem aos siquemitas, e eles aderiram ao seu projeto de poder em virtude de sua origem, prestando-lhe pleno apoio. A base política estava garantida.

Em terceiro lugar, *um apoio financeiro dos cofres religiosos* (9:4). A elevação de Abimeleque ao poder é facilitada não pela obediência a Deus, mas por recursos provenientes de um deus falso.[4] Como prova de apoio, os siquemitas deram-lhe setenta peças de prata, dinheiro tirado dos cofres da casa de Baal-Berite. Os recursos do santuário pagão financiaram as operações de Abimeleque. Com esse dinheiro oriundo da idolatria, ele contratou homens libertinos, criminosos e perigosos para servir como sua guarda real e tropa de choque. A expressão: "que o seguiram" (9:4) significa "perambularam como leões ou vaguearam" juntamente com seu líder.[5] Warren Wiersbe tem razão em dizer que o fato de aceitar dinheiro dos adoradores de Baal para financiar sua campanha foi uma declaração pública de que havia renunciado o Deus de Israel e estava do lado de Baal.[6]

Em quarto lugar, *um massacre aos concorrentes* (9:5). Abimeleque, acompanhado desse bando de levianos e atrevidos vai à casa de seu pai em Ofra e mata seus setenta irmãos sobre uma pedra, escapando apenas Jotão, o filho caçula de Gideão. Foi um massacre fratricida, um crime hediondo, uma crueldade inumana. Nas palavras de Robert Chisholm, "Israel tinha agora como rei um assassino pago pelo tesouro de um deus pagão e apoiado por uma corja de bandidos".[7] Mais tarde, o profeta Habacuque alertou: "Ai daquele que edifica a cidade com sangue e a fundamenta com iniquidade" (Hc 2:12).

Em quinto lugar, *uma aclamação pública* (9:6). Depois desse banho de sangue fratricida, os cidadãos de Siquém e Bete-Milo se juntaram e proclamaram Abimeleque rei junto ao carvalho memorial que está perto de Siquém. É digno de nota que foi ali que Deus apareceu a Abraão para dizer que aquela era a terra da promessa. Siquém foi a primeira cidade na Terra Prometida a ter um altar construído para o culto a Deus (Gn 12:6,7). Foi o primeiro lugar onde os descendentes de Abraão se reuniram para adorar ao Senhor depois que entraram na terra sob a liderança de Josué (Js 8:30-35). Foi nessa cidade que os ossos de José foram sepultados (Js 24:32). Esse é o local onde Josué fez a cerimônia de renovação da aliança e estabeleceu uma pedra memorial junto ao carvalho (Js 24:26). Mais tarde, Roboão, após a morte de Salomão, foi a Siquém para assegurar sua aclamação com rei de Israel (1Rs 12:1,25).

Em sexto lugar, *uma parábola intrigante* (9:7-15). Jotão, o filho caçula e sobrevivente de Gideão, foi ao cume do monte Gerizim, o monte da bênção, para proferir um discurso com uma fábula, visando mostrar como a coroação de Abimeleque era ridícula. Em seu discurso, ele descreve como as árvores (que simbolizavam o povo de Israel, e particularmente Siquém) procuravam um rei. As candidatas mais prováveis à coroa — a oliveira, a figueira e a videira — recusaram a oferta, enquanto o espinheiro a aceitou. A fábula de Jotão chama a atenção para a arrogância de Abimeleque, sua falta de qualificações, sua incapacidade de fornecer proteção verdadeira, sua sede de poder e seu potencial destrutivo. Destaca também a estupidez dos siquemitas, que acreditavam que um espinheiro (um rei tão inadequado como Abimeleque) pudesse lhes fornecer uma sombra (segurança).[8]

A partir da parábola do espinheiro, o discurso de Jotão traz uma maldição sobre Abimeleque e Siquém. O ponto principal é a crítica à escolha de uma pessoa indigna como Abimeleque. Fica a implicação de que os filhos de Gideão, incluindo-se o próprio Jotão, teriam sido uma escolha mais desejável.

Em uma linguagem simbólica, a parábola fala do governo do espinheiro sobre todas as árvores. As árvores tomaram a decisão de ungir para si um rei que reinasse sobre todas elas. A primeira candidata ao reinado era a oliveira, mas esta escusou-se, dizendo que não deixaria seu óleo, estimado por Deus e pelos homens para ascender ao poder. Foram então atrás da figueira, rogando a ela que reinasse sobre elas, mas esta também recusou, dizendo que não deixaria sua doçura e o seu bom fruto para pairar sobre as demais árvores. Em seguida, as árvores recorrem à videira, apelando que ela reinasse sobre as demais árvores, mas esta, de igual modo, justificou-se dizendo que não deixaria seu vinho, que agrada tanto a Deus como os homens, para reinar. Baldados todos os esforços, todas as árvores disseram ao espinheiro para vir e reinar sobre elas. O espinheiro respondeu às árvores que se elas o estavam ungindo para governar, todas elas deveriam vir e refugiar-se debaixo de sua sombra, mas se não viessem, do próprio espinheiro sairia fogo devastador para consumir até os cedros do Líbano.

Essa parábola enseja-nos quatro lições:

Primeira, *uma omissão perigosa*. A oliveira, a figueira e a videira receberam um apelo de todas as árvores para que reinassem sobre elas, mas cada uma deu uma desculpa para fugir da governança. As árvores frutíferas e úteis foram consultadas para esse posto de liderança, e todas elas se omitiram. Preferiram o conforto de sua posição do que os riscos da liderança. Ao recusarem a convocação, abriram espaço para o espinheiro governar. A omissão covarde dessas árvores boas pavimentaram o caminho para a liderança de um arbusto ruim. Quando os bons se omitem, os maus governam. É triste ser governado por um espinheiro. Um espinheiro não produz coisa alguma a não ser sofrimento. Onde o espinheiro reina, as pessoas sofrem e sangram.

Segunda, *uma desculpa descabida*. A oliveira declinou de sua convocação para o reinado, dizendo que não podia parar a produção do seu óleo, prezado por Deus e pelos homens. A figueira renunciou ao privilégio do convite, argumentando que sua doçura e seu bom fruto eram motivos suficientes para continuar existindo e que não tinha aspirações mais elevadas. Já a videira justificou sua negativa à honrosa convocação, dizendo que o seu papel era produzir vinho, pois este é agradável a Deus e aos homens. Nenhuma árvore boa aceitou o convite para reinar. Todas declinaram. As desculpas apresentadas pareciam plausíveis, mas na verdade eram descabidas. A omissão delas pavimentou o caminho para o espinheiro assumir o trono e trazer tanto sofrimento.

Terceira, *uma opção desastrosa*. As árvores depois de baldados todos os esforços de buscar um rei, recebendo reiteradas negativas ao seu apelo, recorrem ao espinheiro, convocando-o a reinar sobre elas. No entanto, espinheiro não é árvore; não é plantado; não produz frutos. Espinheiro acicata os pés, fere as mãos, produzindo desconforto e sofrimento. Quando os bons renunciam à liderança, os maus passam a governar. Quando aqueles que podem ser úteis para seus irmãos renunciam ao seu privilégio, abrem caminho para os espinheiros assumirem o governo. É uma tragédia ser governado por um espinheiro.

Quarta, *uma ameaça mortal.* O espinheiro não deu desculpa. Aceitou prontamente o convite para ser rei. Fez uma convocação para todas as árvores ficarem debaixo de sua sombra, promessa essa que não podia cumprir, e engatou uma ameaça. Quem não vier será consumido pelo fogo. O espinheiro governa com ameaça e truculência. Não aceita oposição. Não tolera o contraditório. Seu governo é ditatorial. A única alternativa de seus súditos é a obediência cega. Submete-se ou morre!

Essa parábola retrata o trágico reinado de Abimeleque. Ele era o próprio espinheiro que feriu e matou seus concorrentes e, depois, até mesmo seus antigos aliados. O resultado é que o fogo devorador atingiu o próprio rei, que atraiu sobre si mesmo a maldição que impôs aos outros.

Em sétimo lugar, *uma ingratidão profunda* (9:16-19). Jotão destaca a profunda ingratidão dos siquemitas com a memória de Gideão, que havia lutado por eles e os libertado do poder midianita; e, agora, apoiam Abimeleque, um filho rebelde que se levanta para matar a descendência de Gideão.

Em oitavo lugar, *um juízo severo* (9:20,21). Jotão conclui seu oráculo de juízo dizendo que o fogo de Abimeleque haveria de sair e consumir os cidadãos de Siquém e Bete-Milo, e o fogo de Siquém e Bete-Milo haveria de consumir Abimeleque.

Os conflitos do reino (9:22-49)

Deus é justo e não permite que o pecado fique sem seu justo salário. O salário do pecado é a morte. Aquele que semeou a morte, haveria de ser ceifado pela morte. Aqueles que cooperaram com o projeto iníquo haveriam de beber o cálice amargo de suas decisões tresloucadas. Artur Cundall tem razão em dizer que os oportunistas à procura de vantagens egoístas e os que são capazes de assassinato traiçoeiro jamais se tornam bons companheiros. Portanto, não demorou muito para ocorrer um atrito entre Abimeleque e os cidadãos de Siquém.[9]

Destacaremos aqui alguns pontos importantes:

Em primeiro lugar, *Deus suscita o conflito com os siquemitas* (9:22-25). Deus não acerta as contas com os pecadores na hora exata de seu pecado. Abimeleque já havia governado três anos em Israel quando Deus suscitou um espírito de aversão entre o rei e os cidadãos de Siquém, que passaram agir aleivosamente contra ele. O propósito divino é que a vingança em relação aos setenta filhos de Gideão assassinados fosse aplicada tanto a Abimeleque quanto aos cidadãos de Siquém. Os cidadãos de Siquém puseram contra o rei homens de emboscada sobre os cumes dos montes; e todos aqueles que trafegavam com suas mercadorias eram assaltados, causando desconforto e prejuízo aos cofres do rei. Abimeleque não conseguia controlar seu povo nem proteger o comércio da região. Artur Cundall assim escreve:

> O caso que precipitou a guerra entre Abimeleque e Siquém foi a ação dos siquemitas ao estabelecer bandos armados em emboscadas, ao longo das rotas comerciais, nas vizinhanças de Siquém, o que vinha privar Abimeleque dos impostos que ele normalmente cobrava das caravanas que atravessavam seu território. Tais assaltos reduziam o número de viajantes e de caravanas, nesta área perigosa, o que esvaziava os bolsos de Abimeleque e feria seu orgulho, visto que ele não podia garantir segurança a quem viajasse por seus domínios.[10]

Em segundo lugar, *Gaal se rebela contra o rei* (9:26-29). Além dessa crise interna, o fanfarronista e jactancioso Gaal, filho de Ebede, veio com seus irmãos e se estabeleceram em Siquém, passando a desfrutar da confiança dos siquemitas. A troca de lealdade dos siquemitas ocorreu na época da vindima. O evento é datado na época da colheita das uvas (9:27) e geograficamente definido na casa do deus deles (9:27). Assim, na colheita das uvas, na casa de seu deus, fizeram uma grande festa. Comeram, beberam e amaldiçoaram Abimeleque.

Gaal tira vantagem da ausência de Abimeleque e aproveita a oportunidade para falar à multidão reunida para essa celebração, estimulando-a a abandonar sua lealdade ao rei assassino. Sob o efeito do vinho, arrotando valentia, Gaal estimula o povo a romper com o rei, dizendo: "Quem é Abimeleque, e quem somos nós de Siquém, para que o sirvamos? Não é, porventura, filho de Jerubaal? E não é Zebul o seu oficial? Servi, antes, aos homens de Hamor, pai de Siquém. Mas nós, por que serviremos a ele?" (9:28). Artur Cundall realça que Gaal traça o parentesco de Abimeleque, muito astutamente, a partir de seu pai Gideão, e não por sua mãe siquemita, contrastando frontalmente com o apelo que o próprio Abimeleque fizera antes (9:1-3). Em seguida, apela-lhes para que sirvam aos homens de Hamor, pai de Siquém.[11] Gaal, querendo também as exalações do poder e movido por bravata e egoísmo, proclama: "Quem dera estivesse este povo sob a minha mão, e eu expulsaria Abimeleque e lhe diria: Multiplica o teu exército e sai" (9:29).

Em terceiro lugar, *Zebul aconselha o rei a estancar a rebelião* (9:30-41). Zebul, o representante de Abimelque em Siquém, ficou enfurecido ao saber das palavras insolentes de Gaal. Imediatamente comunicou essas palavras ao rei e sugeriu um plano de ação para estancar a rebelião e restabelecer a autoridade do rei na cidade amotinada.

Abimeleque seguiu o conselho de Zebul e reuniu todo o seu contingente para um ataque noturno surpresa à cidade de Siquém. Durante a noite, ele organizou uma emboscada em quatro grupos contra a cidade. Assim, a insurreição foi abortada bem no início pela pronta ação de Zebul.

O papel de Zebul foi desempenhado com rara perícia. Ele ficou à porta de entrada da cidade enquanto os quatro grupos se aproximavam. Gaal, vendo o movimento de gente descendo dos montes, disse a Zebul: "Eis que desce gente dos cumes dos montes". Zebul, para enganá-lo, respondeu: "As sombras dos montes vês por homens". Outra vez, Gaal disse: "Eis que ali desce gente defronte de nós, e uma tropa vem do caminho do carvalho dos Adivinhadores". Vendo que o ataque era iminente e que Abimeleque tinha as vantagens de iniciativa e da surpresa, Zebul respondeu com sarcasmo, atirando a fanfarronice de Gaal em sua cara: "Onde está, agora, a tua boca, com a qual dizias: Quem é Abimelque, para que o sirvamos? Não é este, porventura, o povo que desprezaste? Sai, pois, e peleja contra ele". Nessa peleja Gaal foi derrotado, muitos feridos caíram até a entrada da porta da cidade e o fanfarrão Gaal fugiu, e toda a sua parentela foi expulsa de Siquém. Nas palavras de Artur Cundall, "Zebul conseguiu detectar os elementos rebeldes, desafetos, e expulsou-os da cidade, bem como ao rebelde-mor Gaal e seus asseclas".[12]

Em quarto lugar, *o rei destrói a cidade de Siquém* (9:42-45). No dia seguinte, o povo de Siquém, acreditando que a situação estava resolvida, saiu ao campo para trabalhar. No entanto, Abimeleque, informado dessa agenda, repartiu seus homens em três grupos, os pôs de emboscada no campo e feriu o povo. Abimeleque bloqueou a porta da cidade e exterminou os habitantes presos lá dentro, e os dois outros grupos destroçaram os homens que estavam no campo. Abimeleque não poupou a cidade: "Todo aquele dia pelejou Abimelque contra a cidade e a tomou. Matou o povo que nela havia, assolou-a e a semeou de sal" (9:45). Semear sal tinha não apenas o propósito de prejudicar o solo, tornando-o infrutífero, mas, sobretudo, era um ritual simbólico pelo qual a cidade ficou condenada à desolação perpétua.[13] Robert Branson diz que ao espalhar sal pelo solo, Abimeleque fora especialmente cruel, pois aquilo tiraria dos sobreviventes o meio de produzir novas colheitas, condenando-os à fome ou à migração.[14]

Em quinto lugar, *morte na torre* (9:46-49). Tendo tratado exaustivamente da destruição da cidade em si, agora ele se volta para a destruição da fortaleza. Os nobres da cidade, os cidadãos da Torre de Siquém, ao saberem do massacre ocorrido na cidade, refugiaram-se na fortaleza subterrânea, no templo de El-Berite. Abimeleque, sabendo disso, levou todo seu povo no monte Zalmom e lá cortaram madeira, fizeram ramadas sobre a fortaleza subterrânea e queimaram essa madeira sobre todos os da Torre de Siquém. O intenso calor gerado pelo fogo ateado à lenha destruiu a torre e todos os seus ocupantes. Nessa chacina morreram todos, uns mil homens e mulheres.

Robert Chisholm destaca que o mesmo Abimeleque destrói o templo de Baal que financiou sua ascensão inicial. O templo de Baal foi queimado. Nem mesmo o templo de Bel escapou da fúria de Abimeleque. Em seu controle providencial dos eventos, o Senhor transformou o ataque de Baal contra Jerubaal em uma derrota humilhante tanto para Baal quanto para El, usando o mesmo instrumento de destruição empregado por Baal.[15]

A morte do rei (9:50-57)

O reinado do espinheiro está em chamas, devorando os próprios súditos. Em sua sede de vingança, Abimeleque vai à cidade de Tebes, situada cerca de dezesseis quilômetros a nordeste de Siquém. Ele sitiou a cidade e a tomou. No meio da cidade havia uma torre forte. Vendo o povo que o ataque era iminente, toda a população se refugiou na torre, fechou as portas e subiu para o eirado.

Abimeleque, governado pelo pragmatismo, imaginou que teria o mesmo resultado que teve em Siquém. Então, aproximou-se da entrada da torres para incendiá-la. Contudo, certa mulher lançou uma pedra superior de moinho sobre a cabeça de Abimeleque e lhe quebrou o crânio. Vendo-se mortalmente ferido, chamou seu escudeiro e deu uma ordem: "Desembainha a tua espada e mata-me, para que não se diga de mim: Mulher o matou. O moço o atravessou, e ele morreu" (9:54). Abimeleque matara seus irmãos sobre uma pedra (9:5), agora, é ceifado pela morte quando uma mulher solitária joga uma única pedra sobre sua cabeça. Séculos depois, a morte vergonhosa de Abimeleque ainda era lembrada como tendo sido infligida por uma mulher (2Sm 11:21). Abimeleque perdeu o reino e a vida. Ele colheu o que plantou.

Artur Cundall chama a atenção para o fato de que dentro de mais cem anos, o primeiro rei oficialmente eleito faria um pedido semelhante a seu escudeiro, no monte Gilboa, a alguns quilômetros de Tebes, a fim de poupá-lo da desgraça de ser capturado vivo pelos filisteus (1Sm 31).[16]

Com o rei morto, o povo de Israel retornou cada um para sua casa. Desta forma, o mesmo Deus que suscitou um espírito de aversão entre Abimeleque e os cidadãos de Siquém (9:23,24) fez tornar sobre Abimeleque o mal que ele fizera a Gideão, por ter aquele matado os seus setenta filhos (9:56,57). De igual modo, todo o mal dos homens de Siquém Deus fez cair sobre a cabeça deles. Assim, veio sobre eles a maldição de Jotão, filho de Jerubaal.

Concordo com Robert Chisholm: "Deus é o rei justo sobre a terra, que executa a justiça em nome dos indivíduos injustiçados e impotentes diante de seus opressores".[17] Robert Branson reforça essa ideia: "Vemos aqui, nos versículos 56 e 57, um epílogo teológico. O mal que Abimeleque fez ao matar os irmãos, bem como os males cometidos pelos homens de Siquém foram retribuídos por Deus. A maldição de Jotão tornara-se o destino deles".[18] Isso está de acordo com o que o apóstolo Paulo ensina: "Não vos enganeis: de Deus não se zomba; pois, aquilo que o homem semear, isso também ceifará" (Gl 6:7). Deus estava calado, mas não ausente. O julgamento de Deus não está reservado somente para o futuro, é uma realidade do presente.

Timothy Keller chama a atenção para o fato de que entre os capítulos 8:34 e 10:6, Deus não é mencionado nem por uma vez por seu nome pessoal da aliança, o Senhor (Yahweh). Esse é o retrato de uma sociedade e de um governante que querem tirar Deus de cena completamente — Ele não é adorado nem levado em consideração nesse cenário.[19]

Juízes capítulo 9 mostra que a destruição pode vir tanto de dentro como de fora, tanto de Israel como de Midiã. No entanto, apesar da tragédia, Juízes 9 traz uma palavra de esperança para Israel. Deus não abandona seu povo nas mãos de seus Abimeleques; pelo contrário, Ele guarda seu povo de futura destruição.[20]

Notas

1 KELLER, Timothy. *Juízes para você*, p. 106.
2 DAVIS, Dale Ralph. *Judges*, p. 121.
3 WIERSBE, Warren W. *Comentário bíblico expositivo*, v. 2, p. 130.
4 KELLER, Timothy. *Juízes para você*, p. 107.
5 RIDALL, R. Clyde. *O livro de Juízes*. In: *Comentário bíblico Beacon*, v. 2, p. 125.
6 WIERSBE, Warren W. *Comentário bíblico expositivo*, v. 2, p. 131.
7 CHISHOLM JR., Robert B. *Juízes*, . 265.
8 Ibidem, p. 267.
9 CUNDALL, Artur E. *Juízes: introdução e comentário*, p. 126.
10 CUNDALL, Artur E. *Juízes: introdução e comentário*, p. 126.
11 Ibidem, p. 127.
12 Ibidem, p. 129.
13 CUNDALL, Artur E. *Juízes: introdução e comentário*, p. 130.
14 BRANSON, Robert D. *Novo Comentário bíblico Beacon – Juízes*, p. 126.
15 CHISHOLM JR., Robert B. *Juízes*, p. 270.
16 CUNDALL, Artur E. *Juízes: introdução e comentário*, p. 131.
17 CHISHOLM JR., Robert B. *Juízes*, p. 273.
18 BRANSON, Robert D. *Novo comentário bíblico Beacon – Juízes*, p. 127,128.
19 KELLER, Timothy. *Juízes para você*, p. 110.
20 DAVIS, Dale Ralph. *Judges*, p. 128.

Capítulo 13

Pecado, o opróbrio da nação

(Juízes 10:1-18)

O PERÍODO DOS JUÍZES cobre mais de três séculos. Israel viveu em um círculo vicioso de rebelião-castigo-clamor-libertação. Na prosperidade, o povo dava as costas para Deus; na aflição, voltava-se para Ele. O arrependimento era epidérmico, e o amor do povo por Deus era como névoa, logo se dissipava.

No capítulo anterior, vimos um dos momentos mais sombrios da história de Israel. Abimeleque mata setenta irmãos para assumir o poder, mas seu reinado dura apenas três anos, sendo encerrado com uma chacina do povo que o conduzira ao poder. O juízo de Deus veio sobre o rei e seus súditos.

Veremos, agora, um longo período de 45 anos de paz, sem invasão estrangeira, sob a liderança de dois pequenos juízes:

Tola e Jair, seguido por um tempo de rebelião e apostasia. Dale Ralph Davis diz, corretamente, que esses dois juízes são chamados pelos estudiosos de juízes menores em contraste com os juízes maiores como Eúde, Débora e Gideão, que são contemplados por um registro mais extenso de suas ações. Tola e Jair são juízes menores porque receberam menos tinta e menos espaço na narrativa, o que não significa, obviamente, que tiveram menor importância.[1]

Em virtude da apostasia dos filhos de Israel, a ira de Deus se acendeu contra o povo, que é vendido às nações opressoras. Israel se curva aos deuses dos povos que o oprimem, e seu pecado de idolatria tornou-se o opróbrio da nação.

Destacamos alguns pontos importantes, na exposição deste capítulo:

A paz, depois da tempestade (10:1-5)

Haver um tempo de paz depois da carnificina provocada por Abimeleque é uma expressão eloquente da graça de Deus. A tempestade havia sido avassaladora, mas é Deus quem governa o tempo, a história e o destino de seu povo. Destacaremos, aqui, o governo de dois juízes menores. Como já informamos, eles são assim chamados não porque tiveram menor importância, mas porque há menos registros de seus feitos. Falamos, de igual modo, de profetas maiores e menores. Os chamados profetas menores não foram menos importantes que os profetas chamados maiores. É que os profetas menores têm um registro menor do que os maiores. Assim é a história de Tola e Jair.

Robert Branson diz que a breve narrativa dos juízes Tola e Jair é uma transição para o magistrado de Jefté. Também provê um interlúdio de paz entre as histórias do reinado de Abimeleque e do período em que Jefté julgou a Israel.[2]

Vejamos:

Em primeiro lugar, *o governo de Tola* (10:1,2). O sexto juiz de Israel recebeu o nome de um de seus ancestrais, pois Issacar teve um filho com este nome (Gn 46:13). Tola é o segundo dos juízes menores; os outros são: Sangar (3:31), Jair (10:3-5), Ibsã, Elom e Abdon (12:8-15).

É digno de nota que o texto em pauta não diz que foi Deus quem levantou Tola, depois de Abimeleque, para livrar Israel. Diz: "Depois de Abimeleque, se levantou para livrar Israel, Tola [...]". Nada sabemos sobre Tola exceto seu *pedigree,* filho de Puá, filho de Dodô; sua tribo, Issacar; sua residência, habitante de Samir, na região montanhosa de Efraim; a duração de seu governo, julgou Israel vinte e três anos; e sua morte e sepultamento, morreu e foi sepultado em Samir.

De igual modo, nada sabemos acerca de que inimigo Tola libertou Israel nem como o fez. Estou inclinado a crer que esses dois juízes, Tola e Jair, libertaram Israel de si mesmo. Há problemas que vêm de fora e outros que vêm de dentro. Israel era o seu maior problema, seu mais engenhoso inimigo.

Em segundo lugar, *o governo de Jair* (10:3-5). O sétimo juiz de Israel foi Jair, cujo significado é "a quem Deus ilumina".[3] Jair fixou uma dinastia de regentes composta por trinta filhos, que montavam jumentos (sinal de prestígio, tanto quanto de prosperidade). Seus filhos governavam trinta cidades, na terra de Gileade. Seu governo de vinte e dois anos foi um tempo de paz, ou seja, de ausência de conflitos internos e ataques externos. Jair morreu e foi sepultado em Camom.

A idolatria, a porta da escravidão (10:6-9)

O ciclo vicioso de Israel recomeça. Depois de quarenta e cinco anos de paz nas fronteiras, os filhos de Israel voltaram a se corromper, fazendo o que era mau aos olhos do Senhor. Eles passaram a servir aos deuses dos povos vizinhos e se esqueceram do Senhor, deixando de adorá-lo.

Dois fatos são aqui destacados:

Em primeiro lugar, *Israel peca* (10:6). "Tornaram os filhos de Israel a fazer o que era mau perante o Senhor e serviram aos baalins, e a Astarote, e aos deuses da Síria, e aos de Sidom, de Moabe, dos filhos de Amom e dos filisteus; deixaram o Senhor e não o serviram". Os filhos de Israel tinham a memória curta para lembrar do Senhor e de seus feitos redentores. O amor deles era raso e se dissipava como névoa. Flertaram e adulteraram com os deuses dos povos que os subjugavam. Aqui, os filhos de Israel serviram aos deuses cananeus, aos deuses da Síria, dos filisteus e dos povos aparentados como Moabe e Amom. Clyde Ridall destaca que os falsos deuses, a quem serviram os israelitas, eram sete: baalins, Astarote, os deuses da Síria (Bel e Saturno), de Sidom (Astarte), de Moabe (Quemos), dos filhos de Amom (Milcom) e os deuses dos filisteus (Dagom). Os israelitas entregaram-se totalmente a um panteão de deuses e violaram a primeira e fundamental lei que Deus lhes dera: "Ouve, Israel, o Senhor, nosso Deus, é o único Senhor" (Dt 6:4).[4] Timothy Keller ainda esclarece:

> Os baalins e as imagens de Astarote eram deuses dos cananeus "nativos". Mas os deuses de Arã (ao nordeste) e de Sidom (ao norte) ou de Amom e Moabe (ao leste) e dos filisteus (ao sul) eram adorados pelas nações que invadiram Canaã e oprimiram os israelitas. Resumindo, sempre que os israelitas adoravam os ídolos de uma nação, essa nação acabava por oprimi-los. Isso mostra que a idolatria resulta em escravidão.[5]

Certamente esse mergulho na idolatria foi resultado de toda a nação ter deixado o Senhor para não o servir. Robert Chisholm tem razão em dizer que a apostasia religiosa nunca é estática. Ela tende a cair cada vez mais e se tornar cada vez mais pagã. A infidelidade de Israel despertou a ira do Senhor, o que o levou a entregar a nação aos invasores filisteus e amonitas, os quais pressionaram Israel do leste e oeste.[6] Se os amonitas eram descendentes de Ló, os filisteus eram parte de um movimento populacional que começou na região do mar Egeu ao final do século 13 a.C. e se espalhou pela área da Turquia moderna e pela costa ocidental do mediterrâneo. Eles foram um problema contínuo para os israelitas até que Davi os conquistou (2Sm 5:17-25).[7]

Em segundo lugar, *Deus castiga* (10:7-9). A opressão sobre os israelitas é a pior até agora: é total — eles foram despedaçados (10:8); a opressão foi longa (dezoito anos) e ampla, pois incluiu os israelitas que habitavam nas duas margens do Jordão (10:8,9).[8] O pecado dos filhos de Israel provocou algumas reações. Primeiro, a ira do Senhor se acendeu contra Israel. Segundo, o Senhor entregou os filhos de Israel nas mãos dos filisteus, nas mãos dos filhos de Amom, os quais envergonharam e oprimiram todos os filhos de Israel. Terceiro, Israel foi oprimido por dezoito anos. Quarto, os filhos de Amom passaram o Jordão para pelejar também contra Judá, Benjamim e contra a casa de Efraim, de maneira que Israel se viu muito angustiado. Artur Cundall diz que os filisteus e os amonitas se tornaram a vara da ira de Deus (Is 10:5), da mesma forma como, em ocasiões anteriores, ele havia usado Cusã-Risataim (3:8), Eglom (3.12), Jabim e Sísera (4:2) e os midianitas (6:1).[9] Deus permitiu que as coisas às quais serviam os dominassem e possuíssem. Vemos um texto paralelo a esse em Romanos 1:23-26. Os homens substituíram a glória do Deus incorruptível por imagens semelhantes a homem corruptível, às aves, aos quadrúpedes e aos répteis. Como resultado, Deus os entregou às concupiscências do seu coração. Timothy Keller destaca que, no grego, a palavra "concupiscência" é *epithymia,* que significa desejo avassalador, escravizante, incontrolável.[10]

O falso arrependimento, um gesto insuficiente (10:10-14)

Israel se volta para Deus não para abandonar os seus pecados, mas para livrar-se de suas consequências. Tratava-se de um arrependimento de araque, de um simulacro de arrependimento. Quanto a isso, Robert Branson é enfático:

> A superficialidade do arrependimento dos israelenses foi demonstrada inúmeras vezes no livro. Quando era oprimida, a nação se voltava para o Senhor, o Deus do livramento. Porém, quando a ameaça passava, Israel retornava à adoração dos deuses da fertilidade. Esse arrependimento superficial foi um padrão contínuo na história de Israel, como pontuou mais tarde o profeta Oseias (Os 6.4).[11]

Destacamos, aqui, cinco pontos importantes:

Em primeiro lugar, *um clamor acompanhado de confissão* (10:10). "Então os filhos de Israel clamaram ao Senhor, dizendo: Contra ti havemos pecado, porque deixamos o nosso Deus e servimos aos baalins". Nos lábios a confissão era ortodoxa, mas na prática, o coração do povo ainda não tinha se voltado para o Senhor. A confissão dos lábios era verdadeira, mas as obras não acompanhavam essa confissão.

Em segundo lugar, *uma explanação dos livramentos* (10:11,12). "Porém o Senhor disse aos filhos de Israel:

Quando os egípcios, e os amorreus, e os filhos de Amom, e os filisteus, e os sidônios, e os amalequitas, e os maomitas vos oprimiam, e vós clamáveis a mim, não vos livrei eu das suas mãos?" Em vez de Deus atender ao clamor dos filhos de Israel, lembrou-os de seus livramentos pretéritos.

Em terceiro lugar, *uma acusação solene* (10:13a). "Contudo, vós me deixastes a mim e ouvistes a outros deuses". Israel foi ingrato com o Senhor. Inobstante tantos livramentos, os filhos de Israel viraram as costas para Deus e deram ouvidos a deuses falsos.

Em quarto lugar, *uma sonegação de ajuda* (10:13b). "[...] pelo que não vos ouvirei mais". A paciência de Deus havia terminado. Israel estava tentando manipular Deus, como se Ele não passasse de um ídolo. Pensavam que Deus estaria sempre ao dispor deles, na hora do aperto, para logo em seguida se esquecerem dele, a fim de voltar para seus ídolos de estimação. Robert Chisholm coloca esse fato, assim:

> A paciência do Senhor havia chegado ao fim. Nos três primeiros ciclos, Ele responde favoravelmente ao clamor de Israel. No ciclo de Gideão, Ele adiou a libertação e enviou um profeta para confrontar o povo com a causa fundamental de seu sofrimento (6.7-10). Aqui, o adiamento se transforma em recusa.[12]

Warren Wiersbe diz, corretamente, que uma coisa era o povo abandonar a Deus, mas outra bem diferente era Deus abandonar seu povo. O maior julgamento que Deus pode enviar sobre o povo é não interferir e deixar que as coisas aconteçam como as pessoas querem.[13]

Em quinto lugar, *uma ironia divina* (10:14). "Ide e clamai aos deuses que escolhestes; eles que vos livrem no tempo do vosso aperto". Essa é uma palavra carregada de ironia, pois os deuses que os filhos de Israel haviam abraçado não passavam de ídolos e não podiam socorrê-los nem os livrar do aperto. Os versículos 13 e 14 contêm uma acusação, uma ameaça e uma ironia. Os israelitas haviam quebrado o concerto ao adorar outros deuses, e por isso Deus não os salvaria mais. Eles, portanto, deveriam buscar socorro nesses deuses a quem estavam servindo.

O verdadeiro arrependimento move o coração de Deus (10:15,16)

Os filhos de Israel não aceitaram o não de Deus e continuaram a clamar, agora, com evidências de um verdadeiro arrependimento, submetendo-se a qualquer outra forma de disciplina, se o Senhor os libertasse da crise atual. Vejamos:

Em primeiro lugar, *Israel aceita a disciplina divina* (10:15). "Mas os filhos de Israel disseram ao Senhor: Temos pecado; faze-nos tudo quanto te parecer bem; porém livra-nos ainda esta vez, te rogamos". A confissão de pecado vem acompanhada de submissão a Deus. Eles sabem que nada merecem e agora entendem que estão nas mãos de Deus, prontos a aceitar o que Ele fizer.

Em segundo lugar, *Israel remove a causa da ira divina* (10:16a). "E tiraram os deuses alheios do meio de si e serviram ao Senhor [...]". O verdadeiro arrependimento é evidenciado quando se abandona a causa do fracasso, o motivo da queda. É impossível servir ao Senhor sem primeiro remover os deuses alheios. O arrependimento implica rompimento com a prática do pecado.

Em quarto lugar, *Israel atrai a compaixão divina* (10:16b). "[...] então, já não pôde Ele reter a sua compaixão por causa da desgraça de Israel". Mesmo no arrependimento não há mérito, porque é Deus quem concede o arrependimento para a vida (Rm 2:4). A salvação é uma expressão da compaixão e uma obra da graça. O coração compassivo de Deus não suportou mais ver o seu povo vendido ao infortúnio e à desgraça e mais uma vez os livra de seus opressores. Dale Ralph Davis destaca que a razão da compaixão divina não é o arrependimento de Israel, mas a miséria de Israel.[14] Nas palavras de Artur Cundall, fica evidente que Deus exigia ação, e não palavras, as quais poderiam ser apenas uma profissão de fé vazia. Entretanto, Deus é gracioso e misericordioso, tardio em irar-se e, assim, atendeu ao clamor de Israel em sua disposição limitada quanto à fidelidade.[15] Warren Wiersbe reforça essa ideia quando diz que a esperança do povo não se encontrava em seu arrependimento nem na oração, mas no caráter de Deus (Is 63:9; Ne 9:31).

A liderança verdadeira, uma necessidade vital (10:17,18)

A invasão particular dos amonitas, os vizinhos orientais de Israel, cuja capital era Rabá, ocorreu, presumivelmente, no final dos dezoito anos de opressão, observada no versículo 8.[16] Destacamos aqui três pontos:

Em primeiro lugar, *Israel tinha um exército, mas não um general* (10:17). "Tendo sido convocados os filhos de Amom, acamparam-se em Gileade; mas os filhos de Israel se congregaram e se acamparam a Mispa". O opressor chegou mais uma vez. Os filhos de Israel se congregam e acampam em Mispa, mas estavam em um dilema, pois não tinham um general para essa emergência. Quem há de liderá-los nessa peleja? Quem tomará a frente da batalha? O exército israelita está pronto, mas falta um comandante. Tudo quanto necessitavam agora era de um comandante capaz de ordenar as forças bélicas.

Em segundo lugar, *uma busca é feita* (10:18a). "Então, o povo, aliás, os príncipes de Gileade, disseram uns aos outros: Quem será o homem que começará a pelejar contra os filhos de Amom?" Na iminência de uma guerra, Israel se ressente de um líder que possa começar a peleja contra os filhos de Amom. Falta liderança. Falta quem tome a dianteira.

Em terceiro lugar, *uma promessa é firmada* (10:18b). "Será esse o cabeça de todos os moradores de Gileade." O líder que surgir tem a promessa da coroa, do cetro e do poder para governar. Israel está atrás de um líder que os governe e que os livre das mãos de seus inimigos.

Notas

1 DAVIS, Dale Ralph. *Judges*, p. 129.
2 BRANSON, Robert D. *Novo comentário bíblico Beacon – Juízes*, p. 129.
3 RIDALL, R. Clyde. *O livro de Juízes*. In: *Comentário bíblico Beacon*, v. 2, p. 130.
4 Ibidem, p. 131.
5 KELLER, Timothy. *Juízes para você*, p. 114.
6 CHISHOLM JR., Robert B. *Juízes*, p. 286,287.
7 BRANSON, Robert D. *Novo comentário bíblico Beacon – Juízes*, p. 130.
8 KELLER, Timothy. *Juízes para você*, p. 116.
9 CUNDALL, Artur E. *Juízes: introdução e comentário*, p. 133.
10 KELLER, Timothy. *Juízes para você*, p. 116.
11 BRANSON, Robert D. *Novo comentário bíblico Beacon – Juízes*, p. 132.
12 CHISHOLM JR., Robert B. *Juízes*, p. 288.
13 WIERSBE, Warren W. *Comentário bíblico expositivo*, v. 2, p. 137.
14 DAVIS, Dale Ralph. *Judges*, p. 136.
15 CUNDALL, Artur E. *Juízes: introdução e comentário*, p. 135.
16 Ibidem, p. 135.

Capítulo 14

Jefté, o poderoso guerreiro

(Juízes 11:1-40)

Este capítulo introduz a história de Jefté, um dos juízes mais polêmicos desse turbulento período da história de Israel. A idolatria arrastou o povo para escravidão novamente. Robert Branson diz que a história do declínio social e espiritual de Israel continua a passos acelerados com a narrativa sobre Jefté.[1] Os amonitas, descendentes de Ló, estão agora no epicentro da crise. Israel já está dezoito anos debaixo de opressão. É nesse contexto que surge Jefté. Quem é esse juiz? Qual é o seu perfil?

Jefté, um líder improvável (11:1-4)

Jefté não é um líder que inspira pelo seu passado, pela sua trajetória e pelos seus valores. Não nasceu em um berço de ouro, não cresceu cercado de amor nem liderou pessoas de bem. Timothy Keller destaca que aos olhos do mundo, líderes são pessoas célebres, que estudaram em universidades, linhagem familiar centenária e poderosa, sem antecedentes criminais. Jefté, porém, estava longe disso. Era filho de uma prostituta e foi expulso de casa na hora da partilha dos bens. Então, aliançou-se a um bando de homens "vadios". Diríamos hoje que Jefté fazia parte do crime organizado; era um tipo de chefe do submundo. Era um marginal, na essência da palavra, e um bandido vindo de um lar arruinado.[2]

Vejamos:

Em primeiro lugar, *o filho ilegítimo* (11:1). Jefté é chamado gileadita por duas razões: pelo lugar de seu nascimento e pela sua ancestralidade paterna. Ele é introduzido como homem valente, porém filho de uma prostituta, também chamada de "outra mulher" (11:2). Seu pai era adúltero e sua mãe era uma mulher da vida. Jefté não tinha orgulho de sua origem e cresceu como um filho de segunda classe.

Em segundo lugar, *o irmão rejeitado* (11:2). Gileade, pai de Jefté, era um homem casado e tinha outros filhos. Então Jefté foi levado para sua casa para conviver com os meios-irmãos. O ambiente certamente não lhe era favorável. Era um pássaro estranho no ninho dos filhos legítimos de seu pai. Quando seus irmãos cresceram, rejeitaram-no e o expulsaram. É bem verdade, como nos diz as Escrituras, que várias vítimas que passaram por experiências semelhantes foram honradas por Deus. "José foi rejeitado pelos seus irmãos e, posteriormente, tornou-se seu salvador. Davi foi rejeitado pelo rei Saul, mas ascendeu ao poder para ser o maior rei de Israel. Jesus foi rejeitado pelo seu povo, mas foi exaltado sobremaneira por Deus Pai".[3]

Em terceiro lugar, *o filho deserdado pela família* (11:2b). A motivação principal para a expulsão de Jefté é que não queriam dividir com ele a herança, uma vez que era filho de outra mulher. Além do desamparo financeiro, abriram em seu coração a ferida do preconceito. Jefté não passava de um filho ilegítimo, cuja mãe era uma prostituta.

Em quarto lugar, *o filho ameaçado pela família* (11:3). Jefté não saiu de casa, ele precisou fugir da presença de seus irmãos, pois estava sob perigos e ameaças. E fugiu para Tobe, uma cidade ao nordeste da Síria.

Em quinto lugar, *o chefe de levianos* (11:3b). Já que não tem espaço entre os irmãos, homens levianos se ajuntaram com ele e com ele saíam. Jefté tornou-se o chefão do crime, o líder de homens bandoleiros, como a guarda real de Abimeleque. Nas palavras de Robert Branson, "Jefté tornou-se um senhor da guerra, que sobrevivia atacando outros".[4] Artur Cundall diz que, vemos aqui alguma correspondência com os fatores que determinaram a carreira de Davi que, expulso para o deserto pelo crime de Saul, reuniu ao seu redor os perturbados, os endividados e os amargurados (1Sm 22:2), e amalgamou-os em um pelotão formidável.[5]

Jefté, um líder desejado (11:4-11)

Não há qualquer indicação de que os anciãos tenham sido orientados por Deus na escolha de Jefté para liderá-los. Essa foi uma escolha puramente humana. Vejamos:

Em primeiro lugar, *um líder procurado* (11:4,5). Passado algum tempo, os amonitas pelejaram contra Israel. Os anciãos de Gileade, lembrando-se de Jefté, foram a Tobe buscá-lo. Certamente sabiam de suas proezas e de sua valentia. Precisavam de um homem com esse perfil para liderá-los na guerra contra os amonitas. Concordo com Timothy Keller quando escreve: "Jefté não se levantou para ser juiz apesar de seu sofrimento e rejeição. Ele foi preparado para o cargo por meio de seu passado".[6]

Em segundo lugar, *um líder convidado* (11:6). Os anciãos fizeram um convite formal a Jefté: "Vem e sê nosso chefe, para que combatamos contra os filhos de Amom". O homem rejeitado é agora convidado para liderar a nação em um tempo de crise e ter o comando das forças. Os anciãos de Gileade tiveram de engolir seu orgulho e buscar o homem que um dia haviam ajudado a expulsar. Deus estava virando a mesa da história e mudando o placar do jogo na vida de Jefté.

Em terceiro lugar, *um líder confirmado* (11:7-10). Jefté, como um experiente negociador não aceitou de pronto o convite. Antes, acusou os anciãos de terem se aliado à sua família para expulsá-lo de casa e agora só o procuram porque estavam em aperto (11:7). Os anciãos não engrossam o caldo, mas humildemente apelam a Jefté a virem com eles para combater contra os filhos de Amom, oferecendo-lhe a honrosa posição de chefe sobre todos os moradores de Gileade (11:8). Jefté quer se certificar de que, se for com os anciãos e vencer a peleja, seria mesmo colocado como cabeça sobre eles (11:9). Os anciãos de Gileade juraram em nome de Deus, sob pena de aceitarem o castigo divino, caso quebrassem a promessa (11:10). Assim selaram seu acordo com um juramento religioso. Nas palavras de Robert Chisholm, "Jefté conseguiu um acordo melhor do que o esperado. Ele esperava tornar-se regente após a conquista da vitória (11:9), mas foi empossado antes da batalha".[7]

Em quarto lugar, *um líder empossado* (11:11). Jefté aceitou o cargo. Os anciãos não esperaram pela vitória e anteciparam sua posse, e o povo o pôs por cabeça e chefe sobre si. Jefté então proferiu todas as suas palavras de posse, perante o Senhor, em Mispa. Como diz Artur Cundall: "A aliança entre Jefté e os anciãos foi selada numa cerimônia solene, quase uma coroação, no santuário local de Mispa, tendo o Deus da aliança sido invocado como testemunha deste pacto".[8]

Jefté, um guerreiro diplomata (11:12-28)

O mesmo Jefté que negociou com os anciãos para tornar-se juiz, agora negocia com o rei amonita, buscando uma solução suasória para o conflito. Antes de ser um guerreiro, era um diplomata. Antes de acionar a espada, queria selar um acordo de paz. Jefté usou três argumentos para evitar o embate, a conflagração. Vejamos:

Em primeiro lugar, *o argumento histórico* (11:12-22). Jefté narra a conquista da região da Transjordânia, e sua narração concorda, em geral, com Números 21:10-35. Jefté pergunta ao rei amonita sobre sua motivação para pelejar contra Israel. Este, acusa Israel de ter roubado sua terra, quando saia do Egito. Pede, então, a restituição da terra para evitar o conflito. Jefté tornou a enviar mensageiros ao rei, argumentando que Israel não tomou nem a terra dos moabitas nem a terra dos filhos de Amom. Ao contrário, quando Israel subiu do Egito e andou pelo deserto até ao mar Vermelho e chegou a Cades, pediu permissão aos edomitas e moabitas para passar pelas suas terras, mas estes não permitiram. Israel, então, ficou em Cades. Depois, andou pelo deserto e rodeou a terra dos edomitas e a terra dos moabitas, acampando-se além do Arnom. Israel enviou mensageiros a Seom, rei dos amorreus, rei de Hesbom, pedindo: "Deixa-nos, peço-te, passar pela tua terra até ao meu lugar"

(11:19). Seom não permitiu a passagem e pelejou contra Israel. Então, o Senhor, Deus de Israel, entregou Seom e todo o seu povo nas mãos de Israel, que os feriu. Israel desapossou os amorreus das terras que habitavam e tomou posse de todo o território dos amorreus, desde o Arnom até ao Jaboque e desde o deserto até ao Jordão (11:20-22).

Em segundo lugar, *o argumento teológico* (11:23,24). Jefté passa do argumento histórico para o argumento teológico, declarando ao rei amonita que, o Senhor, Deus de Israel, foi quem desapossou os amorreus ante Israel. Portanto, não fazia sentido, agora, os amonitas quererem se apropriar da terra, como se fossem donos dela (11:23). Jefté afirma categoricamente: "[...] possuiremos nós o território de todos quantos o Senhor, nosso Deus, expulsou diante de nós" (11:24). Como diz Robert Branson, "a conclusão extraída por Jefté era a de que os amonitas deveriam, então, ficar na terra que haviam recebido de Camos, o deus deles, e não tentar tomar a terra que o Senhor dera a Israel".[9] Estava claro que o território era de Israel por direito de conquista e não podia ser legalmente reclamado pelos amonitas.

Em terceiro lugar, *o precedente legal* (11:25-28). Jefté argumenta que Balaque, rei dos moabitas, em tempo algum, contendeu ou pelejou contra Israel (11:25). E mais, Israel já habitava nessa terra por trezentos anos e os amonitas nunca a recuperaram nesses três séculos (11:26). E arremata: "Não sou eu, portanto, quem pecou contra ti! Porém tu fazes mal em pelejar contra mim [...]" (11:27). A verdade está com Jefté, e não com o rei amonita. Por essa causa, Jefté tem coragem de evocar Deus como juiz: "o SENHOR, que é juiz, julgue hoje entre os filhos de Israel e os filhos de Amom" (11:27b). Como diz Robert Chisholm,

"Jefté concluiu sua apresentação declarando sua inocência e acusando o rei amonita de uma injustiça".[10] Os argumentos de Jefté, embora calçados na verdade, não foram aceitos pelo rei amonita (11:28). Apesar da lógica da defesa, o teimoso rei de Amom não deu crédito à mensagem de Jefté. O discurso de Jefté, porém, lançou as bases para uma guerra justa.

Jefté, um votante precipitado (11:29-31)

Então, mesmo que não tivesse sido escolhido pelo Senhor, Jefté foi capacitado pelo Espírito do Senhor. O Espírito veio sobre ele, capacitando-o para o combate. Quando a diplomacia falha, a guerra torna-se inevitável. Jefté está pronto para a peleja, mas antes de entrar no combate fez um voto precipitado ao Senhor.

Em primeiro lugar, *o propósito do voto* (11:30). "Fez Jefté um voto ao SENHOR e disse: Se, com efeito, me entregares os filhos de Amom nas minhas mãos [...]". Os votos eram inteiramente voluntários, mas o Senhor esperava que fossem cumpridos (Ec 5:1-6). O propósito do voto de Jefté era obter vitória sobre os amonitas. Concordo com Clyde Ridall quando diz que Deus não inspirou o voto de Jefté nem foi subornado para dar a vitória a Israel. Existe aqui nada além de um trágico erro de concepção do que venha a ser uma adoração que agrada a Deus.[11] O voto de Jefté foi uma tentativa de subornar Deus, fazendo uma barganha. A estrutura do texto indica que, embora a vitória seja *causalmente* relacionada ao recebimento do Espírito, ela é apenas *incidentalmente* relacionada ao juramento.[12]

Em segundo lugar, *a promessa do voto* (11:31). "Quem primeiro da porta da minha casa me sair ao encontro, voltando eu vitorioso dos filhos de Amom, esse será consagrado ao Senhor, e eu o oferecerei em holocausto". Robert Branson diz que o propósito dessa narrativa é descrever a desintegração espiritual contínua de Israel.[13] O zelo de Jefté foi fazer um voto, e seu pecado foi fazer um voto atrevido.

Jefté, um guerreiro vencedor (11:32,33)

A vitória sobre os amonitas foi completa e cabal, não tanto em virtude das habilidades de Jefté, mas porque o próprio Senhor os entregou em suas mãos (11:32). Jefté os derrotou desde Aroer até às proximidades de Minite (vinte cidades ao todo) e até Abel-Queramim; e foi grande a derrota de Amom. Dessa maneira foram subjugados os filhos de Amom diante dos filhos de Israel.

Jefté, um pai desesperado (11:34-40)

O retorno de Jefté a Mispa, em vez de ter sido a apoteose de uma campanha militar vitoriosa, teve um sabor amargo. Vejamos:

Em primeiro lugar, *a alegria se transforma em calamidade* (11:34,35a). "Vindo, pois, Jefté a Mispa, a sua casa, saiu-lhe a filha ao seu encontro, com adufes e com danças; e era ela filha única; não tinha ele outro filho nem filha. Quando a viu, rasgou as suas vestes [...]". O voto precipitado de Jefté custou-lhe um alto preço. A alegria da vitória fora dos portões lhe acarreta uma calamidade dentro dos portões. Venceu os inimigos no campo de batalha e sofreu uma amarga derrota dentro de casa. Ao morrer prematuramente ou ser sentenciada à virgindade perpétua, a filha de Jefté foi incapaz de continuar sua linha genealógica; o nome de sua família morreu com ela.

Em segundo lugar, *a recepção se transforma em acusação* (11:35b). "[...] e disse: Ah! Filha minha, tu me prostras por completo; tu passaste a ser a causa da minha calamidade, porquanto fiz voto ao Senhor e não tornarei atrás". O sofrimento de Jefté é tão atroz que ele acusa a filha pela sua desdita. A alegria de sua filha em vir ao seu encontro tornou-se na sua mais consumada tristeza. Qualquer outra pessoa poderia ter saído ao seu encontro, menos sua filha única, a herdeira de seus bens e a continuadora de sua descendência.

Em terceiro lugar, *a resignação da filha ao voto do pai* (11:36). "E ela lhe disse: Pai meu, fizeste voto ao Senhor; faze, pois, de mim segundo o teu voto; pois o Senhor te vingou dos teus inimigos, os filhos de Amom". Longe de a filha revoltar-se contra o pai, aconselhou-o a cumprir seu voto, destacando a vitória sobre os amonitas.

Em quarto lugar, *o pedido da filha ao pai* (11:37). "Disse mais a seu pai: Concede-me isto: deixa-me por dois meses, para que eu vá, e desça pelos montes, e chore a minha virgindade, eu e as minhas companheiras". A filha de Jefté pede-o para lhe conceder dois meses para, ao lado de suas companheiras, chorar pelos montes.

Em quinto lugar, *o choro da filha pela sua virgindade* (11:38). "Consentiu ele: Vai. E deixou-a ir por dois meses; então, se foi ela com as suas companheiras e chorou a sua virgindade pelos montes". O choro da filha de Jefté é porque ela jamais se casaria, jamais teria filhos, jamais veria sua descendência florescer na terra ou é porque ela seria oferecida como oferta queimada? As respostas a essas perguntas determinarão a correta interpretação do voto de Jefté.

Em sexto lugar, *o cumprimento do voto do pai* (11:39,40). "Ao fim dos dois meses, tornou ela para seu pai, o qual lhe fez segundo o voto por ele proferido; assim, ela jamais foi possuída por varão. Daqui veio o costume em Israel de as filhas de Israel saírem por quatro dias, de ano em ano, a cantar em memória da filha de Jefté, o gileadita". Jefté cumpriu o voto, e sua filha, de fato, jamais foi possuída por varão, jamais se casou, jamais teve filhos, fato esse que desaguou em um memorial entre as jovens de Israel. Ou será que Jefté realmente matou sua filha?

Vamos dedicar um pouco mais de tempo para tratar desse polêmico assunto.

O voto de Jefté

O voto de Jefté (Jz 11.29-40) é um dos episódios mais complexos da Bíblia e um dos mais difíceis de interpretar. Não há consenso entre os intérpretes das Escrituras. Ao longo da história da igreja tivemos duas correntes de interpretação: a sacrificialista e a não sacrificialista. Bons exegetas e fiéis intérpretes das Escrituras engrossam as fileiras de ambos os lados.

A corrente sacrificialista

A maioria dos estudiosos, ao longo da história da igreja, pendeu para o lado sacrificialista, ou seja, Jefté sacrificou sua filha como oferta queimada. Dentre eles podemos citar Tertuliano (160-230), Orígines (185-254), Ambrósio (340-397), João Crisóstomo (354-407) e Agostinho (354-430). Acompanha esse mesmo pensamento o historiador Flávio Josefo. Expositores como Matthew Henry, Dale Ralph Davis, Robert Chisholm, R. Clyde Ridall, Artur Cundall, Robert Branson e Timothy Keller defendem a corrente sacrificialista. Clyde Ridall, defendendo a tese sacrificialista, argumenta:

Há aqueles que inferem a partir dos versículos 38 a 40 que Jefté mudou seu voto e alterou a morte da filha pela virgindade perpétua. Mas jamais devemos deixar que sentimentos de piedade influenciem nossa interpretação da Palavra de Deus. O significado bastante claro do texto é que Jefté ofereceu sua filha como sacrifício humano. É inegável que a sua conduta esteja muito longe dos padrões bíblicos, os quais proíbem deliberadamente o sacrifício humano. Mas Jefté era o produto de uma era pré-cristã amaldiçoada e bárbara, além de também ter sangue cananeu. Este incidente ilustra a extensão da influência que as religiões pagãs de Canaã tinham sobre o monoteísmo hebreu daqueles tempos.[14]

Quais são os argumentos dos defensores da corrente sacrificialista?

1. Jefté, como um perito negociador, negociou com os anciãos, com o rei amonita e, agora, quer também negociar com Deus, para alcançar a vitória sobre os amonitas.
2. Jefté agiu de acordo com sua cultura, e não segundo as ordenanças divinas.
3. O voto de Jefté representa a condição espiritual de Israel, um sincretismo com as religiões pagãs dos cananeus.
4. Deus não pediu a Jefté voto algum, mas Jefté tentou barganhar com Deus.
5. O silêncio de Deus ou a ausência de interferência semelhante ao caso de Isaque (Gn 22:11,12) não significa que Deus aprovou o voto de Jefté.
6. Todos os primitivos comentaristas e historiadores concordaram em que Jefté verdadeiramente ofereceu sua filha em sacrifício de fogo. Não foi senão na Idade

Média que surgiram tentativas bem-intencionadas, mas erradas, de suavizar o significado claro do texto. A tentativa de comutar a sentença de morte, estabelecendo em seu lugar uma sentença de virgindade perpétua, não se sustém.[15]

7. A tese de que Jefté jamais poderia ter sacrificado sua filha, porque isso era contrário à lei do Senhor, pressupõe equivocadamente que ele agia consistentemente de acordo com seu conhecimento.[16] Timothy Keller diz que, para Jefté, Deus é basicamente igual aos deuses pagãos — um ser cujo favor pode ser conquistado por meio de adulação e sacrifícios opulentos.[17]

A corrente não sacrificialista

Essa corrente de interpretação defende que Jafté não matou sua filha, mas a consagrou para servir no santuário, impondo-lhe uma virgindade perpétua. Ela não conheceria homem algum e, por ser filha única, estaria privada de uma descendência na terra. Assim, Jefté não matou sua filha, mas impôs sobre ela a virgindade perpétua. Defende essa corrente de interpretação robustos estudiosos como John Wesley, Adam Clarke, Richard Wason, Jonathan Edwards, Warren W. Wiersbe dentre outros. Quais são os argumentos?

1. O sacrifício humano era uma prática pagã severamente condenada por Deus (Lv 18:21; Dt 12:31).
2. Jefté mostrou ter conhecimento das Escrituras do Antigo Testamento. Ele revelou um bom conhecimento da história do povo de Israel em sua tentativa diplomática para evitar a guerra contra os amonitas (11:12-28).

3. Jefté, portanto, sabia que Deus não aprova sacrifícios humanos (Lv 18:21; 20:1-5; Dt 12:31; 18:10; Mq 6:6-8).
4. Os vizinhos não deixariam Jefté sacrificar sua filha, como os soldados de Saul não o deixaram matar seu filho Jônatas.
5. Jefté não teria onde oferecê-la, a menos que viajasse para Siló (Lv 17:1-9; Dt 16:2-16). Deus só aceitava os sacrifícios realizados no altar do tabernáculo (Lv 17:1-9), os quais deveriam ser oferecidos pelos sacerdotes levíticos.
6. Os sacerdotes o teriam advertido sobre a possibilidade de redimi-la mediante pagamento de um determinado valor (Lv 27:1-8).
7. A conjunção "e" no versículo 31 pode ser traduzida por "ou". Assim, se fosse uma pessoa, ele a consagraria; se fosse um animal, ele o imolaria. No século 20, o estudioso judaico Ibn Ezra sugeriu que o final do versículo 31 deveria ser lido: "será (um presente) para o Senhor ou eu o sacrificarei em holocausto". Uma vez que o sacrifício de sua filha seria inaceitável, Ibn Ezra propôs que Jefté, então, construiu uma casa na qual ela viveu como uma virgem perpetuamente. A "sobrevivência" da filha apareceu na interpretação cristã quando foi adotada por Nicolas de Lyra (1270-1349).[18]
8. As mulheres podiam ser consagradas ao serviço do santuário (Êx 28:8; 1Sm 2:22; Lv 27:1-8).
9. À luz de Juízes 11:11, Jefté demonstrou ter compromisso com o Senhor, portanto, sacrificar a filha era o ato incompatível com esse compromisso.

10. A capacitação do Espírito precede ao voto de Jefté, portanto, não é compatível que, por estar sob a influência do Espírito para vencer a guerra, fizesse um voto na contramão da direção do Espírito.
11. Em momento algum o texto diz que Jefté matou a filha; também não encontramos ninguém pranteando a morte da menina. A ênfase em Juízes 11:37-40 é sobre o fato de a filha ter permanecido virgem.
12. Jefté não tinha qualquer direito de fazer sacrifício humano, ainda que tenha sido um dos seus servos que teria saído ao seu encontro. É bem verdade que encontramos sacrifícios humanos na história de Israel. No reinado de Acaz (2Rs 16:3) e Manassés houve sacrifícios humanos (2Rs 21:6). O rei Manassés queimou seu filho em sacrifício (2Rs 21:6) e os residentes de Jerusalém iam até Tofete, no vale de Bem-Hinom, oferecer seus próprios filhos em holocausto a Moloque, deus dos amonitas (2Rs 23:10; Jr 7.31). No entanto, esses sacrifícios eram oferecidos a deuses pagãos por pessoas apóstatas. Não há, porém, sacrifícios humanos, oferecidos ao Deus de Israel.
13. Como Jefté é listado como um dos heróis da fé (Hb 11:32), é inapropriado pensar que ele tenha feito um sacrifício humano.
14. Depois desses arrazoados, faço coro com Warren Wiersbe, que diz: "Estou convencido de que Jefté não prometeu oferecer sacrifício humano algum ao Senhor nem matou a própria filha".[19]

Notas

1 BRANSON, Robert D. *Novo comentário bíblico Beacon – Juízes*, p. 133.
2 KELLER, Timothy. *Juízes para você*, p. 119.
3 WIERSBE, Warren W. *Comentário bíblico expositivo*, v. 2, p. 139.
4 BRANSON, Robert D. *Novo comentário bíblico Beacon – Juízes*, p. 136.
5 CUNDALL, Artur E. *Juízes: introdução e comentário*, p. 136.
6 KELLER, Timothy. *Juízes para você*, p. 120.
7 CHISHOLM JR., Robert B. *Juízes*, p. 291.
8 CUNDALL, Artur E. *Juízes: introdução e comentário*, p. 137.
9 BRANSON, Robert D. *Novo comentário bíblico Beacon – Juízes*,, p. 137.
10 CHISHOLM JR., Robert B. *Juízes*, p. 294.
11 RIDALL, R. Clyde. *O livro de Juízes*. In: *Comentário bíblico Beacon*, v. 2, p. 134.
12 CHISHOLM JR., Robert B. *Juízes*, p. 295.
13 BRANSON, Robert D. *Novo comentário bíblico Beacon – Juízes*, p. 138,139.
14 RIDALL, R. Clyde. *O livro de Juízes*. In: *Comentário bíblico Beacon*, v. 2, p. 134.
15 CUNDALL, Artur E. *Juízes: introdução e comentário*, p. 142.
16 DAVIS, Dale Ralph. *Judges*, p. 148.
17 KELLER, Timothy. *Juízes para você*, p. 125.
18 BRANSON, Robert D. *Novo comentário bíblico Beacon – Juízes*, p. 139.
19 WIERSBE, Warren W. *Comentário bíblico expositivo*, v. 2, p. 141.

Capítulo 15

Quando os inimigos são da mesma família

(Juízes 12:1-15)

ROBERT BRANSON DIZ QUE os tempos de Tola e Jair fornecem um interlúdio de paz depois do governo truculento de Abimeleque e antes das batalhas de Jefté. Do mesmo modo, os tempos pacíficos de Ibsã, Elom e Abdom contrastam com a violência observada antes, na história de Jefté, e depois, com a narrativa sobre Sansão. Nenhum inimigo teve de ser repelido, nenhuma batalha teve de ser travada. Cada juiz é introduzido com a expressão "depois dele".[1]

A vitória sobre os amonitas trouxe dois grandes dramas para Jefté: a condenação da filha única à virgindade perpétua ou à morte (como pensam muitos estudiosos da Bíblia) e a ameaça furiosa da tribo de Efraim.

Os efraimitas, mais uma vez, demonstraram seu desgosto por não estarem no centro das atenções. Movidos pelo orgulho, criticaram Gideão por não terem sido convocados para a batalha contra os midianitas. Gideão, com diplomacia, jogou água na fervura, e habilidosamente aplacou a fúria dos efraimitas, humilhando-se a si mesmo e enaltecendo os seus críticos. Agora, os efraimitas voltam à carga, não apenas para criticar Jefté por não terem sido convocados para a guerra contra os amonitas, mas atravessaram o Jordão, com um numeroso contingente, para ameaçar Jefté de morte, por não terem sido chamados à peleja.

Destacamos alguns pontos importantes, na exposição do texto em apreço:

A tragédia do orgulho (12:1-7)

Efraim, a principal tribo, na parte central e norte de Israel, sentiu-se humilhada por não ser chamada para a batalha contra os amonitas. Por isso, estava disposta a aplicar uma vingança sumária contra tal desdém. Os efraimitas até se esqueceram que a vitória era sobre um inimigo comum, os amonitas. Por isso, seguiram-se acusações e contra-acusações em sucessão espantosa.[2] Tristemente, em vez de as tribos de Israel se unirem para agradecer a Deus pelo livramento, entregaram-se aos conflitos internos. Destacamos aqui alguns pontos importantes:

Em primeiro lugar, *a acusação dos efraimitas* (121a). "Então, foram convocados os homens de Efraim, e passaram para Zafom, e disseram a Jefté: Por que foste combater contra os filhos de Amom e não nos chamaste para ir contigo? [...]". Depois da grande vitória de Jefté sobre os amonitas, os habitantes de Efraim encheram-se de ciúmes. O vetor que governava os efraimitas era o orgulho. Eram uma tribo grande e importante demais para estar fora do centro das atenções. Proclamar uma vitória sem que fossem os protagonistas da façanha era uma espécie de desprestígio para eles, pois desejavam participar da glória do triunfo e não poderiam tolerar essa posição secundária. Isso também ocorreu quando Gideão derrotou os midianitas e aliados. Na ocasião, também fizeram reclamação contundente e só não entraram em guerra contra Gideão devido à habilidade deste em agir com refinada diplomacia. Agora, eles voltaram suas baterias contra Jefté. Não estavam mais dispostos a serem vencidos pela diplomacia. Por isso, convocaram os efraimitas para atravessarem o Jordão, em prontidão para uma batalha doméstica, para enfrentarem não os adversários, mas os irmãos.

Em segundo lugar, *a ameaça a Jefté* (12:1b). "[...] queimaremos a tua casa, estando tu dentro dela". Os efraimitas tinham sangue nos olhos e espada nos dentes. O orgulho levou-os à violência. Não queriam conversa, desejavam atear fogo na casa de Jefté e matá-lo. É óbvio que Efraim subestimou a força de Jefté. O ex-chefe de bandidos não era homem de brincadeiras; suas palavras e ações contrastam vividamente com "a palavra branda que desvia o furor" de Gideão.[3]

Em terceiro lugar, *a defesa de Jefté* (12:2,3). Jefté justifica sua posição, exatamente como fez com o rei dos amonitas (11:15-27). Ele usa três argumentos para se defender da ameaça dos efraimitas:

O primeiro argumento é que, os efraimitas haviam sido convocados para a guerra e se recusaram a participar (12.2).

Esse convite, mui provavelmente, foi feito pelos anciãos de Gileade, antes mesmo de Jefté ter aceitado o convite para liderar o povo na batalha.

O segundo argumento é que, em face da negativa dos efraimitas, Jefté precisou liderar seu povo no combate aos opressores rumo à vitória, colocando em risco sua própria vida (12:3a). Em virtude dos efraimitas terem se negado a livrar o povo do poder dos amonitas, Jefté, ciente disso, julgou ser conveniente não convidar os efraimitas.

O terceiro argumento é que a vitória sobre os amonitas foi uma obra de Deus, e não de Jefté (12:3b). O Senhor foi o arquiteto e o protagonista da vitória. Jefté encerra seus argumentos fazendo uma pergunta intrigante: "Por que, pois, subistes, hoje, contra mim, para me combateres?" (12:3c).

Em quarto lugar, *a guerra civil* (12:4-6). Warren Wiersbe diz, com razão, que quando as pessoas estão erradas, recusando-se a aceitar a lógica da situação e a confessar seus erros, é comum recorrerem à violência a fim de protegerem sua reputação. Essa é a causa de grande parte das desavenças entre familiares, das brigas na igreja e dos conflitos internacionais.[4]

Efraim não se dispôs a lutar contra os amonitas que oprimiam a nação dezoito anos, mas ajuntou seus homens para guerrear contra os gileadita, seus irmãos. O curso da batalha deixa claro que os efraimitas já tinham atravessado o Jordão, de modo que sua direção era o Leste, não o Norte. Jefté, então, ajuntou todos os homens de Gileade e pelejou contra Efraim. Artur Cundall escreve: "O exército de Jefté, desmobilizado após esmagar a ameaça amonita, foi outra vez mobilizado, às pressas, e obteve completa vitória sobre seus patrícios, tal qual sobre o estrangeiro invasor".[5] Concordo com Robert Chisholm, quando diz que a vitória de Jefté sobre os amonitas foi manchada pela tragédia pessoal e pelo conflito civil.[6] Fica às claras, portanto, que o fundamento social da comunidade pactual estava se deteriorando celeremente.

Destacaremos aqui alguns pontos:

Primeiro, *a falta de habilidade na comunicação* (12:4). A guerra civil que culminou na morte de quarenta e dois mil homens foi iniciada pela falta de habilidade na comunicação dos dois lados. Os efraimitas vieram com pedras nas mãos, fazendo críticas e ameaças; os gileaditas, liderados por Jefté, responderam com ataques mortais. Timothy Keller diz que Jefté teve o cuidado de ser diplomático e apaziguador quando seu próprio cargo estava em jogo (11:4-11) e ao enfrentar os inimigos do povo de Deus (11:12-28). No entanto, ele não hesitou em matar aqueles entre o povo de Deus que se lhe opuseram. Ele trata o povo de Deus muito pior do que trata a si mesmo e aos de fora.[7]

Segundo, *a estratégia no campo de batalha* (12:5). Na guerra contra os midianitas, foram os efraimitas que tomaram os vaus do Jordão, impedindo os inimigos de fugirem. Agora, são os gileaditas que tomaram os vaus do Jordão, impedindo que os efraimitas escapassem. Membros de outras tribos poderiam atravessar o Jordão, mas, se fosse efraimita, era sumariamente executado.

Terceiro, *a senha para identificar os adversários* (12:6). Os gileaditas criaram uma senha para identificar os adversários. Esse teste simples foi devastador. O teste tinha o propósito de estabelecer a identidade daqueles que procurassem transpor o Jordão. Os que confessassem ser efraimitas, presumivelmente, seriam mortos de imediato. Os que negassem seriam obrigados a pronunciar a palavra *Chibolete* (que significa espiga de milho), que os efraimitas, por constituição vocal, não sabiam pronunciar. O dialeto efraimita parece que era semelhante ao dos amorreus e árabes, em que o som do *s* toma o lugar de *ch* e *x*, de modo que ao pronunciar *sibolete* os efraimitas revelavam imediatamente sua identidade e eram executados.[8] Séculos depois, o apóstolo Pedro também foi desmascarado no sinédrio judaico pelo seu sotaque galileu (Mt 26:73). O amargo resultado dessa guerra civil foi a morte de quarenta e dois mil efraimitas. Robert Branson chama a atenção para a enormidade de tal perda quando comparada com os registros demográficos dados em Números 1:33 (40.500) e 26:37 (32.500). O caos social ocasionado por essa guerra entre tribos continuaria a piorar até o final do livro, com a quase extinção da tribo de Benjamim.[9] Assim, a última ação militar de Jefté termina com a chacina dos efraimitas. O carismático guerreiro do início termina se transformando em uma força destrutiva para Israel.[10] Concordo com Clyde Ridall quando diz que aquela guerra civil desnecessária ceifou a vida de quarenta e dois mil homens de Efraim.[11]

Artur Cundall ainda esclarece:

> A dizimação da tribo de Efraim foi algo decisivo, visto que esta tribo, que aspirava posição de liderança, nunca mais reobteve sua preeminência. Isto não era coisa de somenos, na adoção do sistema monárquico, visto que até aqui, Efraim era forte demais para aceitar um rei proveniente de outra tribo. Por outro lado, o ciúme intertribal tornaria difícil às demais tribos aceitar um rei efraimita. Quando, finalmente, um rei houvesse de ser escolhido, é significativo que um homem de Benjamim, uma tribo fraca, fosse escolhido. Foi ele sucedido por Davi,

da poderosa tribo de Judá, e não demorou muito para que as rivalidades intertribais renascessem.[12]

Em quinto lugar, *a morte do juiz* (12:7). "Jefté, o gileadita, julgou a Israel seis anos; e morreu e foi sepultado numa das cidades de Gileade". Durante os seis anos que Jefté julgou Israel, nem ele nem seu povo tiveram paz. Ele condenou sua filha única à virgindade perpétua ou à morte (como pensam muitos estudiosos). Seu povo foi liberto dos amonitas, mas não poupado da guerra civil contra os efraimitas. Jefté liderou Israel durante seis anos, e à sua morte se seguiu um período de vinte e cinco anos de relativa estabilidade (12:8-15).

Acerca dos três juízes menores que se seguem, cujo governo somado durou vinte e cinco anos, temos pouquíssimas informações, exceto origem, família, tempo de governo, morte e sepultamento. Esses três juízes procedem de três regiões geográficas principais — Ibsã de Belém, no Sul; Elom de Zebulom, no Norte; e Abdom da região montanhosa de Efraim, mais central.

O governo de Ibsã (12:8-10)

Pouca coisa sabemos acerca de Ibsã, o nono juiz e sucessor de Jefté. Destacamos aqui cinco pontos:

Em primeiro lugar, *sua origem.* Ele era de Belém, muito provavelmente Belém da Judeia (12:8), a mesma cidade onde Davi e, mais tarde, Jesus nasceram.

Em segundo lugar, *sua prole* (12:9). Ele tinha trinta filhos e trinta filhas. Isso está em total contraste com Jefté, seu antecessor, que tendo uma única filha, condenou-a a não constituir família.

Em terceiro lugar, *sua identidade familiar* (12:9). Ibsã trouxe mulheres de fora de seu clã ou de outros povos para casarem-se com seus filhos e casou suas filhas com homens de outras tribos ou povos. Ibsã usa seu cargo para colocar o poder nas mãos de sua família por meio de alianças matrimoniais. Robert Chisholm tem razão em dizer que a preocupação com o bem-estar nacional de Israel dos primeiros juízes se diluiu e se transformou em preocupações pessoais e familiares individuais entre os últimos juízes.[13]

Em quarto lugar, *seu tempo de governo* (12:9). Ele julgou Israel durante sete anos.

Em quinto lugar, *sua morte e sepultamento* (12:10). Ibsã morreu e foi sepultado em Belém, a cidade em que nasceu.

O governo de Elom (12:11,12)

Acerca de Elom, décimo juiz e sucessor de Ibsã, pouca coisa sabemos também. Nada sabemos de sua família. Nenhuma informação temos sobre seus descendentes. Vemos aqui:

Em primeiro lugar, *sua tribo* (12:11). Ele era da tribo de Zebulom, filho de Jacó com Lia (Gn 30:20).

Em segundo lugar, *o tempo de seu governo* (12:11). Ele julgou Israel durante dez anos. Nessa década não temos informação acerca de sua liderança.

Em terceiro lugar, *sua morte e sepultamento* (12:12). Ele morreu e foi sepultado em Aijalão, na terra de Zebulom.

O governo de Abdom (12:13-15)

Abdom, o décimo primeiro juiz, compõe essa lista tríplice dos juízes menores, entre Jefté e Sansão. Destacamos alguns pontos:

Em primeiro lugar, *sua ascendência* (12:13). O sucessor de Elom era filho de Hilel, o piratonita.

Em segundo lugar, *sua descendência* (12:14). Tinha quarenta filhos e trinta netos. Provavelmente, tinha um harém com muitas mulheres, à semelhança de Gideão e Ibsã.

Em terceiro lugar, *sua condição social* (12:14). Sua condição social é enfatizada, ao informar que seus setenta descendentes cavalgavam setenta jumentos, o que só era possível para uma família abastada. Timothy Keller diz que os quarenta filhos e trinta netos de Abdom mostram que ele vivia como se fosse um rei, reforçando a ideia de que ele tenta estabelecer uma dinastia.[14]

Em quarto lugar, *seu tempo de governo* (12:14). Ele julgou Israel durante oito anos.

Em quinto lugar, *sua morte e sepultamento* (12:15). Ele faleceu e foi sepultado em Piratom, na terra de Efraim, na região montanhosa dos amalequitas.

Concluindo, Dale Ralph Davis chama a atenção para quatro fatos no texto em tela:[15]

> Em primeiro lugar, *o mistério da seletividade das Escrituras*. Porque temos relatos tão curtos para juízes como Ibsã, Elom e Abdom e capítulos inteiros sobre outros juízes como Gideão, Jefté e Sansão? É porque a Bíblia não é um livro centrado em personalidades humanas, mas em Deus. Isso não significa que os homens não contam, mas significa que eles não são o centro das atenções. Mesmo quando um juiz recebe três capítulos para o registro de seu governo, o propósito do escritor não é relatar a vida, os problemas, as lutas e vitórias desse juiz, mas descrever a atividade salvadora de Deus.

Em segundo lugar, *o enigma da providência divina.* A história de Jefté, cuja filha única foi oferecida como oferta queimada ou foi condenada à virgindade perpétua, é fortemente contrastada com a história de Gideão que teve setenta filhos, com a história de Ibsã que teve trinta filhos e trinta filhas e com a história de Abdom que teve quarenta filhos e trinta netos. Por que Deus dá filhos em abundância para uns e priva outros de descendência? Por que Deus providenciou livramento para o menino Jesus, da fúria do rei Herodes, e não poupou as demais crianças de Belém e arredores? Por que Pedro foi liberto das mãos do rei Herodes Agripa I, mas Tiago, irmão de João, não foi poupado da espada de Herodes? Por que uns pela fé são poupados da boca de leões e do fogo e outros, pela fé, morrem? Eis um grande enigma da providência divina.

Em terceiro lugar, *a ausência do descanso de Deus.* O último comentário que temos em Juízes sobre o descanso de Deus está registrado em Juízes 8:28, no tempo de Gideão. Essa mesma situação não ocorre aqui, conforme se pode atestar em Juízes 12:9,11,14. Porém, no passado, depois do levamento de um juiz e depois da vitória sobre os inimigos, a terra tinha um tempo de paz (3:11,30; 5:31; 8:28).

Em quarto lugar, *a morte dos juízes de Israel.* O livro de Juízes registra a morte de Jair (10:5), Jefté (12:7), Ibsã (12:10), Elom (12:12) e Abdom (12:15). Esse é um obituário, como registrado em Gênesis 5. Todos esses apontam para Jesus, o líder que continuará para sempre, aquele que venceu a morte e que está vivo pelos séculos dos séculos.

Notas

[1] BRANSON, Robert D. *Novo comentário bíblico Beacon – Juízes*, p. 142.
[2] CUNDALL, Artur E. *Juízes: introdução e comentário*, p. 144.
[3] CUNDALL, Artur E. *Juízes: introdução e comentário*, p. 144.
[4] WIERSBE, Warren W. *Comentário bíblico expositivo*, v. 2, p. 142.
[5] CUNDALL, Artur E. *Juízes: introdução e comentário*, p. 144.
[6] CHISHOLM JR., Robert B. *Juízes*, p. 305.
[7] KELLER, Timothy. *Juízes para você*, p. 127,128.
[8] CUNDALL, Artur E. *Juízes: introdução e comentário*, p. 145.
[9] BRANSON, Robert D. *Novo Comentário Bíblico Beacon – Juízes*, p. 141.
[10] Ibidem, p. 144.
[11] RIDALL, R. Clyde. *O livro de Juízes*. Em *Comentário Bíblico Beacon*, v. 2, p. 135.
[12] CUNDALL, Artur E. *Juízes: introdução e comentário*, p. 145.
[13] CHISHOLM JR., Robert B. *Juízes*, p. 307,308.
[14] KELLER, Timothy. *Juízes para você*, p. 129,130.
[15] DAVIS, Dale Ralph. *Judges*, p. 153-157.

Capítulo 16

O libertador prometido

(Juízes 13:1-25)

A NARRATIVA DE SANSÃO é a mais longa do livro de Juízes. Sansão é o último juiz de Israel mencionado no livro de Juízes e talvez a figura mais enigmática do grupo. Diferentemente dos outros, Sansão fez carreira solo, sem jamais ter reunido exército ou liderado uma campanha militar para libertar as tribos. Além disso, ele jamais contou com a participação das tribos para começar a libertar Israel do jugo filisteu. O domínio filisteu sobre Israel de quarenta anos é o mais longo registrado em Juízes.

Robert Branson diz que Sansão, o último juiz de Israel, contrasta com Otniel (1:12,13; 3:7-11), o primeiro. Ambos eram movidos pelo Espírito, mas Otniel estava preparado para liderar a batalha e libertar os israelitas. Sansão realizou proezas pessoais, mas apenas começou o trabalho de livramento da nação (13:5). O primeiro tinha um casamento israelita apropriado com Acsa, a filha de Calebe, mas Sansão recusou o matrimônio com uma mulher de seu povo e casou-se com uma filisteia. Otniel julgou Israel por quarenta anos, ao passo que o período de Sansão chegou apenas à metade desse tempo e jamais conseguiu trazer paz às tribos. Otniel representa o ideal de que um juiz deveria ser, sendo o modelo diante do qual Sansão mostrou-se falho.[1]

A história de Sansão funciona como a história de um anti-herói que quebrou seus votos a Deus, falhou em libertar Israel e morreu em um ato desesperado de vingança pela perda de sua visão (16:28). Contudo, o escritor aos Hebreus ainda o alista entre os heróis da fé (Hb 11:32). Ele foi usado por Deus para iniciar a libertação de Israel da opressão filisteia. Resta claro, afirmar, portanto, que o herói da história passa a ser o Senhor, que capacitou um homem imperfeito para realizar seu propósito.

É digno de nota que o povo voltou a fazer o que era mal perante o Senhor, mas não há menção de que o povo clamou ao Senhor por livramento. Israel já havia se acostumado à escravidão. Estava acomodado em seu pecado e já tinha se aculturado à cultura filisteia. Outra razão é que os filisteus haviam desarmado os israelitas (1Sm 13:19-23) e não tinham preocupação com uma rebelião. Juízes 15:9-13 indica que os israelitas pareciam, de fato, estar acomodados a essa vassalagem.

O pecado, a causa da opressão (13:1)

De acordo com Dale Ralph Davis, encontramos aqui a sequência de três elementos: a apostasia de Israel (13:1a);

o julgamento do Senhor (13:1b); e o começo de outra história do livramento do Senhor (13:2). Não encontramos, porém, entre os versículos 1 e 2, nenhum clamor de Israel ao Senhor por livramento. Os filhos de Israel aparentemente estão acostumados à servidão (15:11).[2] Acerca do primeiro versículo do texto em tela, destacamos dois pontos:

Em primeiro lugar, *um refrão tedioso* (13:1a). "Tendo os filhos de Israel tornado a fazer o que era mau perante o Senhor [...]". Pela sexta vez no livro de Juízes lemos que os israelitas fizeram o mal diante do Senhor. Esse é um ciclo vicioso na história dos filhos de Israel, com uma regularidade monótona (3:7,12; 4:1,2; 6:1; 10:6,7; 13:1). Eles eram inclinados para o mal. Tinham compulsão para a idolatria. Estavam sempre aficionados pelos deuses pagãos. Esqueciam-se do Senhor rapidamente para flertarem com os deuses dos povos que os oprimiam.

Timothy Keller aponta outra frase que diz a mesma coisa no livro de Juízes: "Naqueles dias [...] cada um fazia o que achava mais reto aos seus próprios olhos" (17:6; 21:25). Isso significa que muitas coisas que os israelitas faziam não eram más "aos seus olhos". Ou seja, na percepção deles, quase todas as coisas ou todas as suas atitudes eram perfeitamente aceitáveis. Ninguém pensava "Vou fazer isso, mesmo sabendo que está errado". No entanto, "aos olhos de Deus", o comportamento deles era mau. O pecado não é, em última instância, desrespeitar nossa consciência, nossos padrões morais ou os padrões sociais e, sim, desrespeitar a vontade de Deus para nós. Certamente essa perspectiva destoa do pensamento moderno. Ouve-se em praticamente todos os meios de comunicação que "só você pode decidir o que é certo e errado para sua vida". Em outras palavras, "aos meus próprios olhos" são os únicos critérios para determinar o certo e o errado. Se o mal é apenas determinado por nossos próprios olhos, como poderíamos dizer que os nazistas erraram ao exterminarem os judeus? Aos próprios olhos, eles estavam fazendo um favor à humanidade. O pecado é definido não "aos nossos próprios olhos", ou aos olhos da sociedade, mas aos olhos do Senhor. O que Deus vê como pecado é pecado, independentemente do que sentimos, do que os especialistas dizem ou daquilo com o que a sociedade concorda.[3]

Em segundo lugar, *uma disciplina necessária* (3:1b). "[...] este os entregou nas mãos dos filisteus por quarenta anos". O pecado atrai sofrimento. É a causa da opressão. Os filhos de Israel não foram dominados pelos filisteus apenas pela superioridade militar deles. Foi o Senhor quem os entregou nas mãos de seus opressores por quarenta anos. Esse é o mais longo tempo de escravidão dos filhos de Israel registrado em Juízes. Diferentemente dos ciclos anteriores, Israel não clama ao Senhor. O povo havia aceitado os filisteus como seus senhores e não desejava alívio. Também, o povo não é plenamente libertado de seus opressores. Os contemporâneos de Sansão não apenas sonegaram-lhe qualquer ajuda, mas também criticaram seus esforços e chegaram a entregá-lo ao inimigo (15:9-13). Nas palavras de Robert Chisholm, "Deus começou a libertar um povo que buscava a libertação por meio de um libertador que não se via como tal".[4]

Os filisteus eram parte de um deslocamento demográfico mais abrangente que partiu do mar Egeu. O movimento era composto por diferentes tribos ou grupos que invadiram diversas partes do Egeu oriental e do Mediterrâneo. Alguns atacaram a área hoje conhecida como Turquia central e ocidental, destruindo não apenas a cidade de Troia, mas também Hattusa, a capital dos hititas, o que acabou levando ao fim desse império. Outros atacaram ao longo da costa oriental do Mediterrâneo, e muitos grupos combinaram suas forças para uma invasão conjunta contra o Egito. Um dos grupos mais tardios, os filisteus, conquistou e ocupou as cidades de Gaza, Ascalom, Ecrom, Asdode e Gade na planície costeira da Palestina. Os filisteus além de belicosos e afeitos à guerra, rapidamente adotaram boa parte da cultura cananeia, adorando deuses como Dagom, o deus dos cereais, e Baal, o deus da tempestade.[5]

Como já afirmamos, os filisteus faziam parte dos "povos do mar" que, no século 12 a.C., migraram de uma região da Grécia para a planície costeira de Canaã. Durante a conquista, os israelitas não conseguiram tomar essa região (Js 13:1,2). Os filisteus se concentravam em torno de cinco cidades-Estado: Asdode, Gaza, Asquelom, Gate e Ecrom (1Sm 6:17).[6] Sansão julgou Israel por vinte anos, "nos dias dos filisteus" (15:20). Isso significa que seus vinte anos como juiz transcorreram durante os quarenta anos de domínio filisteu.

A graça, a fonte da salvação (13:2-5)

Aqui, somos introduzidos a Manoá e à sua mulher, que era estéril e jamais tivera filhos. Agora, ela ficará grávida. Dela nascerá um filho que será consagrado ao Senhor. Ele começará a livrar Israel dos filisteus. Destacamos quatro pontos importantes:

Em primeiro lugar, *Deus usa meios improváveis* (13:2). "Havia um homem de Zorá, da linhagem de Dã, chamado Manoá, cuja mulher era estéril e não tinha filhos". Deus é especialista em usar vasos frágeis, instrumentos fracos, para fazer grandes coisas. Manoá era da tribo de Dã, da cidade de Zorá. A tribo de Dã recebeu, inicialmente, as terras adjacentes a Judá e a Benjamim, que se estendiam até o mar Mediterrâneo (Js 19:40-48). Sua mulher, que não é chamada pelo nome em momento algum, era estéril e não tinha filhos. A esposa de Manoá era estéril, tal como Sara (Gn 11:30), Rebeca (Gn 25:21), Raquel (Gn 29:31) e Ana (1Sm 1:5,6; 2.5), Isabel (Lc 1:7). A mulher de Manoá é estéril e anônima. À sua esterilidade é acrescentada sua obscuridade. Nas palavras de Dale Ralph Davis, é aqui que Deus começa, com a obscuridade humana, com pessoas sem esperança, onde não há habilidade humana para começar uma grande obra. O nascimento de Sansão é uma forma eloquente de Deus mostrar que Ele faz coisas extraordinárias apesar de excepcionais dificuldades.[7]

No passado, Deus chamou Abraão e Sara para darem início à nação de Israel, porém Sara era estéril. Isaque, o filho da promessa, casou-se com Rebeca, e ele orou por ela vinte anos, pois que também era estéril. Raquel, a mulher amada de Jacó tinha seu coração, mas não filhos dele, pois era estéril. Ana, a mãe de Samuel, o maior juiz de Israel, era estéril. Isabel, a mãe de João Batista, o precursor do Messias, era estéril. Deus chama as coisas fracas para envergonhar as coisas fortes (1Co 1:26-28); usa frágeis vasos de barro, para que a glória seja totalmente sua.

Em segundo lugar, *Deus usa instrumentos sobrenaturais* (13:3). "Apareceu o Anjo do Senhor a esta mulher e lhe disse: Eis que és estéril e nunca tiveste filho; porém conceberás e darás à luz um filho". O Anjo do Senhor desceu do céu para comunicar à estéril mulher de Manoá que ela conceberia e daria à luz um filho. E aqui não se trata meramente de um anjo, mas da aparição do Anjo do Senhor. Trata-se de uma teofania. É o próprio Deus pré-encarnado que desce, pessoalmente, para falar com essa mulher estigmatizada em sua cultura. Chisholm destaca que o Senhor se alegra em transformar uma mulher infértil em mãe, não em adoradores que tiram filhos de suas mães.[8]

Em terceiro lugar, *Deus dá orientações claras* (13:4,5a). O Anjo do Senhor dá à mulher de Manoá orientações dietéticas e cerimonias claras que ela deveria seguir, pois o filho que ela irá conceber será consagrado como nazireu desde o ventre até sua morte. O que se passa com o corpo da mãe atinge diretamente o filho que está sendo gerado em seu ventre. Tudo o que ela comesse e bebesse, Sansão também comeria e beberia. Clyde Ridall diz que os nazireus "consagrados" eram pessoas de ambos os sexos que faziam um voto de separar-se para Deus, tanto para toda a vida como por apenas um período específico. Eles não eram eremitas nem ascetas. De acordo com Números 6:1-21, os nazireus tinham três proibições: 1) não podiam beber vinho; 2) não podiam tocar em cadáver; 3) não podiam cortar o cabelo.[9]

No entanto, há algo fundamental a ser percebido aqui: o fato de esse filho prometido nascer em uma família crente, comprometida com Deus, não era garantia de que seguiria uma vida piedosa. De fato, a Bíblia traz vários exemplos de filhos que não seguiram a trilha de fidelidade e santificação de seus pais. Samuel foi um homem de Deus, intercessor de Israel e grande juiz, mas seus filhos cresceram e não honraram Deus. Ezequias foi um homem reto, piedoso e temente ao Senhor, um homem de oração, mas gerou Manassés, o pior rei de Judá, um feiticeiro assassino e desonesto que desviou toda a nação da presença de Deus.

Em quarto lugar, *Deus estabelece um propósito específico* (13:5b). "[...] e ele começará a livrar a Israel do poder dos filisteus". Se o filho dessa mulher sem nome e estéril haveria de fazer carreira solo, ele também não livraria Israel completamente. Sansão apenas começaria o processo que só seria concluído no reino de Davi, quando os filisteus foram definitivamente derrotados. Concordo com Warren Wiersbe quando disse que seriam necessárias as orações de Samuel (1Sm 7) e as conquistas de Davi (2Sm 5:17-25) para concluir o trabalho que Sansão havia começado, dando a Israel a vitória absoluta sobre os filisteus.[10]

Timothy Keller tem razão em dizer que Sansão aponta para além de si mesmo, pois a própria salvação vinda pelas mãos de Davi foi incompleta, pois ele libertou Israel dos inimigos, mas não venceu o pecado de seu próprio coração e, muito menos, do coração do povo. Somente Jesus oferece a salvação completa, nesse sentido foi o único a terminar a obra (Mt 1:21). Sansão aponta para Davi e, além deste, para o Davi mais notável ainda — Jesus Cristo.[11]

A oração, o canal aberto de comunicação com Deus (13:6-9)

Mesmo em um tempo de apostasia em Israel, Deus tinha um remanescente fiel. Manoá e sua mulher eram um casal piedoso. Eles conheciam o Senhor e mantinham a fé viva dos antepassados em vez da fé morta dos contemporâneos. Destacamos aqui três pontos:

Em primeiro lugar, *uma comunicação surpreendente* (13:6,7). Imediatamente após a visita do Anjo do Senhor à mulher de Manoá, ela vai comunicar essa efeméride a seu marido. Ela lhe informa que o aspecto do homem de Deus que lhe aparecera era tremendo, semelhante a um anjo de Deus, e que ficou tão extasiada que não perguntou seu nome nem sua procedência. Então, conta a ele que o mensageiro de Deus lhe comunicou que ela daria à luz a um filho e que não poderia beber vinho, nem bebida forte, nem comer coisa imunda, pois o menino seria nazireu consagrado a Deus desde o ventre materno até o dia de sua morte. Diferentemente de Sara, a mulher de Manoá não duvidou da promessa.

Em segundo lugar, *uma oração suplicante* (13:8). Manoá ouvindo o relato de sua mulher, pôs-se a orar, suplicando ao Senhor: "Ah! Senhor meu, rogo-te que o homem de Deus que enviaste venha outra vez e nos ensine o que devemos fazer ao menino que há de nascer". Ele quer confirmação e orientação pedagógica.

Em terceiro lugar, *uma resposta imediatamente* (13:9a). "Deus ouviu a voz de Manoá [...]". A oração conecta a Terra ao céu. Deus ouve, Deus vê, Deus age. Ele responde à oração e realiza grandes coisas na Terra.

A inusitada experiência com Deus, curiosidade e medo (13:9b-23)

Destacaremos aqui sete pontos importantes:

Em primeiro lugar, *o Anjo do Senhor reaparece* (13:9b-11). O Anjo de Deus veio outra vez e apareceu à mulher de Manoá quando ele estava ausente. Ela apressadamente correu a comunicar o acontecimento ao marido. Este foi com ela e, ao chegar, perguntou ao mensageiro: "És tu o que falaste a esta mulher? Ele respondeu: Eu sou" (13:11).

Em segundo lugar, *a preocupação do pai* (13:12). "Então, disse Manoá: Quando se cumprir as tuas palavras, qual será o modo de viver do menino e o seu serviço?" Manoá deseja saber três coisas: primeiro, quando o milagre vai acontecer; segundo, como será a vida do filho; terceiro, qual será a vocação do menino.

Em terceiro lugar, *a confirmação da primeira mensagem* (13:13,14). O anjo não traz mensagem nova, apenas reafirma o que já tinha dito à mulher, enfatizando que ela deveria guardar-se de tudo quanto ele já tinha dito a ela, ou seja, ela não deveria comer nem beber nada que procedesse da videira nem comer nada imundo. Robert Branson destaca que nas duas ocasiões, é somente à mulher de Manoá que o mensageiro aparece. O anúncio do nascimento de um filho, as condições para o seu período de gravidez e o status de nazireu do filho esperado foram revelados a ela, não ao marido dela. Manoá só recebe tais informações por meio de sua esposa.[12]

Em quarto lugar, *a oferta de holocausto* (13:15-18). Manoá, demonstra sua hospitalidade, pedindo ao Anjo do Senhor para ficar um pouco mais com eles, pois queria preparar-lhe um cabrito. O Anjo recusou a oferta, mas orientou-o a trazer essa oferta como holocausto ao Senhor. Fica evidente que até o momento Manoá não tem noção de que o mensageiro era o próprio Anjo do Senhor. Manoá pergunta o nome do mensageiro do Senhor para que pudesse honrá-lo quando o menino nascesse, e este em vez de responder, faz outra pergunta: "Por que perguntas assim pelo nome, que é maravilhoso?" (13:18). O nome do mensageiro era maravilhoso demais, pois ele representava o Senhor que faz maravilhas (Rm 11:33). Obviamente isso não significa que não possamos conhecer Deus; significa que não podemos conhecê-lo exaustivamente. Deus nos tem dado suficiente, mas não completo conhecimento de si. Somente quando o mensageiro subiu aos céus junto com as chamas da oferta, que tanto o marido quanto a esposa reconheceram o visitante como o Anjo do Senhor.[13]

Em quinto lugar, *o Anjo do Senhor sobe para o céu* (13:19-21). Tendo Manoá trazido o cabrito e oferecido também uma oferta de cereais sobre a pedra, como holocausto ao Senhor, ele e sua mulher ficaram observando. O Anjo do Senhor, juntamente com a chama da oferta, subiu para o céu. O casal caiu com o rosto em terra. O Anjo nunca mais apareceu para eles. Ficaram convencidos de que o mensageiro era o próprio Anjo do Senhor.

Em sexto lugar, *o medo de morrer* (13:22). "Disse Manoá à sua mulher: 'Certamente, morreremos, porque vimos a Deus'." Essa era crença comum naquele tempo (Êx 33:20). Era impossível contemplar o Senhor e sobreviver. Manoá teve reverência, mas não conforto; medo, mas não alegria. Nós precisamos balancear o temor com a alegria. "Servi ao Senhor com temor e alegria" (Sl 2:11)

Em sétimo lugar, *o bom senso esclarece* (13:23). "Porém sua mulher lhe disse: 'Se o Senhor nos quisera matar, não aceitaria de nossas mãos o holocausto e a oferta de manjares, nem nos teria mostrado tudo isto, nem nos teria revelado tais coisas'." A mulher de Manoá movida pelo bom senso, demonstra mais sabedoria que o marido, argumentando que Deus não teria aceitado o sacrifício feito nem lhes informado os acontecimentos futuros se tivesse a intenção de matá-los.

O nascimento do libertador, o milagre se confirma (13:24,25)

Destacamos quatro pontos aqui:

Em primeiro lugar, *o nome do libertador* (13:24a). "Depois, deu a mulher à luz um filho e lhe chamou Sansão [...]" O nome Sansão significa pequeno sol, filho da luz.[14] Warren Wiersbe destaca: "Considerando que o nome

"Sansão" significa "ensolarado", é uma ironia esse juiz ter encontrado seu fim na escuridão, cegado pelo mesmo inimigo que deveria ter conquistado".[15] Robert Branson diz que a vida de Sansão, em microcosmo, reflete a desintegração nacional. O capítulo 14 de Juízes descreve como o juiz quebra seu voto de nazireu, que o impedia de tocar uma carcaça morta (Nm 6:1-8). Durante a festa do casamento, ele bebe vinho (Jz 14:10). No capítulo 16, o voto relativo à interdição do corte do cabelo é violado quando, por ordens de Dalila, suas tranças são cortadas. A história leva o leitor a concluir que a carismática liderança dos juízes termina em fracasso e que outro tipo de liderança seria necessário para que Israel sobrevivesse.[16]

Em segundo lugar, *o crescimento do libertador* (13:24b). "[...] o menino cresceu [...]" Sansão não só cresceu, mas transformou-se em um "gigante". Tinha uma força descomunal. Enfrentou milhares de inimigos com a força de seus músculos. Inobstante seu gigantismo físico, Sansão não cresceu em maturidade. Governado pelos olhos, entregou-se às paixões da carne e sofreu amargas derrotas pessoais. Sobre isso, Warren Wiersbe esclarece:

> Corajoso diante de outros homens, Sansão não resistia aos encantos femininos e contava às mulheres todos os seus segredos. Tendo recebido o poder do Espírito do Senhor, entregou o corpo aos desejos da carne. Chamado a declarar guerra aos filisteus, confraternizou com o inimigo e tentou até se casar com uma filisteia. Combatia as batalhas do Senhor durante o dia e transgredia os mandamentos do Senhor à noite.[17]

Em terceiro lugar, *a bênção do libertador* (13:24c). "[...] e o Senhor o abençoou". O Senhor abençoou Sansão não por causa dele, mas apesar dele. Sansão foi um gigante quanto à força, mas um nanico quanto à fraqueza.

Em quarto lugar, *o revestimento do libertador* (13:25). "E o Espírito do Senhor passou a incitá-lo em Maané-Dã, entre Zorá e Estaol". As incursões de Sansão sobre os filisteus foram feitas no impulso do Espírito do Senhor. Na verdade, sua força não emanava de seus músculos, nem tinha sua origem em seus cabelos, mas no Espírito do Senhor. Warren Wiersbe escreve:

> O livro de Juízes registra apenas alguns dos grandes feitos de Sansão: matar um leão só com as mãos (14:5,6); exterminar trinta filisteus (14:19); apanhar trezentas raposas e amarrar tochas na cauda desses animais (15:3-5); romper cadeias (15:14; 16:9,12,14); matar mil homens com a queixada de um jumento (15:15); carregar a porta da cidade de Gaza (16:3); e derrubar um edifício filisteu (16:30). Juízes 16:24 dá a entender que ele realizou muitos outros feitos além desses citados acima.[18]

Notas

1 BRANSON, Robert D. *Novo comentário bíblico Beacon – Juízes*, p. 145.
2 DAVIS, Dale Ralph. *Judges*, p. 160.
3 KELLER, Timothy. *Juízes para você*, p. 130,131.
4 CHISHOLM JR., Robert B. *Juízes*, p. 325.
5 BRANSON, Robert D. *Novo comentário bíblico Beacon – Juízes*, p. 147.
6 WIERSBE, Warren W. *Comentário Bíblico Expositivo*, v. 2, p. 143.
7 DAVIS, Dale Ralph. *Judges*, 161.
8 CHISHOLM JR., Robert B. *Juízes*, p. 326.

[9] RIDALL, R. Clyde. *O livro de Juízes*. In: *Comentário bíblico Beacon*, v. 2, p. 137.

[10] WIERSBE, Warren W. *Comentário bíblico expositivo*, v. 2, p. 144.

[11] KELLER, Timothy. *Juízes para você*, p. 135.

[12] BRANSON, Robert D. *Novo comentário bíblico Beacon – Juízes*, p. 149.

[13] Ibidem, p. 149.

[14] KELLER, Timothy. *Juízes para você*, p. 140.

[15] WIERSBE, Warren W. *Comentário bíblico expositivo*, v. 2, p. 143.

[16] BRANSON, Robert D. *Novo comentário bíblico Beacon – Juízes*, p. 147.

[17] WIERSBE, Warren W. *Comentário bíblico expositivo*, p. 143.

[18] WIERSBE, Warren W. *Comentário bíblico expositivo*, v. 2, p. 146.

Capítulo 17

Sansão, um homem ladeira abaixo

(Juízes 14:1-20)

O ANÚNCIO GRANDIOSO CELESTIAL do nascimento de Sansão prepara-nos para a chegada de um grande libertador. No entanto, tudo o que encontramos é o líder mais imperfeito e fraco do livro; um homem governado pela concupiscência dos olhos, pelo temperamento impulsivo e pela imaturidade emocional.

Sansão era um gigante físico, mas um pigmeu ético. Seu nascimento foi um milagre, sua vida foi um portento e sua morte foi uma tragédia. Nada sabemos de sua infância nem mesmo do início de sua juventude. O narrador bíblico passa de seu nascimento para seu casamento. Certamente seus pais cumpriram o seu papel, instruindo-o na verdade. Criaram-no como um homem consagrado a Deus. Sansão, porém, desprezou os ensinamentos recebidos no lar. Deus o usou não por causa de seus méritos, mas apesar de seus deméritos.

O capítulo 14 de Juízes retrata o declínio desse último juiz de Israel mencionado no livro. Ao longo do capítulo, o verbo "descer" aparece cinco vezes (14:1,5,7,10,19). Isso é uma evidência de que Sansão é um homem em declínio. Vejamos:

Sansão desce a Timna e vê uma mulher (14:1-4)

Sansão tem força nos braços, mas espiritualmente é um fracote, pois deixa-se governar pelos sentimentos mais do que pelos princípios. O texto em apreço nos mostra isso. Vejamos alguns pontos importantes a esse respeito:

Em primeiro lugar, *um homem governado pelo desejo dos olhos* (14:1,2). O Sansão que nasceu em Zorá, já homem feito, desce a Timna, uma cidade israelita dominada pelos filisteus, na fronteira de Judá, atribuída a Dã (Js 15:10; 19:43) a pouco mais de seis quilômetros de Zorá. Ali, viu uma das filhas dos filisteus e se encantou com ela. Ao chegar em casa, para espanto de seus progenitores, disse a seu pai: "Vi uma mulher em Timna, das filhas dos filisteus; tomai-ma, pois, por esposa" (14:1). Ele não dialoga nem pede conselhos a seus pais. Dá uma ordem peremptória. Nas palavras de Timothy Keller, "em vez de lutar contra os inimigos de Israel, anuncia que quer se casar com uma mulher daquele povo".[1] Artur Cundall chama a atenção para o fato do livre trânsito de Sansão em Timna e até mesmo de seu casamento com uma mulher filisteia. Isso significa que os israelitas já estavam acostumados com o domínio filisteu.[2]

Em segundo lugar, *um homem advertido pelos pais* (14:3). Chocados com a exigência de Sansão, seus pais advertem-no acerca da inconveniência de escolher uma mulher filisteia, filha de um povo incircunciso, em vez de uma mulher israelita. A palavra "incircunciso" aponta para o fato de que os filisteus não tinham uma aliança ou um relacionamento pessoal com Deus. Havia claros preceitos contra o casamento interconfessional, ou seja, casamento com alguém fora da aliança com Deus (Êx 34:15,16). Os filisteus não eram apenas um outro povo, também adoravam outros deuses. Esses casamentos sempre foram um laço na vida do povo da aliança, pois era a porta de entrada para a apostasia religiosa.

Em terceiro lugar, *um homem resistente a conselhos* (14:3b). Sansão não quis conselhos. Ao contrário, com grosseria e desrespeito, enfatizou sua vontade soberana: "Toma-me esta, porque só desta me agrado [ou ela agrada aos meus olhos]" (14:3b). Ele desdenha dos conselhos e da autoridade dos pais. É correto o adágio: "Quem não escuta conselhos, escuta coitado". O preço da desobediência é muito alto. Concordo com Timothy Keller quando escreve: "Sansão é um líder que reflete a verdadeira condição espiritual de Israel, em vez do ideal de Deus para seu povo".[3]

Em quarto lugar, *um homem usado por Deus, apesar de sua desobediência* (14:4). Inobstante a quebra de preceitos, o plano de Deus não seria frustrado. Apesar da desobediência de Sansão, Deus haveria de usar esse casamento para suscitar o conflito entre Sansão e os filisteus. Certamente, Deus não está abonando a atitude de Sansão. O plano de Deus cumprir-se-ia não por causa das escolhas erradas de Sansão, mas apesar delas, assim como no passado Deus o fez com os atos pecaminosos dos irmãos de José. Clyde Ridall diz que Deus usará a obstinada teimosia de Sansão para seus próprios propósitos. O Senhor extrairá coisas boas dessa situação infeliz.[4] Warren Wiersbe diz que, em decorrência disso, Sansão matou trinta homens filisteus (14:19), queimou as plantações do inimigo (15:1-5), exterminou grande número de filisteus (15:7,8) e deu cabo de mil homens (14:15). Sansão não havia planejado tudo isso, mas, mesmo assim, Deus permitiu que os acontecimentos se desenrolassem dessa forma.[5] Timothy Keller é oportuno quando escreve:

> Deus usará a própria fraqueza de Sansão – sua confraternização com os filisteus, seu apetite sexual, seu temperamento vingativo e explosivo para provocar um confronto entre os dois povos. A fraqueza de Sansão resulta em luta sangrenta, que provoca mais conflitos ainda e, por fim, a divisão tão desesperadamente necessária entre as duas nações.[6]

Um exemplo clássico das Escrituras sobre essa realidade está em Atos 2:23, quando Deus usa as escolhas perversas dos seres humanos para matar Jesus. Embora aqueles que mataram Jesus estivessem agindo cruelmente, Deus fez com que essa maldade ignominiosa cumprisse seu propósito redentor.

Sansão desce a Timna e é atacado por um leão (14:5,6)

Sansão desceu com seus pais a Timna para acertar os detalhes do casamento. Três fatos nos chamam a atenção aqui:

Em primeiro lugar, *um homem andando por lugares perigosos* (14:5a). Sansão era um nazireu e como tal não podia beber nem comer qualquer coisa procedente da videira. Curiosamente, na sua jornada para a casa da mulher filisteia, ele anda pelos vinhais de Timna, um lugar que deveria ter evitado. Uma vinha era um lugar perigoso para um homem que, sendo nazireu, tinha o dever de se abster de uvas (Nm 6:1-4). Isso é flertar com o pecado. É andar em terreno escorregadio. É aproximar-se do proibido. Assim como Eva estava perto da árvore da ciência do bem e do mal e Davi estava andando pelo terraço de seu palácio, Sansão estava andando nas vinhas de Timna.

Em segundo lugar, *um homem revestido com força* (14:5b,6). Enquanto estava nas vinhas de Timna, um leão novo, bramando, saiu-lhe ao encontro. Nesse momento, o Espírito do Senhor se apossou de Sansão, que, energizado pelo Espírito divino, sem ter qualquer arma em suas mãos, rasgou o leão como se rasga um cabrito. Dale Ralph Davis diz que essa façanha de dilacerar um leão deu a Sansão o vislumbre de que ele poderia aterrorizar, de igual modo, os filisteus. Essa era uma prévia do que Deus poderia fazer por meio dele, assim como, no futuro, o sucesso de Davi em matar um leão e um urso deu-lhe a confiança de enfrentar Golias no campo de batalha.[7]

Em terceiro lugar, *um homem que oculta dos pais suas façanhas* (14:6b). Sansão nada contou para seus pais sobre esse episódio inusitado. Eles poderiam ver nesse ataque do leão um presságio ou mau agouro para Sansão desistir do casamento.

Sansão desce a Timna e casa-se com uma mulher filisteia (14:7-9)

Sansão desceu e falou à mulher filisteia e dela se agradou. Ele estava enamorado por uma mulher procedente do povo que subjugava Israel há décadas, fazendo uma aliança com alguém pertencente a um povo incircunciso, idólatra e opressor. No entanto, a rendição de Israel aos filisteus era mais profunda do que as escravidões anteriores. A natureza dessa rendição era de acomodação cultural. Os israelitas agora se adaptaram a eles e por isso não lamentam a situação nem lutam contra os opressores, antes adotam completamente seus valores e adoram seus ídolos. Nas palavras de Timothy Keller, "os israelitas não tinham mais uma cultura própria, uma cultura baseada no serviço a Deus".[8] Michael Wilcock tem razão no que escreve: "Não existe coexistência harmoniosa entre a igreja e o mundo, pois, quando não há conflito, é sinal de que o mundo já tomou contra da situação".[9] Destacamos aqui três pontos:

Em primeiro lugar, *um homem que quebra um preceito pactual* (14:7). "Desceu, e falou àquela mulher, e dela se agradou." Havia claras instruções aos filhos de Israel para não se casarem com as filhas dos povos estrangeiros nem darem suas filhas a eles (Êx 34:16). O problema não era racial, mas religioso. A proibição não era de casamentos interraciais, mas de casamentos interconfessionais. Essa mesma advertência é feita pelo apóstolo Paulo em 2Coríntios 6:14-16. Como diz Timothy Keller, "o motivo principal é que tais casamentos fragilizam a lealdade do crente com Deus".[10]

Em segundo lugar, *um homem que quebra o primeiro voto de nazireado* (14:8,9). Feitas as tratativas do casamento, depois de alguns dias, chegou a hora de Sansão descer a Timna para os festejos das núpcias e consumar o casamento. Ao caminhar com seus pais rumo à casa de sua mulher, Sansão aparta-se do caminho para ver a carcaça do leão que havia matado, correndo o risco de quebrar dois votos do nazireado. Ele não podia comer uvas nem tocar em cadáver. Na carcaça do leão morto havia um enxame de abelhas com mel. Ele tomou a favo nas mãos e se foi andando e comendo dele; e chegando a seu pai e a sua mãe, deu-lhes do mel e comeram. Sansão quebrou ali o seu primeiro voto. Ele não podia tocar em cadáver. Ele procurou doçura no que estava podre; prazer no que era proibido. Mais do que transgredir, ele corrompeu seus pais, dando-lhes do mesmo mel proibido.

Em terceiro lugar, *um homem que oculta dos pais sua transgressão* (14:9b). Propositadamente, Sansão não fez saber a seus pais que o mel fora tirado da caveira do leão morto. No entanto, o pecado oculto será sempre pecado revelado. O que é feito escondido na terra é um escândalo público aos olhos de Deus. Robert Branson diz que, quando Sansão deu o mel para seu pai e sua mãe, ele também os corrompeu (Lv 11:24,25,39,40). Havia, portanto, uma razão para que ele não lhes contasse onde havia conseguido o mel.[11]

Sansão desce a Timna e faz uma aposta perigosa (14:10-18)

A Bíblia diz que um abismo chama outro abismo. O pecado anestesia a consciência, calcifica o coração e amortece a sensibilidade espiritual. Como Sansão havia quebrado o primeiro voto do nazireado, estava pronto a quebrar o segundo voto. Vejamos:

Em primeiro lugar, *um homem que quebra o segundo voto de nazireado* (14:10). "Descendo, pois, seu pai à casa daquela mulher, fez Sansão ali um banquete; porque assim o costumavam fazer os moços". Sansão ofereceu um banquete nupcial de sete dias, no qual o vinho deve ter fluído em abundância. Essa era uma festa segundo o costume dos moços da época. Sansão não teve coragem de dizer que era nazireu, então amoldou-se à cultura. Transigindo com os absolutos de Deus, fez concessões aos preceitos divinos.

Em segundo lugar, *um homem que propõe um enigma na festa de seu casamento* 14:11-14a). Sansão gostava de viver perigosamente. Quis dar mais emoção à sua festa de sete dias. Logo no começo da festa propôs um enigma a ser decifrado e fez uma aposta com os filisteus. Se eles ganhassem, os trinta companheiros, jovens filisteus que estavam com ele, receberiam trinta vestes festivais; se perdessem, deveriam lhe dar trinta vestes festivais. Aposta feita, começou a contagem regressiva. Qual era o enigma? "Do comedor saiu comida; e do forte saiu doçura" (14:14,). Robert Chisholm diz que Sansão parece muito astuto ao propor a charada, mas ele ignorou dois fatos importantes: a engenhosidade dos filisteus e, mais importante ainda, a sua própria vulnerabilidade diante do charme feminino.[12] Warren Wiersbe destaca que o mais triste é que Sansão criou esse enigma com base em seu pecado, não levando a sério o fato de haver transgredido os votos nazireus. Desobedecer a Deus é horrível o suficiente, mas fazer disso uma piada é sinal de insensibilidade espiritual ainda mais grave.[13]

Em terceiro lugar, *um homem que perde a aposta* (14:14b-18). Passaram-se três dias e os filisteus não puderam decifrar o enigma. Ao sétimo dia, começaram a pressionar a mulher de Sansão, com terríveis ameaças: "Persuade a teu marido que nos declare o enigma, para que não queimemos a ti e a casa de teu pai. Convidaste-nos para vos apossardes do que é nosso" (14:15). A mulher de Sansão usou o charme feminino e o poder irresistível das lágrimas para arrancar dele o seu segredo. Artur Cundall diz que a mulher, com medo de perder a vida e de que seu pai perdesse a casa, usou o último recurso de seu sexo, um dilúvio de lágrimas e a insinuação de que Sansão não a amava, pois, do contrário, não guardaria segredos desconhecidos dela — artimanhas que têm levado ambos os sexos a misérias incontáveis.[14]

A pressão não foi apenas no sétimo dia da festa, mas durante os sete dias da festa, conforme está escrito: "Ela chorava diante dele os sete dias em que celebravam as bodas; ao sétimo dia, lhe declarou, porquanto o importunava; então, ela declarou o enigma aos seus patrícios" (14:17). Warren Wiersbe chama a atenção para o fato de que a mulher filisteia o seduziu (14:1), depois o dominou (14:17) e, por fim, ela o traiu (14:17). Sansão era capaz de matar leões, romper cordas, mas não era capaz de resistir ao poder das lágrimas de uma mulher.[15]

Os homens daquela cidade, no apagar das luzes da festa, disseram a Sansão: "Que coisa há mais doce do que o mel e mais forte do que o leão?". Sansão, sentindo-se traído, citou para eles o provérbio: "Se vós não lavrásseis com a minha novilha, nunca teríeis descoberto o meu enigma" (14:18). Sansão está afirmando aos filisteus: "Vocês só conseguiram acertar o enigma porque quebraram as regras do jogo".

É digno de destaque que tanto Sansão como sua mulher revelaram mais amor à família do que ao cônjuge, em uma clara violação do preceito divino de Gênesis 2:24. Destaca-se também que o enigma de Sansão está relacionado com o seu pecado, a quebra do primeiro voto de sua consagração ao Senhor. A solução do enigma ainda obrigou Sansão a confessar aos pais que ele quebrara seu voto de não tocar em cadáveres e que ele os havia dado comida impura.[16]

Sansão desce a Ascalom e mata trinta filisteus para pagar a aposta (14:19,20)

Antes mesmo de consumar seu casamento com a noite de núpcias, a lua de mel é interrompida para Sansão pagar a aposta perdida. Ele precisa sair da festa para matar trinta filisteus e despojá-los, a fim de pagar a aposta. Sansão paga os filisteus com a morte de patrícios dos filisteus. Vejamos:

Em primeiro lugar, *um homem revestido pelo Espírito do Senhor para vingar-se de seus inimigos* (14:19a). O Espírito do Senhor se apossou de Sansão de tal maneira que ele começa a livrar a Israel das mãos dos filisteus. Ele desceu a Ascalom, cidade da Filistia, situada na costa, para matar trinta homens, despojando-os de suas vestes festivais. Robert Chisholm diz que Sansão, irritado com o comportamento desonesto dos filisteus e humilhado pela situação, finalmente chega ao ponto em que o Senhor podia usá-lo efetivamente.[17] É bem verdade que a motivação de Sansão não é livrar Israel dos filisteus, mas pagar a sua dívida pessoal. Seus trinta companheiros filisteus receberam seu pagamento ao custo da morte de outros trinta de seus contemporâneos.

Em segundo lugar, *um homem que perde o controle emocional e o casamento* (14:19b,20). A traição e a matança em Ascalom incendiaram o coração de Sansão a ponto de ele perder o controle emocional. E em vez de voltar à casa de sua mulher para consumar o casamento, ele volta para casa de seu pai. Em virtude do sumiço de Sansão, o sogro deu a mulher por esposa ao companheiro de honra de Sansão.

Notas

1 KELLER, Timothy. *Juízes para você*, p. 143.
2 CUNDALL, Artur E. *Juízes: introdução e comentário*, p. 154.
3 KELLER, Timothy. *Juízes para você*, p. 143.
4 RIDALL, R. Clyde. *O livro de Juízes*. In: *Comentário bíblico Beacon*, v. 2, p. 139.
5 WIERSBE, Warren W. *Comentário bíblico expositivo*, v. 2, p. 147.
6 KELLER, Timothy. *Juízes para você*, 149,150.
7 DAVIS, Dale Ralph. *Judges*, p. 173.
8 KELLER, Timothy. *Juízes para você*, 147.
9 WILCOCK, Michael. The Message of *Judges*, p. 142.
10 KELLER, Timothy. *Juízes para você*, p. 145.
11 BRANSON, Robert D. *Novo comentário bíblico Beacon – Juízes*, p. 154.
12 CHISHOLM JR., Robert B. *Juízes*, p. 338.
13 WIERSBE, Warren W. *Comentário bíblico expositivo*, v. 2, p. 147.
14 CUNDALL, Artur E. *Juízes: introdução e comentário*, p. 159.
15 WIERSBE, Warren W. *Comentário bíblico expositivo*, v. 2, p. 147.
16 BRANSON, Robert D. *Novo comentário bíblico Beacon – Juízes*, p. 155.
17 CHISHOLM JR., Robert B. *Juízes*, p. 338,339.

Capítulo 18

Sansão, o vingador

(Juízes 15:1-20)

SANSÃO É UM JUIZ diferente de todos os demais. Não formou uma equipe. Não convocou um exército. Não teve apoio de seu povo. Não respeitou os preceitos divinos. Não demonstrou qualquer domínio próprio. Na verdade, apesar de sua força descomunal, Sansão é o juiz mais fraco de Israel, homem impulsivo, mulherengo, infantil e egoísta. Sua vida toda foi uma penca de milagres e desatinos. Sansão era uma espécie de equipe de demolição. A despeito, porém, de seu temperamento impulsivo, de suas ações apressadas e de sua desobediência aos pais e aos votos firmados, foi usado por Deus para dar início ao livramento de Israel das mãos dos filisteus, processo que só foi concluído no reinado de Davi (2Sm 5:17-25; 1Cr 14:8-17).

A rejeição de Sansão (15:1,2)

Sansão abandonou o último dia da festa de seu casamento. Saiu para matar trinta filisteus em Ascalom e pagar a dívida da aposta. Irado com a trama que armaram contra ele, em vez de voltar para consumar o casamento, na noite de núpcias, voltou para casa de seu pai. A mulher de Timna, porém, ainda ocupava um lugar em seu coração.

Passado algum tempo, nos dias de ceifa do trigo, quando as pessoas celebravam a fertilidade da terra e os impulsos românticos (Gn 30:14; Rt 2:23), com a cabeça mais fria e com o coração mais enternecido, Sansão desceu a Timna para visitar sua mulher e ter a esperada lua de mel. Como prova de sua boa disposição, Sansão levou um cabrito como uma oferta de paz para reconciliar-se com ela.

Ao chegar à casa do sogro, este não o deixou entrar na câmara da filha, alegando que ela havia sido dada a outro homem, ao seu companheiro. O sogro de Sansão argumentou que a sua demorada ausência sinalizou para a família que ele a aborrecia e tinha desistido do casamento. Para poupar a filha de uma desgraça pública, deu-a a outro homem.

Na tentativa de amenizar a situação, o sogro de Sansão prometeu dar-lhe, como mulher, a filha mais nova e mais formosa. Sansão, porém, recusou a oferta. Apesar de ter abandonado o casamento em fúria e de não consumar o casamento, a mulher de Timna legalmente pertencia a ele.[1] Artur Cundall diz que ao procurar salvar a honra de sua filha, o pai havia iniciado uma reação em cadeia que traria consequências desastrosas. Era mais fácil para os filisteus perpetrar sua vingança contra a moça e seu pai do que capturar Sansão.[2]

O casamento de Sansão, feito na contramão da vontade dos pais, nem chegou a ser consumado. Terminou antes mesmo da lua de mel. É oportuno perguntar: como é que Deus pode usar pessoas tão falhas e fracas iguais a Sansão para realizar a sua obra? A resposta é que Deus não é limitado pelos seres humanos. Ele cumpre os seus propósitos apesar de quem somos.

A primeira vingança de Sansão (15:3-5)

Sansão alegou inocência nesse caso e declarou que os filisteus não ficariam impunes. Sua fúria, entrementes, não é endereçada à sua mulher ou ao sogro, mas aos filisteus. Sansão saiu da casa do sogro, tomou trezentas raposas ou chacais, amarrou-as em pares, cauda com cauda e ateou fogo, largando-as na seara dos filisteus. Ele resolveu extravasar sua ira contra os filisteus, queimando a safra de trigo e incendiando suas lavouras. Tanto o trigo já ceifado como o trigo por ceifar foi queimado, bem como as vinhas e os olivais. Para uma economia agrícola, esse ato de vingança deixou os filisteus sem provisão. O prejuízo não parou aí, pois vingança chama vingança e o ciclo se perpetua.

Timothy Keller diz que daqui para frente, a violência aumentará gradativamente. Será retaliação após retaliação. Sem perdão e reconciliação, a história nos é conhecida, tanto na estrutura familiar quanto no âmbito nacional. Cada ação produz uma reação que gera sua própria reação, e o ciclo aparentemente inquebrável continua.[3]

A morte da mulher de Sansão (15:6)

Violência gera violência. Vingança abre as comportas para uma enxurrada de mais vingança. Quando os filisteus descobriram que o fogaréu que destruíra suas colheitas e suas lavouras tinha sido um ato vingativo de Sansão, foram atrás de seu sogro e de sua mulher e os queimaram vivos. Responderam fogo com fogo. Não podendo se vingar do próprio Sansão, vingaram-se de pessoas afetas a ele, ainda que essas pessoas fossem do próprio povo. A mulher que traiu Sansão para evitar uma tragédia em sua casa não pôde deter seus próprios patrícios de tirar sua vida e a vida de seu pai.

A segunda vingança de Sansão (15:7,8)

Em vez de a chacina praticada pelos filisteus intimidar Sansão, fazendo-o recuar, atiçou ainda mais sua ira. Sansão respondeu: "Se assim procedeis, não desistirei enquanto não me vingar. E feriu-os com grande carnificina; e desceu e habitou na fenda da rocha de Etã" (15:7,8). O narrador não nos informa quantas pessoas foram mortas nem como foram mortas. No entanto, a expressão "grande carnificina" aponta para uma vingança sangrenta e avassaladora.

Artur Cundall destaca que muitas famílias, clãs ou tribos desapareceram, e seus rivais foram dizimados em litígios que duraram gerações. Em certo ponto, deve haver absorção do mal praticado, sem retaliação, como a morte de Cristo na cruz ilustra superlativamente. Contudo, Sansão não era homem deste tipo e, embora ele houvesse trazido um fim trágico para a família a que procurava aliar-se, agora ele promete realizar um ato final de vingança, como se estivesse no poder de um homem decretar a cessação do derramamento de sangue.[4]

A caçada de Sansão pelos filisteus (15:9,10)

Toda ação provoca uma reação igual e contrária. Os filisteus não se contentaram e não deixaram que o ataque de

Sansão encerrasse o assunto. Eles subiram, e acamparam-se contra Judá, e estenderam-se por Leí. A tribo de Judá em vez de apoiar Sansão e lutar por sua independência, cooperara com os filisteus na captura do libertador de Israel. Isso porque já estava conformada com a servidão e rendida à cultura dos filisteus. Judá aceitava passivamente o domínio dos filisteus. Por isso, perguntou aos filisteus: "Por que subistes contra nós?" (15:10). Os filisteus não tinham interesse em atacar os judaítas, eles apenas queriam a cabeça de Sansão. Tinham como propósito amarrá-lo e matá-lo. Queriam vingança. Então os filisteus responderam aos judaítas: "Subimos para amarrar Sansão, para lhe fazer a ele como ele nos fez a nós" (15:10).

A entrega de Sansão pelos judaítas (15:11-13)

Timothy Keller tem razão em dizer que a tribo de Judá vive tão concentrada em manter a paz com os filisteus que não faz a mínima ideia de que Deus levantou um juiz para salvar Israel. Sua preferência é viver em paz com os filisteus e adorar seus ídolos, em vez de ter liberdade para adorar a Deus. A tribo de Judá prefere destruir o libertador a se arriscar em um confronto com os inimigos.[5]

Três mil homens de Judá, formando um grande exército, desceram até à fenda da rocha de Etã para encontrar Sansão. Essa é a única vez que os israelitas formam um exército nos vinte anos em que Sansão foi juiz. Eles, entrementes, não vieram para hipotecar apoio ao juiz libertador nem para guerrear as guerras do Senhor. Vieram para declarar que estavam acomodados à cultura filisteia e que não tinham pretensão de mudar essa realidade. Vieram para entregar Sansão aos filisteus. Eles não estão a favor de Sansão em sua tentativa de livrar Israel dos filisteus; estão contra ele.

Disseram a Sansão: "Não sabias tu que os filisteus dominam sobre nós?" (15:11). Os judaítas lembraram Sansão de que os filisteus precisavam ser tratados com o respeito devido a senhores.[6] É triste quando o povo de Deus se conforma com a servidão e se amolda ao mundo. É triste quando o povo de Deus vive pacificamente com o inimigo e não aspira mais a libertação. Nessa mesma linha de pensamento Warren Wiersbe escreve:

> Em que triste estado encontra-se uma nação cujos cidadãos colaboram com o inimigo e entregam o próprio líder escolhido por Deus! Enquanto Sansão exerceu sua função de juiz, esse foi o único momento em que Israel reuniu um exército e, ainda assim, com o propósito de capturar um de seus próprios homens.[7]

Sansão não se intimida com o grande contingente de soldados da tribo de Judá que vieram para amarrá-lo e entregá-lo ao inimigo. A resposta de Sansão aos seus conterrâneos é categórica: "Assim como me fizeram a mim, eu lhes fiz a eles". Sansão é o vingador. Mesmo sem saber, ele está a serviço de Deus para começar a livrar o povo da aliança (13:5; 14:4).

Os três mil homens de Judá precisavam entregar Sansão aos filisteus. Então, entraram em um acordo. Os homens de Judá amarraram seu próprio juiz. Sansão aceitou ser amarrado pelos seus irmãos, com a promessa de que eles mesmos não atentariam contra sua vida. Eles não querem matar Sansão; satisfazem-se em vê-lo sendo morto pelas mãos dos filisteus. Amarram, então, Sansão com duas cordas novas e fizeram-no subir da rocha. Nas palavras de Dale Ralph Davis, "eles viram Sansão como alguém lutando contra eles e não contra os filisteus".[8]

A terceira vingança de Sansão (15:14-17)

Quando os filisteus viram os três mil homens de Judá trazendo Sansão amarrado, gritaram de alegria, porém, o Espírito do Senhor, se apossou de Sansão de tal maneira, que as duas cordas novas, se tornaram como fios de linho queimado e as amarraduras se desfizeram das suas mãos.

Sansão achou uma queixada de jumento ainda fresca e, com essa queixada, feriu mil homens. Ele era uma máquina demolidora. Sozinho tinha a força de um exército. O júbilo dos filisteus transformou-se em pânico e desespero ao serem despedaçados pelas mãos desse guerreiro danita. Essa façanha levou Sansão a rebatizar o lugar, que passou a ser chamado de Ramate-Leí.

O mesmo Sansão que havia proposto uma charada no casamento, agora compõe um verso no campo de batalha: "Com uma queixada de jumento um montão, outro montão; com uma queixada de jumento feri mil homens" (15:16).

Satisfeito com sua proeza, Sansão compôs esse pequeno poema para mostrar a magnitude de seu ato por meio de uma arma improvisada. Robert Branson chama a atenção, entretanto, para o fato de que Sansão está aqui se vangloriando de sua vitória, não da vitória de Deus, cujo Espírito o fortalecera. Apesar de sua grande força, Sansão não obtinha vitória que pudesse livrar os israelitas das mãos de seus inimigos.[9]

O fortalecimento de Sansão (15:18,19)

Exausto da façanha, depois de impor aos filisteus a terceira vingança, Sansão foi golpeado por uma sede torturante. Pela primeira vez, ele ora e clama ao Senhor: "Por intermédio do teu servo deste esta grande salvação; morrerei eu, agora, de sede e cairei nas mãos destes incircuncisos?" (15:18). Dale Ralph Davis diz que aqui está Sansão dependente do Senhor; aqui está o salvador confessando que precisa de ser salvo. Aqui, Sansão é tudo, menos um homem autossuficiente.[10]

O Senhor, em resposta à oração de Sansão, fendeu a cavidade que estava em Leí, e dela saiu água; tendo Sansão bebido, recobrou alento e reviveu. O mesmo Deus que fez brotar água da rocha para o povo de Israel no deserto, está aqui, realizando a mesma maravilha para salvar a vida de Sansão.

É digno de nota que é Deus quem salva Sansão de seus perigos. Foi o Espírito de Deus que o salvou do leão, da aposta perdida, e, agora, dos mil filisteus. De igual modo, é Deus quem vai fazer jorrar água para matar a sua sede e reanimá-lo para ser juiz de Israel durante vinte anos (15:19).

O tempo do juizado de Sansão (15:20)

Diferentemente dos outros juízes, o narrador registra o tempo que Sansão julgou a Israel, antes de sua morte, uma vez que no próximo capítulo, esse assunto vai receber maior destaque. Robert Chisholm diz que em vez de simplesmente oferecer um epitáfio para Sansão, o narrador descreve sua morte como a de uma vítima ingênua de suas próprias fraquezas. Sansão entraria na antessala da morte e jamais voltaria dela. Sua falta de preocupação ao lidar com os filisteus, sua postura permissiva em relação ao regulamento dos nazireus sobre seu cabelo e sua obsessão com a satisfação de suas paixões físicas causariam sua queda e morte.[11]

Durante os quarenta anos de domínio filisteu em Israel, Sansão julgou Israel por vinte anos. Concluo com as palavras de Robert Branson: "Aceitar o domínio do mal quando ele deve ser combatido é perder não apenas a própria liberdade, mas também entregar possivelmente a próxima geração aos poderes maléficos".[12]

NOTAS

1 CHISHOLM JR., Robert B. *Juízes*, p. 340.
2 CUNDALL, Artur E. *Juízes: introdução e comentário*, p. 162.
3 KELLER, Timothy. *Juízes para você*, p. 154.
4 CUNDALL, Artur E. *Juízes: introdução e comentário*, p. 162.
5 KELLER, Timothy. *Juízes* para hoje, p. 154.
6 BRANSON, Robert D. *Novo comentário bíblico Beacon – Juízes*, p. 340.
7 WIERSBE, Warren W. *Comentário bíblico expositivo*, v. 2, p. 150.
8 DAVIS, Dale Ralph. *Judges*, p. 182.
9 BRANSON, Robert D. *Novo Comentário bíblico Beacon – Juízes*, p. 158.
10 DAVIS, Dale Ralph. *Judges*, p. 184.
11 CHISHOLM JR., Robert B. *Juízes*, p. 342.
12 BRANSON, Robert D. *Novo comentário bíblico Beacon – Juízes*, p. 159.

Capítulo 19

Sansão, o fraco vitorioso

(Juízes 16:1-31)

O INTERVALO ENTRE O capítulo 15 e o 16 é de aproximadamente vinte anos. No capítulo 15 Sansão ainda lida com os conflitos do casamento que se desfez no início de sua missão. No capítulo 16, ele está nos vestíbulos de sua morte, após vinte anos de juizado. O capítulo final da vida de Sansão descreve seu envolvimento com duas mulheres fatais, uma prostituta filisteia na cidade de Gaza e uma mulher chamada Dalila, do vale de Soreque. Segundo Robert Chisholm, "a história de Sansão faz, agora, uma virada para o pior".[1]

Perigo iminente (16:1-3)

Timothy Keller diz que quanto mais Deus abençoava Sansão, dando-lhe força para combater os inimigos, mais ele se sentia confiante em sua própria invulnerabilidade e mais irresponsável era o seu comportamento. O coração de Sansão usava as bênçãos divinas como razão para se esquecer de Deus. Quanto mais ganhos externos ele tinha, mais perdas internas sofria. Parece até que as pessoas mais bem-sucedidas do mundo geralmente são as que vivem mais longe de Deus.[2]

Destacamos aqui três pontos:

Em primeiro lugar, *o leito da morte* (16:1). Sansão tinha coragem, mas não tinha prudência. Ele foi a Gaza, importante cidade portuária, a capital da Filistia e uma das cinco cidades-Estado, Gaza estava localizada mais ao sul de Israel, a sessenta e cinco quilômetros de Zorá, cidade natal de Gideão. O juiz de Israel, fisgado pelos encantos de uma prostituta, coabita com ela, lançando-se em uma vertiginosa queda moral e espiritual. O gesto de Sansão não passa de consumada tolice e imprudência. A visita à prostituta o retrata o papel de um tolo destinado à destruição (Pv 6:32). Warren Wiersbe tem razão em dizer que não é nossa culpa se Satanás e seus demônios nos tentam, mas quando nós mesmos nos expomos à tentação, passamos a ser nosso próprio inimigo.[3]

Em segundo lugar, *o cerco da morte* (16:2). Sob o governo da concupiscência dos olhos, Sansão entrou em um alçapão e foi encurralado pelos filisteus dentro dos muros da cidade de Gaza. O pecado torna o homem tolo e vulnerável. Os gaditas cercaram Sansão a noite toda, às escondidas, na porta da cidade. Agora, o propósito não é prendê-lo, mas matá-lo. Warren Wiersbe alerta para o fato de que uma aventura sexual ilícita começa doce como o mel, mas termina tão amarga quanto o absinto (Pv 5:1-14). Sansão, o ser humano, transformou-se em Sansão, o animal, enquanto a prostituta o conduzia para o matadouro (Pv 7:6-23).[4]

Em terceiro lugar, *o escape da morte* (16:3). Sansão levantou-se do leito maculado da prostituição à meia-noite, pegou ambas as folhas das portas da cidade com suas ombreiras, e, juntamente com a tranca, as tomou, pondo-as sobre os ombros; e caminhou uns sessenta quilômetros até ao cume do monte onde se avista a cidade de Hebrom. Esse foi, à semelhança de outras façanhas, um feito extraordinário.

Sedução evidente (16:4-22)

Livre do alçapão da morte em Gaza, tempos depois, Sansão se envolve mais vez com uma mulher fatal, chamada Dalila, no vale de Soreque, "o vale das uvas selecionadas". Esta é a única mulher chamada pelo nome na história de Sansão. Artur Cundall diz que a resposta a seu enigma lhe havia sido arrancado pela astúcia de uma mulher (14:12-17); agora, o maior segredo de sua vida é descoberto pela importunação de outra amante.[5]

O narrador não fala sobre seu status nem se ela era filisteia ou israelita; apenas descreve seu caráter disforme, a ponto de encher Sansão de carícias para traí-lo por dinheiro e prestígio. David Gunn destaca que a história de Sansão e Dalila foi contada em inúmeros formatos: o poema de John Milton *Samson Agonistes* (1671), o oratório de Haendel *Samson* (1741), diversas pinturas e o filme de DeMille chamado *Samson and Dalilah* (1949). Ao longo da história, Dalila foi retratada como ambiciosa, sensual, traiçoeira, demoníaca, maléfica, licenciosa, desregrada, desleal, enfim, uma das mulheres más da Bíblia.[6]

Destacamos aqui sete pontos importantes:

Em primeiro lugar, *paixão fatal* (16:4). "Depois disto, aconteceu que se afeiçoou a uma mulher do vale de Soreque, a qual se chamava Dalila". Essa é a primeira e a última vez que o narrador usa a palavra "amor" para descrever uma atração de Sansão por uma mulher. Sansão tinha uma inclinação para se envolver com mulheres erradas. Ao mesmo tempo que era um portento na força física, era um fracote nas emoções, facilmente manipulado pelo dengo das mulheres. Nas palavras de Robert Branson, "Sansão aparece como alguém luxurioso, simplório, corrupto, escravo das paixões e desprovido de bom senso".[7] Certamente a paixão de Sansão por suas amantes sobrepujou o seu bom senso. Ele deveria ter percebido o perigo quando Dalila começou a interrogá-lo sobre o segredo de sua força e, como José (Gn 39:12; 2Tm 2:22), deveria ter fugido o mais rápido possível. No entanto, estava preso a ela pela paixão e anestesiado pelo pecado.[8]

Em segundo lugar, *suborno material* (16:5). Os príncipes das cinco cidades filisteias (Gaza, Gate, Ascalom, Ecrom e Asdode), foram a Dalila e ofereceram a ela um mil e cem ciclos de prata cada um, para que Dalila arrancasse de Sansão o segredo de sua força. O propósito deles é dominá-lo, amarrá-lo e subjugá-lo. Isso era mais do que dinheiro, era também prestígio, uma vez que esses príncipes eram os governantes da Pentápolis filisteia. Esses homens eram chefes da nação inteira e viam Sansão como uma ameaça nacional. Como diz Timothy Keller, "se Dalila entregar Sansão, ela se transforma em heroína da nação. Assim, a riqueza, o poder e a influência que oferecem a Dalila é muito grande. Ela estaria garantida pelo resto da vida".[9]

Em terceiro lugar, *tentação progressiva* (16:6-17). As tentativas de Dalila em arrancar o segredo de Sansão foram feitas em quatro telas:

Na primeira tela (16:6-9), Dalila faz um pedido direto a Sansão: "Declara-me, peço-te, em que consiste a tua grande força e com que poderias ser amarrado para te poderem subjugar" (16:6). Sansão é ingênuo demais ou autoconfiante demais. A pergunta de Dalila já era um alerta suficiente para Sansão perceber que estava sendo tentado. Ele já tinha quebrado dois dos três votos de nazireado. Permanecer nesse campo minado era brincar com a própria morte. Como diz Timothy Keller: "Talvez ele fosse viciado em perigo tanto quanto era viciado em mulheres".[10] Sansão respondeu: "Se me amarrarem com sete tendões frescos [...] me enfraquecerei, e serei como qualquer outro homem" (16:7). Os príncipes trouxeram a Dalila os sete tendões frescos e o dinheiro. Ela amarrou Sansão com os tendões e lhe disse: "Os filisteus vêm sobre ti, Sansão! Quebrou ele os tendões como se quebra o fio da estopa chamuscada; assim, não se soube em que lhe consistia a força" (16:9).

Na segunda tela (16:10-12), Dalila chantageia Sansão, dizendo que este havia zombado dela e mentido para ela, reiterando seu apelo: "Declara-me, agora, com que poderias ser amarrado" (16:10). Agora ela imprime um tom de urgência ao pedido. Sansão mais uma vez entra no jogo perigoso e faz do destino de sua vida e de sua carreira uma brincadeira de mal gosto. Ele responde: "Se me amarrares bem com cordas novas [...], então me enfraquecerei e serei como qualquer outro homem" (16:11). Dalila o amarrou e deu novamente a senha do perigo: "Os filisteus vêm sobre ti, Sansão!" (16:12). Ele as arrebentou de seus braços como um fio.

Na terceira tela (16:13,14), Dalila usou a mesma chantagem e a mesma pressão anterior, dizendo: "Até agora, tens zombado de mim e me tens dito mentiras; declara-me, pois, agora: com que poderias ser amarrado?". Sansão que gostava de viver no fio da navalha, de forma perigosa, não percebe que esse jogo vai lhe custar caro. Chegando mais perto do perigo, ele responde: "Se teceres as sete tranças da minha cabeça com a urdidura da teia e se as firmares com pino de tear, então, me enfraquecerei e serei como qualquer outro homem" (16:13). Dalila seguiu à risca o procedimento e disse-lhe: "Os filisteus vêm sobre ti, Sansão!" (16:14). Ele despertou do seu sono e arrancou o pino e a urdidura da teia.

Na quarta tela (16:15-17), Dalila foi ainda mais enfática apelando aos sentimentos de Sansão: "Como dizes que me amas, se não está comigo o teu coração? Já três vezes zombaste de mim e ainda não me declaraste em que consiste a tua grande força" (16:15). O Sansão que era capaz de prevalecer sobre mil filisteus com uma queixada de jumento não foi capaz de resistir à chantagem de uma mulher. O narrador registra: "Importunando-o ela todos os dias com as suas palavras e molestando-o, apoderou-se da alma dele uma impaciência de matar" (16:16). Importunação e molestação são armas muito poderosas que atingiram a alma de Sansão. Ele foi tomado por uma impaciência de morte e acabou cedendo à tentação, abrindo a Dalila o segredo de sua força: "Descobriu-lhe todo o coração e lhe disse: Nunca subiu navalha à minha cabeça, porque sou nazireu de Deus, desde o ventre de minha mãe; se vier a ser rapado, ir-se-á a minha força, e me enfraquecerei e serei como qualquer outro homem" (16:17).

A falta de domínio próprio de Sansão foi sua maior fraqueza. A Escritura adverte: "Como cidade derribada, que não tem muros, assim é o homem que não tem domínio próprio" (Pv 25:28). E ainda, "Melhor é o longânimo do que o herói da guerra, e o que domina o seu espírito, do que toma uma cidade" (Pv 16:32). Artur Cundall diz que aquele homem, cuja força física tornou-o uma lenda era completamente incapaz de cercar suas próprias paixões; sua fraqueza haveria de conduzi-lo à sua queda final.[11] Resta claro afirmar que Sansão era ingênuo ou arrogante. Seu vício sexual o deixou cego diante da realidade, levando-o a ignorar o óbvio em prol de sua gratificação sexual. Para não perder Dalila, ele estava disposto a se tornar como todos os outros homens. Essa era uma rejeição óbvia de seu status de nazireu. Deus não tolerou essa atitude e retirou a força de Sansão, pelo menos temporariamente.[12]

Em quarto lugar, *traição consumada* (16:18,19). Os príncipes filisteus que já estavam desanimados com as várias tentativas frustradas de conseguir o segredo de Sansão, agora recebem uma chamada de Dalila: "Subi mais esta vez, porque agora, me descobriu ele o coração" (16:18). Os príncipes foram ter com ela, levando-lhe o dinheiro prometido. Dalila ambicionava o dinheiro, e eles ambicionavam Sansão. Ela fez Sansão dormir em seu colo, e tendo chamado um homem, mandou rapar-lhe as sete tranças da cabeça" (16:19). Os cabelos longos de Sansão eram a sua coroa real, e ele a perdeu por causa de seu pecado. Com isso, Dalila subjugou Sansão, uma vez que a força dele havia cessado.

Certa vez, li a descrição de uma caçada aos ursos. Os esquimós afiam uma faca bem grande e a firmam na neve, cobrindo todo o local de sangue e deixando um longo rastro. O urso então é atraído pelo cheiro de sangue, lambendo-o enquanto segue o rastro. Ao chegar perto da poça de sangue em torno da faca, ele se lança sobre o sangue com tanta avidez que nem percebe a lâmina afiada, que lhe corta a língua e o pescoço. Quando se dá conta, o urso está bebendo seu próprio sangue até morrer. Tal como o urso, muitos se mutilam voluntariamente por uma gana desenfreada, expondo o próprio pescoço à lâmina do pecado e arruinando-se.

Timothy Keller diz que Sansão usou Dalila para o seu prazer sexual e Dalila usou Sansão para conquistar riqueza e fama. Foi um caso óbvio de receber em vez de dar, de ambas as partes.[13] Depois da captura de Sansão, Dalila não é mais mencionada na história.

Em quinto lugar, *presunção falsa* (16:20). O Sansão que brincou de ficar preso, e conseguiu escapar três vezes, agora está cativo pela sua própria insensatez. O narrador registra: "E disse ela: Os filisteus vêm sobre ti, Sansão! Tendo ele despertado do sono, disse consigo mesmo: Sairei ainda esta vez como dantes e me livrarei; porque ele não sabia ainda que já o Senhor se tinha retirado dele" (16:20). A força de Sansão não estava em seus cabelos, mas no Senhor. Os cabelos eram apenas um símbolo de sua consagração ao Senhor. O que realmente importa não é que o cabelo de Sansão foi cortado, mas que "o Senhor havia se retirado dele". A sua presunção de escapar era falsa. Ele brincou de ficar preso e acabou preso pelas cordas de seu pecado. Timothy Keller compreende que Sansão passou a acreditar que sua força era simplesmente sua, e não importava o que ele fizesse ou como vivesse, seria forte para sempre. Seu autoengano não era apenas psicológico, mas teológico. Sansão não percebeu como era dependente da graça de Deus e passou a ver sua força como um direito inalienável, e não como uma dádiva da misericórdia de Deus.[14] Robert Branson é oportuno ao alertar:

> Quão trágicas são as palavras "ele não sabia que o Senhor tinha se retirado dele". Deus é paciente e suporta por muito tempo as falhas de seu povo, mas há um ponto em que mesmo Ele diz: "Chega!". Então, o Senhor se afasta e permite que o pecador colha as consequências do pecado que plantou.[15]

Em sexto lugar, *sofrimento atroz* (16:21). "Então, os filisteus pegaram nele, e lhe vazaram os olhos, e o fizeram descer a Gaza; amarram-no com duas cadeias de bronze, e virava um moinho no cárcere". O Sansão que pega os filisteus, agora é pego por eles. O Sansão, cujo nome significa "filho do sol", agora está em trevas. O Sansão que tem coragem de ir a Gaza refestelar-se com uma prostituta e depois arrancar a porta da cidade, agora vai a Gaza como prisioneiro. O Sansão que amarra raposas ou chacais para incendiar os campos filisteus, agora é amarrado pelos filisteus. O Sansão que queimou as plantações dos filisteus, agora é obrigado a moer os cereais dos filisteus no cárcere. Pela primeira vez, em vinte anos, o juiz de Deus é derrotado. O pecado é malignissimo, cega, amarra e mói. Robert Chisholm diz que carreira de Sansão parecia ter chegado a um fim trágico. O homem chamado "filho do sol" agora estava submerso em um mundo de escuridão. No início, parecia predestinado para a grandeza, pois sua concepção sobrenatural parecia inseri-lo na linhagem dos grandes patriarcas Isaque, Jacó e José. Essa história, porém, é repleta de reviravoltas e surpresas irônicas.[16]

Em sétimo lugar, *esperança renovada* (16:22). "E o cabelo da sua cabeça, logo após ser rapado, começou a crescer de novo". Essa não é apenas uma informação óbvia. Vemos nesse fato um lampejo de esperança, a restauração da graça. O voto nazireu (Nm 6:1-21) colocava o homem em um estado de "consagração" por período determinado. Uma vez que a cabeça era raspada, o período de consagração terminava. Visto que a força de Sansão fluía de sua dedicação ao Senhor por meio de seus votos, é lógico concluir que seu poder havia acabado. No entanto, a displicência dos carrascos de Sansão em deixar seu cabelo crescer revela um conceito superficial de Deus. A força de Sansão não brotou dos votos que ele fez, mas do Deus a quem Ele fez os votos.[17]

Concordo com Michael Wilcock quando diz que Deus havia abandonado seu servo apenas temporariamente, uma vez que Ele havia dito que Sansão seria nazireu "até o dia da sua morte" (13:7). A promessa seria cumprida, mesmo que Sansão a desprezasse. Existe graça até para o pior dos pecadores (2Tm 2:13).[18]

Tragédia humilhante (16:23-27)

A cena muda para um festival religioso na cidade de Gaza, momento em que os filisteus celebravam a captura de Sansão. O narrador menciona três vezes que os príncipes filisteus estavam presentes na ocasião (16:23,27,30), o que enfatiza tanto a importância política do festival quanto a completude da vingança que Sansão ainda teria. Em uma forma de justiça poética, todos os senhores filisteus que subornaram Dalila (16:5) foram mortos.[19]

Destacamos aqui quatro pontos importantes:

Em primeiro lugar, *a ufania do culto pagão* (16:23). A captura de Sansão, o juiz que era uma pedra no sapato dos filisteus por vinte anos, foi motivo de grande celebração dos príncipes das cinco cidades: "Então, os príncipes dos filisteus se ajuntaram para oferecer grande sacrifício a seu deus Dagom e para se alegrarem; e diziam: Nosso deus nos entregou nas mãos a Sansão, nosso inimigo". O festejo era religioso. A ocasião era para oferecer grande sacrifício a Dagom, o deus filisteu. O motivo é que Dagom havia lhes entregado nas mãos a Sansão, o inimigo nacional. Concordo com a análise de Timothy Keller quando diz que a verdadeira competição não é entre Sansão e os filisteus, mas entre Yahweh e Dagom, o falso deus dos filisteus. Quem é mais poderoso? A quem Israel deveria servir?[20] Aparentemente Dagom está levando a melhor! Será?

Em segundo lugar, *a vingança dos adoradores pagãos* (16:24). O povo filisteu reuniu-se em massa no templo de Dagom e o louvou pelo fato de Sansão, o inimigo dos filisteus que destruía sua terra e multiplicava seus mortos, havia sido entregue a eles por sua divindade.

Em terceiro lugar, *a diversão do culto pagão* (16:25). O culto pagão era regado a vinho e sensualidade. A fim de conferir mais emoção aos seus festejos, mandaram trazer Sansão ao templo, onde estavam reunidos: "Alegrando-se-lhes o coração, disseram: Mandai vir Sansão, para que nos divirta. Trouxeram Sansão do cárcere, o qual os divertia" (16:25a).

Em quarto lugar, *o pedido do juiz humilhado* (16:25b-27). "[...] quando o fizeram estar em pé entre as colunas, disse Sansão ao moço que o tinha pela mão: Deixa-me, para que apalpe as colunas em que se sustém a casa, para que me encoste a elas. Ora a casa estava cheia de homens e mulheres, e, também, ali estavam todos os príncipes dos filisteus; e sobre o teto havia uns três mil homens e mulheres, que olhavam enquanto Sansão os divertia".

Triunfo surpreendente (16:28-31)

Destacamos aqui quatro pontos importantes:

Em primeiro lugar, *o clamor de Sansão* (16:28). "Sansão clamou ao SENHOR e disse: SENHOR Deus, peço-te que te lembres de mim, e dá-me força só esta vez, ó Deus, para que me vingue dos filisteus, ao menos por um dos meus olhos". Pela segunda vez em toda a sua vida, segundo o registro do narrador, Sansão orou. No passado, ele sempre achava que seria forte, e usou sua força para salvar a própria vida (14:5,6,19; 15:3-5, 13-17; 16:3,8,12,14). Outrora, ele se enganara (16:20,21). Agora, pela primeira vez, cego e fraco, ele simplesmente clama ao Senhor com fé e humildade. Sansão usou em seu clamor três nomes de Deus: Adonai, Elohim e Yahweh. Ele reconhece que o Deus de Israel é soberano (Adonai). Reconhece não só que Deus é o seu Deus (Elohim), mas também que é o Deus Salvador relacional que firma aliança com seu povo (Yahweh). A carta aos Hebreus 11:32-34 apresenta Sansão na galeria dos heróis da fé, como alguém que da fraqueza tirou forças.

Em segundo lugar, *a força de Sansão* (16:29,30a). "Abraçou-se, pois, Sansão com as duas colunas do meio, em que se sustinha a casa, e fez força sobre elas, com a mão direita em uma e com a esquerda na outra. E disse: Morra eu com os filisteus. E inclinou-se com força, e a casa caiu sobre os príncipes e sobre todo o povo que nela estava [...]". A força de Sansão não tinha sua fonte nele mesmo, mas em Deus. Procedia não de seus braços, mas de Deus. A força de Sansão vinha do Deus todo-poderoso. A façanha de derrubar um palácio religioso era obra de Deus nele e por meio dele.

Em terceiro lugar, *a vitória de Sansão* (16:30b). "[...] e foram mais os que matou na sua morte do que os que matara na sua vida". Timothy Keller diz, com razão, que o momento mais importante da vida de Sansão foi sua morte. O evento de sua vida em que demonstrou mais fidelidade foi o modo como morreu. O episódio mais triunfal de sua vida foi sua morte, pois, finalmente, e no gesto derradeiro, Sansão cumpre a tarefa de iniciar a resgate do povo de Deus, conforme o Anjo do Senhor explicara à sua mãe quando anunciou seu nascimento miraculoso (13:5).[21]

Concordo com Robert Branson, quando diz que a morte de Sansão não foi suicídio no sentido comum da palavra. Ele morreu na luta contra os inimigos de seu país, tal como um soldado em uma batalha perdida.[22] Nada obstante, até mesmo no fim de sua vida, Sansão não compreendeu plenamente seu papel como libertador de Israel. Sua preocupação era exclusivamente a vingança pessoal, que o motivou de forma tão poderosa que ele se dispôs a pagar com sua própria vida por ela.[23]

Em quarto lugar, *o sepultamento de Sansão* (16:31). "Então, seus irmãos desceram, e toda a casa de seu pai, tomaram-no, subiram com ele e o sepultaram entre Zorá e Estaol, no sepulcro de Manoá, seu pai. Julgou ele a Israel vinte anos". Mesmo não tendo trazido um período de paz para Israel, ele foi honrado por sua família no enterro como um juiz que julgou Israel por vinte anos (15:20; 16:31).

Chamo a atenção dos leitores para o fato que de o preço que Sansão pagou por suas escolhas erradas foi muito alto e teve consequências em diversas áreas de sua vida, como vemos a seguir:

Primeiro, *a ilusão* (16:20). O pecado é uma armadilha para os pés, um engano para o coração e uma tragédia para a alma. O Diabo é um estelionatário: promete vida e mata; promete liberdade e escraviza; promete prazer e atormenta.

O pecado é uma fraude: fascina os olhos, mas produz cegueira; é doce ao paladar, mas amargo ao estômago. Sansão, que arrebentara as amarras como fiapos podres de estopa, agora está impotente e sem força. O pecado enfraquece e torna o indivíduo vulnerável.

Segundo, *a fraqueza* (16:19). A força de Sansão não estava em seus cabelos, mas em Deus. Quando Deus se retirou de Sansão, a força dele se foi. Os cabelos de Sansão eram apenas um símbolo de sua consagração a Deus. Sempre que nos afastamos de Deus, tornamo-nos impotentes, vulneráveis e fracos. A nossa derrota não é resultado da presença do inimigo, mas da ausência de Deus. O pecado nos afasta de Deus e por isso é o pior de todos os males. É maligno. É pior que a pobreza, que a solidão, que a doença e que a própria morte. Todos esses males não podem nos afastar de Deus, mas o pecado nos afasta de Deus agora e por toda a eternidade.

Terceiro, *a ausência de Deus* (16:20). Se Deus estiver do nosso lado, ainda que o inferno inteiro se levante contra nós, sairemos vitoriosos; mas, se Deus se ausentar de nós, seremos fragorosamente derrotados. Não podemos nos manter de pé estribados em nossa própria força. Sem Deus, tropeçamos em nossas próprias pernas. Sem Deus, nossa força é fraqueza consumada. Sem Deus, tornamo-nos presa do inimigo. Quando Deus se afastou de Sansão, ele caiu imediatamente nas mãos dos filisteus.

Quarto, *a perda da visão* (16:21). Aquele cujo nome significa "filho do sol" ou "luz" encontrava-se em densas trevas. Aquele que deveria ser um farol para iluminar o caminho da libertação do seu povo ficou cego. O pequeno sol teve sua luz apagada e seus olhos vazados. O fascínio pelo pecado o deixou cego, mas, antes mesmo que os olhos do seu corpo fossem vazados pelos filisteus, a concupiscência dos olhos havia cegado os olhos da sua alma. Há muitas pessoas que ainda hoje seguem por caminhos de trevas e com o tempo perdem a visão espiritual.

Quinto, *a perda da dignidade* (16:21). Sansão não apenas ficou cego e cativo nas mãos dos filisteus, como também foi obrigado a descer ao lugar das suas antigas quedas. Descer a Gaza era reavivar na memória dele o lugar do seu fracasso mais vergonhoso. Ali Sansão, um homem de Deus, iniciou-se nos sinuosos caminhos da promiscuidade. Ali ele se deitou com uma prostituta. Ali ele entregou seu corpo à lascívia. Ali ele perdeu a dignidade. Sua honra foi enlameada. Seu nome foi maculado. Sua criação como um jovem consagrado a Deus desde o ventre foi esquecida. Sansão rompeu todos os padrões da decência. Entregou-se ao espírito da sua época e foi tristemente envergonhado. Em Gaza, embora conseguisse fugir dos filisteus, carregando heroicamente os portões da cidade em seus ombros, Sansão sofreu uma derrota esmagadora ao carregar os pecados da cidade no coração.

Sexto, *a perda da liberdade* (16:21). Sansão, o homem prodígio, o homem de força descomunal, o homem que enfrentava sozinho um exército inteiro, agora impotente e indefeso, é amarrado e acorrentado. Ele então se torna escravo e passa a trabalhar como um servo de seus inimigos. Sansão era livre e libertador do seu povo, mas pôs ele mesmo o pescoço na coleira do inimigo. Quem pratica o pecado é escravo do pecado. Muitas pessoas, embora livres, são escravas e, embora tenham o direito de ir e vir, estão presas pelas grossas correntes dos vícios mais degradantes. Nossa juventude vive o drama da escravidão das drogas. Vivemos a geração que zomba dos preceitos de Deus e escarnece da virtude. O sexo desenfreado está se tornando uma norma para uma sociedade entorpecida pelo pecado. Em nome de uma liberdade sem fronteiras, nossa geração capitula à libertinagem.

Sétimo, *a perda da direção* (16:21). No cárcere, Sansão gasta sua vida girando um moinho, dando voltas sem sair do lugar. Nota-se que sua vida perdeu a direção. Em vez de fazer voos altaneiros e retos como uma águia, ele voa em círculos como um abutre. Quem voa em círculos amiúde voa sobre podridão, sobre aquilo que cheira mal. Em um mundo que está sempre em movimento, a estagnação é um retrocesso. O pecado nos faz girar em círculos e andar de marcha à ré.

Oitavo, *a perda da adoração* (16:23,24). Por não adorar a Deus, agora Sansão está a contragosto em um templo pagão, participando de um culto satânico. Um abismo chama outro abismo. De queda em queda, Sansão foi ao fundo do poço e agora está no território do inimigo, testemunhando seus inimigos exaltarem deuses pagãos. O nome de Deus foi blasfemado entre esses gentios por causa do mau exemplo de Sansão. Por não ter caminhado na direção de Deus, ele foi obrigado a entrar em um templo pagão.

Nono, *a perda do respeito* (16:25). Os filisteus conduziram Sansão ao templo pagão para escarnecer dele e fazer chacota. Ele se tornou motivo de zombaria e, em meio à grande algazarra, também zombavam de Deus. Sansão perdeu completamente o respeito diante dos seus adversários, e eles já não o temiam. pois tinham prevalecido sobre ele. O pecado havia derrotado Sansão e fortalecido os braços do inimigo.

Décimo, *a perda da vida* (16:30). Sansão morreu ao matar os filisteus. Ele foi perdoado por Deus, mas perdeu a vida junto com seus inimigos, pois não se livrou das consequências do pecado. Morreu cego, cercado de escuridão. Warren Wiersbe diz que Sansão é um dos três homens das Escrituras identificados especificamente com a escuridão. Os outros dois são o rei Saul, que saiu na escuridão para buscar o socorro emergencial de uma feiticeira (1Sm 28), e Judas Iscariotes, que "saiu logo. E era noite" (Jo 13:30). Saul viveu para o mundo, Judas entregou-se ao Diabo (Jo 13:2,27), Sansão sucumbiu à carne, e os três acabaram tirando a própria vida.[24]

E por que Sansão caiu nas mãos dos filisteus? Ele dominou um leão, mas não soube dominar a si mesmo. Pecou pela concupiscência dos olhos, e ficou cego. Quis viver em liberdade, e acabou escravo. Incendiou com trezentas raposas os campos dos filisteus, mas foi incendiado pela raposa da lascívia. Carregou os portões de Gaza nas costas, mas foi esmagado pelos pecados de lá. Brincou de ficar amarrado, e amarrado ficou. Apesar disso tudo, Deus não deixou de cumprir seus propósitos na vida dele. A Bíblia registra que Sansão matou mais filisteus em sua morte do que em sua vida. Isso diz muito sobre o poder e a misericórdia de Deus diante dos descaminhos humanos.

Concluo este capítulo recorrendo às palavras de Timothy Keller, quando faz um paralelo entre Sansão e Jesus. Ambos foram traídos por alguém que se dizia amigo — Dalila e Judas. Ambos foram entregues a opressores estrangeiros. Ambos foram torturados, amarrados e expostos à zombaria pública. Ambos receberam pedidos para realizar um ato espetacular. Sansão e Jesus parecem completamente derrotados por seus inimigos, mas os dois esmagaram os inimigos ao morrer — Sansão, os filisteus e Dagom; Jesus, o inimigo por excelência, Satanás. Na cruz Jesus reduziu a nada o poder de Satanás, desarmando-o completamente (Cl 2:15). Os dois foram salvadores solitários e tiveram uma derrota vitoriosa. Há, porém, uma diferença fundamental entre Sansão e Jesus. A liderança de Sansão terminou com seu sepultamento, ocasião em que sua história chegou ao fim. Com o sepultamento de Jesus, porém, de várias maneiras, a história só havia começado. Ele venceu a morte, inaugurou a imortalidade e está vivo pelos séculos dos séculos. [25]

Notas

1 CHISHOLM JR., Robert B. *Juízes*, p. 343.
2 KELLER, Timothy. *Juízes para você*, p. 159.
3 WIERSBE, Warren W. *Comentário bíblico expositivo*, v. 2, p. 151.
4 Ibidem, p. 152.
5 CUNDALL, Artur E. *Juízes: introdução e comentário*, p. 167.
6 GUNDD, David M. *Judges*. In: *Blackwell Bible Commentaries*. Blackwell Publishing, p. 211-222.
7 BRANSON, Robert D. *Novo Comentário Bíblico Beacon – Juízes*. 2017, p. 160.
8 WIERSBE, Warren W. *Comentário bíblico expositivo*, v. 2, p. 152,153.
9 KELLER, Timothy. *Juízes para você*, p. 160.
10 Ibidem, p. 161.
11 CUNDALL, Artur E. *Juízes: introdução e comentário*, p. 166.
12 CHISHOLM JR., Robert B. *Juízes*, p. 350.
13 KELLER, Timothy. *Juízes para você*, p. 162.
14 Ibidem, 2019, p. 164.
15 BRANSON, Robert D. *Novo comentário bíblico Beacon – Juízes*, p. 167.
16 CHISHOLM JR., Robert B. *Juízes*, p. 352.

[17] KELLER, Timothy. *Juízes para você*, p. 167.
[18] WILCOCK, Michael. The Message of *Judges*, p. 148.
[19] BRANSON, Robert D. *Novo comentário bíblico Beacon – Juízes*, p. 164.
[20] KELLER, Timothy. *Juízes para você*, p. 168.
[21] KELLER, Timothy. *Juízes para você*, p. 170.
[22] RIDALL, R. Clyde. *O livro de Juízes*. In: *Comentário bíblico Beacon*, v. 2, p. 145.
[23] CHISHOLM JR., Robert B. *Juízes*, p. 354.
[24] WIERSBE, Warren W. *Comentário bíblico expositivo*, v. 2, p. 153.
[25] KELLER, Timothy. *Juízes para você*, p. 171-173.

Capítulo 20

O colapso espiritual da religião de Israel

(Juízes 17:1-13)

ENTRAMOS AGORA NA TERCEIRA e última seção do livro de Juízes, dos capítulos 17:1 a 21:25. Já vimos as duas primeiras seções: a primeira, dos capítulos 1:1 a 3:6; e a segunda, dos capítulos 3:7 a 16:31. Os últimos cinco capítulos do livro de Juízes são diferentes dos demais, pois não há freio na apostasia de Israel; não há anúncio de uma nova opressão nem da figura de um juiz libertador. O narrador muda de estilo ao retratar a confusão de um povo completamente rendido ao pecado. Aqui, Israel está completamente envolvido com uma profunda confusão espiritual e moral. Aqui, o problema não é o inimigo que vem de fora, mas o câncer que ataca por dentro. Aqui, Israel chega ao fundo do poço, mas não sem esperança.[1]

Robert Branson diz que os cinco capítulos finais do livro de Juízes contêm duas narrativas: a realocação da tribo de Dã (17—19) e a guerra contra a tribo de Benjamim (19—21). Durante a jornada rumo ao norte, um grupo de soldados danitas roubou os deuses domésticos de Mica com o intuito de estabelecer um centro de adoração ilegítimo para a tribo.[2]

Depois de Sansão, o danita, a família, a religião e a sociedade que já estavam com o pé no acelerador, em uma corrida açodada rumo ao abismo, estão, agora, às portas da crise mais medonha, do caos mais assombroso. Warren Wiersbe diz que a desintegração de Israel se deu nessas três áreas principais da vida: o lar, o ministério e a sociedade.[3] A família, o governo e a igreja são as três instituições estabelecidas por Deus; portanto, se elas entrarem em colapso, a sociedade desmorona.

A expressão "Tendo os filhos de Israel tornado a fazer o que era mau perante o Senhor" (2:11; 3:7,12; 4.1; 6:1; 10:6; 13:1), agora é substituída pela expressão "Naqueles dias, não havia rei em Israel; cada um fazia o que achava mais reto" (17:6; 18:1; 19:1; 21:25). Moisés já havia alertado Israel sobre não fazer o que achava certo aos seus próprios olhos (Dt 12:8), ou o que era "mau aos olhos do Senhor (Dt 4:19,25;17:2;31:29), e encorajou a nação a fazer o certo diante de Deus (Dt 6:18;18:18;13:19;21:9). A despeito desses alertas, porém, os filhos de Israel haviam abandonado a lei de Deus e desprezado os preceitos absolutos da sua Palavra. Viviam governados pela ditadura do sincretismo religioso e do relativismo moral.

O texto em tela é uma evidência eloquente dessa triste realidade. Vejamos:

Uma religião heterodoxa, rendida ao relativismo moral (17:1-6)

Mica era filho de uma mãe abastada. Seu nome quer dizer "quem é como o Senhor?". É notório que Mica não viveu de modo a honrar ao Senhor. Muito embora essa família não adorasse os deuses pagãos, eles corromperam a adoração verdadeira e perverteram o culto que se deve prestar ao Senhor. O caráter de Mica era tão corrompido que ele roubou sua própria mãe um mil e cem siclos de prata. O valor roubado, a mesma quantidade paga individualmente pelos cinco príncipes filisteus a Dalila, levou alguns estudiosos a pensar que essa mulher era Dalila e que Mica era filho de Sansão com ela. Destacamos, aqui oito pontos importantes:

Em primeiro lugar, *religioso, mas ladrão* (17:1,2a). Mica era efraimita, procedente das montanhas de Efraim. Ao roubar um mil e cem siclos de prata de sua mãe e esconder esses valores, mostrou que embora fosse religioso, era um homem desonesto. Nas palavras de Timothy Keller, "Mica é um homem de caráter fraco, sem princípios, vazio, sem substância".[4] Apesar de ser membro de uma das mais importantes tribos de Israel, não passava de um larápio. Ele conhecia os preceitos de Deus, mas ainda assim quebrou o oitavo mandamento: "Não furtarás" (Êx 20:15). Mais tarde, Salomão escreveu: "O que rouba a seu pai ou a sua mãe e diz: Não é pecado, companheiro é do destruidor" (Pv 28:24).

Em segundo lugar, *réu confesso, mas sem arrependimento* (17:2b). A mãe, subtraída de sua prata, pronunciou uma maldição sobre o ladrão, sem saber que o larápio era seu próprio filho Mica. Ao ouvir a maldição proferida pela mãe, com medo das consequências, devolveu a ela o valor roubado. Ele o fez não motivado por genuíno arrependimento, mas por medo das consequências. Nessa mesma linha de pensamento Warren Wiersbe escreve: "Foi o medo da maldição, não o temor do Senhor, que levou o filho a confessar o crime e devolver o dinheiro".[5]

Em terceiro lugar, *bênção, mas vazia* (17:2c). Mesmo sem averiguar o verdadeiro arrependimento do filho, a mãe reverte a maldição em bênção, dizendo: "Bendito do Senhor seja meu filho!" (17:2c). É óbvio que bênção e maldição não são prerrogativas humanas nem muito menos automática. A mãe de Mica não tratou dos pecados do filho. Ao passar pano para a desonestidade do filho, em nada ela contribuiu para a mudança do caráter dele. Como bem acentua Timothy Keller, "Mica não é desafiado a examinar seu coração e o motivo de ter roubado o dinheiro; não há reconhecimento sincero e humilde da necessidade de graça e transformação. O comportamento da mãe revela por que Mica é do jeito que é".[6]

A mãe de Mica amaldiçoou, abençoou e jurou — tudo isso num espaço de dois versículos (17:1,2). Robert Chisholm diz que a mãe de Mica parecia acreditar que podia manipular o Senhor com suas declarações solenes. A seu ver, uma maldição podia ser transformada em bênção por meio de uma rápida promessa de que ela faria um ídolo para o Senhor.[7] Longe da bênção da mãe de Mica lhe alcançar, mãe e filho estavam debaixo da maldição prescrita em Deuteronômio 27:15: "Maldito o homem que fizer imagem de escultura ou de fundição, abominável ao Senhor, obra de artífice". A imagem e o ídolo que consagraram ao Senhor acabaram nas mãos dos danitas em um altar idólatra que rivalizava com o altar oficial do Senhor em Siló.

Em quarto lugar, *zelo, mas sem entendimento* (17:3). A mãe de Mica ao receber o dinheiro roubado pelo filho, devolve-o ao filho, dedicando-o todo ao Senhor, a fim de que seu filho fizesse uma imagem de escultura e uma de fundição. É digno de nota que essa mãe não dedica esse dinheiro a Dagom nem a Baal ou Astarote, mas ao Senhor. No entanto, ela demonstra total desconhecimento ou descompromisso com o culto ao Senhor, que peremptoriamente proibia a confecção de imagens de escultura no segundo mandamento do Decálogo:

> Não farás para ti imagem de escultura, nem semelhança alguma do que há em cima nos céus, nem embaixo na terra, nem nas águas debaixo da terra. Não as adorarás, nem lhes darás culto; porque eu sou o Senhor, teu Deus, Deus zeloso, que visito a iniquidade dos pais nos filhos até à terceira e quarta geração daqueles que me aborrecem e faço misericórdia até mil gerações daqueles que me amam e guardam os meus mandamentos (Êx 20:4-6).

O gesto da mãe de Mica é espantoso, uma vez que é uma acintosa contradição, pois ela quer adorar a Deus, fazendo o que Deus proíbe; ou seja, mandando esculpir imagens de escultura. Concordo com Clyde Ridall quando diz que esta associação de idolatria com o nome do Senhor é uma triste constatação do alcance da corrupção promovida pela religião cananeia sobre a adoração pura a Deus.[8]

É claro que Deus não pode ser adorado segundo as inclinações do nosso coração. Ele mesmo prescreveu o modo como isso deve proceder. Por que Deus proíbe a fabricação e adoração de imagens? Timothy Keller responde:

> Porque qualquer imagem esculpida ou representação de Deus revelaria automaticamente parte da natureza de Deus, mas

> ocultaria outra parte. Por exemplo, Arão construiu um bezerro de ouro no deserto. O bezerro não era outro deus, e sim um jeito de adorar a Deus. Contudo, embora o bezerro pudesse simbolizar o poder de Deus, não revelava sua justiça ou seu amor. Se você fizesse um retrato de Deus e tentasse adorá-lo, ele mostraria um Deus sorridente e amoroso ou impressionantemente majestoso? O retrato não expressaria toda a extensão da glória de Deus e, portanto, sua visão de Deus seria distorcida. Adorar a Deus por meio de imagens revela um espírito interior que não quer se submeter a Deus exatamente como ele é, mas que deseja escolher os atributos para criar um Deus que nos seja agradável [...]. O verdadeiro problema na adoração por meio de imagens é o desejo de moldar e revisar Deus espiritualmente. É uma recusa em deixar Deus "ser Ele mesmo" em nossa vida. É comum ouvir alguém afirmar: Não acredito num Deus assim. Para mim, Deus é...! Isso é adorar a Deus por intermédio da obra de nossas próprias mãos. É tentar remodelar Deus para que Ele se encaixe em nosso coração e em nossa sociedade em vez de permitir que Ele remodele nosso coração e nossa sociedade.[9]

Em quinto lugar, *promessa, mas sem cumprimento* (17:3,4). A mulher que consagrou todo o dinheiro ao Senhor, ou seja, um mil e cem siclos de prata, na verdade, só entregou duzentos siclos de prata ao ourives, o qual fez deles uma imagem de escultura e uma de fundição. À semelhança de Ananias e Safira, a mãe de Mica prometeu tudo ao Senhor e entregou apenas uma pequena parte, retendo em suas mãos o restante. A desonestidade do filho agora é vista na própria mãe. Ambos surrupiaram valores alheios. O filho roubando da mãe, e a mãe roubando do Senhor.

Em sexto lugar, *adoração doméstica, mas falsa* (17:4b,5a). "[...] e a imagem esteve em casa de Mica. E, assim, este homem, Mica, veio a ter uma casa de deuses [...]". Mica possuía seu centro de adoração pessoal, a despeito do fato de o local de culto oficial se encontrar em território efraimita, em Siló (18:31). O culto prestado por Mica estava errado em dois aspectos:

Primeiro, *quanto ao lugar*. Mica era um homem assaz religioso. Sua casa era uma espécie de santuário, aonde as pessoas vinham para adorar. Ele estabeleceu um altar doméstico, erguendo seu próprio santuário para adorar de acordo com suas próprias conveniências. A religião de Israel se tornou uma preferência individual. Timothy Keller enfatiza que Deus havia ordenado que houvesse um tabernáculo central ou templo, estabelecido ao redor da nuvem de glória — a presença majestosa — de Deus (Êx 25:1-9). Quando a nuvem de glória se movia, o tabernáculo se movia. Esse era o lugar onde os sacrifícios eram oferecidos, onde a adoração acontecia, onde o "éfode" ou colete sacerdotal era guardado, onde Deus respondia às perguntas do povo. Deus não permitia que os israelitas adorassem em qualquer lugar que desejassem.[10]

Segundo, *quanto à forma*. Mica adotou um culto cheio de sincretismo quando o culto deveria ser conduzido conforme as prescrições da Palavra de Deus, e não segundo as ideias humanas. O templo que Mica dedicou ao Senhor e o culto que prestava a Ele em sua casa estavam na contramão dos preceitos divinos. Como veremos a seguir, a consagração de um de seus filhos ao sacerdócio foi uma aberração e se opunha à lei de Deus, pois foi uma quebra do sacerdócio levítico. Mica queria cultuar a Deus do seu jeito, segundo as inclinações de seu coração e não conforme as prescrições divinas.

Em sétimo lugar, *consagração ao sacerdócio, mas fora dos preceitos divinos* (17.5). "[...] fez uma estola sacerdotal e ídolos do lar e consagrou a um de seus filhos, para que lhe fosse por sacerdote". Mica e sua mãe decidem elevar um membro da família ao sacerdócio. A estola sacerdotal era uma peça do vestuário do sacerdote, mas os ídolos do lar faziam parte do culto pagão. Na mente de Mica, as coisas estavam confusas e misturadas. A seu bel prazer, consagra um de seus filhos como sacerdote particular, também ao arrepio das Escrituras, porque somente um levita poderia ocupar essa função. É vital compreender que a fé do povo de Deus é revelada. Deus manda: "Adore-me como sou, não como você quer que eu seja; adore-me como diz a minha Palavra, não como seu coração deseja".

Em oitavo lugar, *liberdade, mas sem fidelidade* (17:6). "Naqueles dias não havia rei em Israel; cada qual fazia o que achava mais reto". As coisas estavam sem rédea em Israel. Não havia rei nem lei. Cada um era seu próprio rei e cada um estabelecia suas próprias regras. O resultado dessa confusão foi o caos na família, na religião e na sociedade. Robert Chisholm é enfático em afirmar que o vácuo de liderança em Israel havia levado à anarquia civil e religiosa.[11] Concordo com Clyde Ridall quando diz que esse é o abismo no qual qualquer pessoa vai mergulhar mais cedo ou mais tarde quando abandonar os princípios morais absolutos e a autoridade das Escrituras.[12]

Uma religião sincrética, rendida ao pragmatismo (17:7-13)

Timothy Keller tem razão em dizer que, o que não falta no capítulo 17 de Juízes é atividade religiosa — um santuário em casa é sinal de grande piedade, mas isso é religião de acordo com os termos do Israel apóstata e das preferências individuais. É uma religião que não tem nada a ver com

Deus, sua verdade e sua vontade. É uma religião que busca controlar e domesticar o Senhor Deus, tentando fazê-lo segundo uma imagem que nos agrada. É uma religião fácil ou excitante, mas não é uma religião verdadeira que trará bênção e libertação.[13]

É de bom alvitre dizer que o sincretismo religioso não estava presente apenas na vida daqueles que eram leigos no assunto, mas também na vida daqueles que estavam afeitos às coisas sagradas — os levitas. Isso pode ser claramente visto no episódio do levita que morava em Belém e saiu em busca de condições melhores para viver. Destacamos aqui quatro pontos:

Em primeiro lugar, *um levita desempregado* (17:7,8a). "Havia um moço de Belém de Judá, da tribo de Judá, que era levita e se demorava ali. Esse homem partiu da cidade de Belém de Judá para ficar onde melhor lhe parecia [...]". O narrador não menciona os motivos da saída desse levita de Belém. Apenas nos informa que ele sai sem rumo certo, buscando dias melhores e condições melhores para viver. Belém não era uma das cidades levíticas de Judá (Js 21:9-16). Mais tarde, ficamos sabendo que esse jovem sacerdote se chamava Jônatas e era descendente de Gérson, o filho de Manassés, da linhagem de Moisés (18:30)

Em segundo lugar, *um levita contratado* (17:8b-11). Na sua jornada em busca de sustento, o levita chega à região montanhosa de Efraim, até à casa de Mica. Este lhe pergunta: "Donde vem? Ele lhe respondeu: Sou levita de Belém de Judá e vou ficar onde melhor me parecer" (17:8b,9). Mica, então, lhe faz uma proposta de trabalho: "Fica comigo e sê-me por pai e sacerdote; e cada ano te darei dez siclos de prata, o vestuário e o sustento" (17:10). Mica lhe oferece um cargo remunerado: roupa, comida e salário. O jovem levita aceita os termos do contrato, a proposta de emprego e se torna seu capelão particular. Está escrito: "[...] o levita entrou e consentiu em ficar com aquele homem; e o moço lhe foi como um de seus filhos" (17:10b,11). O levita aceita ser sacerdote de uma família rendida à idolatria. Ele negocia sua fidelidade. Trai sua vocação por dinheiro. Tornou-se um sacerdote contratado em vez de um ministro de Deus de verdade.

Os verdadeiros pastores não veem seu trabalho como uma "carreira" nem correm atrás de um "emprego melhor" quando surge uma oportunidade. Antes, ficam onde Deus os colocou e não saem de lá até que o Senhor os envie para outro lugar.[14] O levita, porém, não tinha a sabedoria apropriada para sua idade e estava disposto a aproveitar as chances conforme elas surgiam.[15]

Warren Wiersbe lança luz sobre o assunto ao escrever:

> Esse homem não deu valor algum a seu chamado como levita, servo escolhido de Deus. Os levitas eram encarregados não apenas de ajudar os sacerdotes em seus ministérios (Nm 3:6-13; 8:17,18) como também de ensinar a lei ao povo (Ne 8.7-9; 2Cr 17.7-9; 35:3) e de participar da música sagrada e dos louvores de Israel (1Cr 23:28-32; Ed 3:10). Jônatas (18:30) renunciou a tudo isso em troca do conforto e da segurança no lar de um idólatra.[16]

Fica claro que o jovem levita esqueceu-se de que a herança sacerdotal não podia ser contratada e que o Senhor não pode ser manipulado para conceder suas bênçãos. Conforme diz Robert Chisholm, "o jovem levita aceitou um emprego num altar e se tornou um sacerdote fora-da-lei, que praticava um javismo heterodoxo num altar particular".[17] Artur Cundall diz que o relacionamento entre Mica e Jônatas, o seu levita, é significativo, pois Jônatas deveria ser pai e sacerdote para Mica, mas tornou-se como um de seus filhos (17:10,11).[18]

Em terceiro lugar, *um levita consagrado* (17:12). "Consagrou Mica ao moço levita, que lhe passou a ser sacerdote; e ficou em casa de Mica". O jovem levita recebe uma consagração espúria das mãos de Mica e exerce a função sacerdotal à revelia da Palavra de Deus por amor ao lucro. Por conveniência, ele permanece na casa de Mica, exercendo um sacerdócio espúrio, na manutenção e promoção de uma religiosidade sincrética. Resta claro afirmar que os verdadeiros ministros de Deus recebem seu chamado e autoridade de Deus, não dos homens, e honram o Deus vivo e verdadeiro, não os ídolos feitos por mãos humanas. Warren Wiersbe tem razão em dizer que os Jônatas e os Micas sempre vão se encontrar, pois precisam um do outro.[19]

Em quarto lugar, *um religioso presumido* (17:13). "Então, disse Mica: sei, agora, que o Senhor me fará bem, porquanto tenho um levita por sacerdote". Mica, por sua vez, vê sua religiosidade, agora liderada por um levita de verdade, como uma fonte de sucesso pessoal. Ledo engano. Ao reduzir o Deus invisível a uma imagem de escultura, só restou a Mica adorar um deus que não podia ajudá-lo, salvá-lo ou abençoá-lo.

A espiritualidade de Mica é o retrato da religião do lucro, da prosperidade e do sucesso. Mica praticava uma religião falsa e adorava falsos deuses (acrescendo Yahweh à mistura), enquanto isso, fiava-se em uma falsa segurança de que Deus o estava abençoando. Mal sabia que viria um tempo em que seu sacerdote e seus deuses lhe seriam tomados e que não restaria coisa alguma de sua religião, como veremos no capítulo seguinte.[20]

Que lições podemos tirar do texto que acabamos de expor? J. P. Millar sugere algumas aplicações. Ei-las:[21]

1. A idolatria começa com aqueles que não estão de pé na conduta moral (17:1-4). Vemos aqui um filho ladrão e uma mãe complacente e desonesta que não cumprem a Palavra, mas promovem a idolatria.
2. Deus estabelece no coração do criminoso os meios de detectar seus próprios crimes (17:2). A memória e a consciência são dois detetives que trabalham juntos para levar o transgressor à confissão (Sl 32:3-5).
3. A impotência da maldição humana (17:2). Bênção e maldição não são coisas automáticas. Há limites humanos tanto na distribuição de bênção quanto na imprecação de maldição.
4. A consciência compele o homem à prática religiosa, mesmo daqueles cujo coração é avarento. Mica tinha um altar em sua casa e um sacerdote contratado para servi-lo.
5. O engano do coração que pensa que pode subornar a consciência. Nenhuma penitência, ritual, oferta ou sacrifício pode acalmar uma consciência atormentada pela culpa, exceto o sangue de Cristo (Hb 9:14).
6. O erro de abandonar os preceitos divinos no que tange à adoração. Mica estabeleceu um altar, uma divindade, um sacerdote e um culto na contramão das prescrições divinas. Isso é um erro crasso.
7. O perigo de estabelecer uma religião meramente de acordo com a nossa própria vontade. A idolatria e o sincretismo religioso são uma afronta à Majestade divina.

8. Algumas pessoas ficam cheias de si por ostentarem sua religiosidade. Mica transformou sua casa em um santuário para ter o reconhecimento de todos os seus vizinhos.
9. O grande pecado de ostentar uma alta posição religiosa com o objetivo de obter vantagens pessoais. Mica achou que sua vida deslancharia em prosperidade e sucesso porque tinha um sacerdote levita contratado como seu capelão particular.
10. A idolatria é o pecado que mais desonra a Deus. A idolatria degrada a natureza de Deus.

Notas

1 DAVIS, Dale Ralph. *Judges*, p. 197.
2 BRANSON, Robert D. Novo comentário cíblico Beacon – *Juízes*, p. 170.
3 WIERSBE, Warren W. *Comentário bíblico expositivo*, v. 2, p. 156.
4 KELLER, Timothy. *Juízes para você*, p. 175.
5 WIERSBE, Warren W. *Comentário bíblico expositivo*, v. 2, p. 156.
6 KELLER, Timothy. *Juízes para você*, p. 175.
7 CHISHOLM JR., Robert B. *Juízes*, p. 366.
8 RIDALL, R. Clyde. *O livro de Juízes*. In: *Comentário bíblico Beacon*, v. 2, 2015, p. 147.
9 KELLER, Timothy. *Juízes para você*, p. 176,177.
10 Ibidem, p. 179.
11 CHISHOLM JR., Robert B. *Juízes*, p. 367.
12 RIDALL, R. Clyde. *O livro de Juízes*. In: *Comentário bíblico Beacon*, v. 2, p. 147.
13 KELLER, Timothy. *Juízes para você*, p. 180.

[14] WIERSBE, Warren W. *Comentário bíblico expositivo*, p. 158.
[15] BRANSON, Robert D. *Novo comentário bíblico Beacon – Juízes*, p. 174.
[16] WIERSBE, Warren W. *Comentário bíblico expositivo*, v. 2, p. 158.
[17] CHISHOLM JR., Robert B. *Juízes*, p. 371.
[18] CUNDALL, Artur E. *Juízes: introdução e comentário*, p. 178.
[19] WIERSBE, Warren W. *Comentário bíblico expositivo*, v. 2, p. 158.
[20] Ibidem, p. 158.
[21] MILLAR, J. P. The Preacher's Complete Homiletic Commentary on the book of *Judges*, p. 519-522.

Capítulo 21

O colapso de uma sociedade que abandonou Deus

(Juízes 18:1-31)

A TRIBO DE DÃ era descendente do quinto filho de Jacó, nascido de Bila, serva de Raquel (Gn 30:1-6). O patriarca Jacó, antes de morrer, proferiu bênçãos proféticas sobre seus filhos. Quando se referiu a Dã, disse: "Dã será serpente junto ao caminho, uma víbora junto à vereda, que morde os talões do cavalo e faz cair o seu cavaleiro por detrás" (Gn 49:17). Apesar de não ser uma tribo grande (Nm 1:39), Dã recebeu um excelente território quando a terra foi dividida (Js 19:40-48). Os amorreus, porém, arredaram os filhos de Dã até às montanhas e não os deixaram descer ao vale (1:34).

Dã não conseguiu tomar posse do território loteado para ela, pois os amorreus eram muito fortes. No cântico de Débora, Dã é descrita como uma tribo que se localizava perto do mar (5:17). Como os filisteus, povo oriundo da Grécia, no século 12 a.C., ocuparam a região costeira da Palestina, e como Gaza e Ascalom eram duas de suas cidades mais proeminentes à beira mar, os danitas devem ter encontrado emprego trabalhando nas embarcações filisteias.[1] Artur Cundall sintetiza essa situação, assim:

> Os danitas tornaram-se incapazes de ocupar o território que lhes fora alocado (Js 19:41-46), devido à oposição dos amorreus e, depois, à pressão dos filisteus. Empurrados para as montanhas, ficaram confinados a uma área demasiadamente pequena, na região de Zorá e Estaol, onde se deram as façanhas de Sansão (13:2,25), em território que, de acordo com Josué 15:33 ficava também nas fronteiras de Judá.[2]

Agora, em virtude de uma sociedade anárquica, sem rei e sem lei, os danitas resolvem lutar por um lugal ao sol, buscando uma terra para se alojarem. no entanto, eles cobiçaram as terras de outros, e tomaram-nas usando de violência. Nessa empreitada, invadiram terras que não eram designadas por Deus; e, ao arrepio da lei de Deus, massacram Laís, uma cidade pacífica, para instituir aí, um culto pagão, que perdurou até que o povo foi levado para o exílio pelos assírios em 722 a.C.

Concordo com Warren Wiersbe, quando escreve: "Deus colocou cada tribo exatamente onde desejava que ficasse. Ao rejeitar o território que o Senhor havia separado para ela, a tribo de Dã estava opondo-se à vontade de Deus".[3] É digno de nota que os danitas se destacam pela ausência na lista das tribos de Israel que estão na glória (Ap 7:5-8).

Warren Wiersbe destaca cinco pecados da tribo de Dã, no texto em apreço: cobiça (18:1,2), conselho pecaminoso (18:3-6), roubo e intimidação (18:14-26), violência e homicídio (18:7-13,27-29) e idolatria (18:30,31).[4]

Uma terra sem lei e uma tribo sem terra (18:1-6)

Destacamos, aqui, cinco pontos importantes:

Em primeiro lugar, *o desastre de uma sociedade anárquica* (18:1a). Os filhos de Israel viviam seus dias mais sombrios. A família, o ministério e a sociedade estavam rendidos ao relativismo moral, capitulados à anarquia. Cada um era seu próprio rei e cada um estabelecia suas próprias regras.

Em segundo lugar, *uma tribo fracassada* (18:1b). A nota de abertura de que naquela época não havia rei (17:6; 18:1) liga a história anterior registrada no capítulo 17 e esta que segue no capítulo 18. Em Josué 19:40-48, Dã recebe um território a oeste das colinas de Judá, na planície. Todavia, como os amorreus (1:34), e depois deles os filisteus, eram muito fortes, a tribo não conseguiu tomar posse de sua herança.

Em terceiro lugar, *uma missão aos espias* (18:2). Os danitas resolvem lutar por uma terra onde pudessem ser alojados. Querem uma terra para habitar, um espaço para trabalhar e produzir. Então, comissionam cinco espias para saírem a explorar a terra. Isso lembra os incidentes de Números 13, quando doze espias, representantes das doze tribos foram observar a Terra Prometida.

Em quarto lugar, *um sacerdote descoberto* (18:3,4). Nessa jornada dos espias rumo ao norte, chegaram à casa de Mica, nas montanhas de Efraim. Na casa desse danita, havia um santuário com ídolos, estola sacerdotal e um sacerdote levita contratado como capelão familiar. Os espias o identificaram pelo seu sotaque sulista, como Pedro fora desmascarado na casa do sumo sacerdote por causa do seu sotaque galileu (Mt 26:73). O sacerdote contou a eles sobre sua vida, como fora parar na casa de Mica e como fora contratado por este para ser um capelão familiar.

Em quinto lugar, *uma consulta a Deus* (18:5,6). Os espias pediram ao sacerdote para consultar a Deus acerca de sua missão. Este o fez e deu a eles a garantia de que Deus estava à frente deles nessa empreitada. Obviamente, o sacerdote responde o que eles querem ouvir e dá chancela profética sem qualquer garantia de que, de fato, está falando em nome de Deus.

Um relatório otimista e um desafio à conquista (18:7-10)

Três fatos merecem destaque aqui:

Em primeiro lugar, *uma sondagem da terra* (18:7). Os cinco espias partiram e chegaram a Laís. Constataram que o povo próspero que lá vivia era pacífico e estava em segurança, sem sentir qualquer ameaça externa e sem ter também qualquer aliança externa para se proteger. Essas informações foram vistas pelos espias como um fator favorável para conquistarem a cidade.

Em segundo lugar, *um desafio militar* (18:8-10a). Quando os espias voltaram a seus irmãos que moravam em Zorá e Estaol, foram interrogados acerca da espionagem. Os espias responderam com um desafio: "Disponde-vos e subamos contra eles; porque examinamos a terra, e eis que é muito boa. Estais aí parados? Não vos demoreis em sair para ocupardes a terra" (18:9). Os espias ainda deram uma informação adicional: "Quando lá chegardes, achareis um povo confiado, e a terra é ampla" (18:10a). Diferente dos doze espias de Israel, o relatório desses espias foi unânime. Era tempo de sair, lutar e vencer.

Em terceiro lugar, *um argumento teológico* (18:10b). A fim de encorajar os valentes de Dã à conquista de Laís, os espias argumentaram: "[...] porque Deus vo-la entregou nas mãos; é um lugar em que não há falta de coisa alguma que há na terra" (18:10b). Mesmo agindo na contramão da vontade de Deus, os espias lançam mão de um argumento teológico para despertar a tribo para a conquista.

Uma violência à casa de um religioso (18:11-26)

Chamo a atenção dos leitores para quatro fatos, aqui registrados:

Em primeiro lugar, *a chegada na casa de Mica* (18:11-13). Seiscentos homens valentes da tribo de Dã, responderam ao desafio e, com armas de guerra, partiram de Zorá e Estaol rumo a Laís para tomá-la à força, acompanhados de suas respectivas famílias. Na jornada, passaram à região montanhosa de Efraim e chegaram até à casa de Mica, onde haviam se encontrado com Jônatas, o jovem levita.

Em segundo lugar, *o roubo na casa de Mica* (18:14-18). Os cinco espias informaram aos seiscentos valentes que havia na casa de Mica uma estola sacerdotal, ídolos do lar, uma imagem de escultura e uma de fundição. Então, esses seiscentos valentes fortemente armados ficaram postados à porta enquanto os cinco espiões entraram na casa de Mica e apanharam a imagem de escultura, a estola sacerdotal, os ídolos do lar e a imagem de fundição. O jovem levita ao ver o sequestro desses objetos sagrados, questionou os espiões: "Que estais fazendo?" (18:18b). A cena era tão chocante que o roubo dos objetos de adoração é descrito três vezes (18,17,18,20). Neste último, foi o próprio levita que juntou o éfode, os terafins e o ídolo. Fica evidente, com isso, que o ato de criar um centro de adoração ilegítimo para a tribo de Dã foi consciente e deliberado.

Em terceiro lugar, *a contratação do sacerdote de Mica* (18:19,20). Os espias calaram a voz do jovem sacerdote e compraram seu silêncio, fazendo-lhe uma nova proposta de trabalho com vantagens mais promissoras. Eles lhe disseram: "Cala-te e põe a mão na boca, e vem conosco, e sê-nos por pai e sacerdote. Ser-te-á melhor seres sacerdote duma tribo e duma família em Israel" (18:19). O sacerdote mercenário, que estava sempre pronto a aceitar a melhor oferta, rompe seu contrato de fidelidade a Mica e aceita imediatamente o novo encargo mais vantajoso: "Então, se alegrou o coração do sacerdote, tomou a estola sacerdotal, os ídolos do lar e a imagem de escultura e entrou no meio do povo" (18:20).

Artur Cundall tem razão em dizer que a total falta de lealdade a Mica, esquecendo-se da bondade deste, e a atitude mercenária do levita são um reflexo negativo desse homem e dos padrões da época.[5] Timothy Keller diz que isso é ministério motivado pela autopromoção. O levita ajuda apenas a si mesmo. Ele serve quem lhe paga mais. Ele diz o que as pessoas querem ouvir (18:6) e busca coisas mais espetaculares (18:19,20). Suas decisões são totalmente impulsionadas pelo interesse próprio. Entretanto, cada decisão o distancia mais do Senhor.[6]

Em quarto lugar, *o fracasso da religião de Mica* (18:21-26). Mica ao perceber que tinha sido roubado pelos danitas e traído pelo seu capelão pessoal, o sacerdote levita, reuniu seus vizinhos e os homens de sua casa e começou a busca. Ao apanhá-los, altercou com os ladrões de deuses. Os valentes danitas perguntaram a Mica a razão de ter vindo atrás deles acompanhado do povo. Mica responde: "Os deuses que fiz me tomastes e, também, o sacerdote e vos fostes; que mais me resta?" (18:24).

Timothy Keller diz que tudo o que Mica possuía poderia ser tomado dele. E ele não tinha mais nada. Mica construiu sua vida religiosa — equipou seu santuário com um ídolo, um colete sacerdotal e um sacerdote levita — e achou que seria abençoado por isso (17:13). No entanto, tudo em que havia confiado foi levado embora.[7] Somente o Deus todo-poderoso jamais nos será tirado. Ele é Aquele de quem podemos dizer, como Pedro disse: "Senhor, para quem iremos nós? Tu tens as palavras de vida eterna" (Jo 6:68). Nas palavras de Timothy Keller, "Se sabemos que Jesus é basicamente tudo o que temos, descobrimos que Ele é eternamente tudo de que precisamos".[8]

Os deuses de Mica não puderam livrar a si mesmos, quanto mais a Mica. Os danitas, então, responderam a Mica em tom ácido e ameaçador. Ameaçaram matar Mica e sua família, dizendo: "Não nos faça ouvir a tua voz, para que, porventura, homens de ânimo amargoso não se lancem sobre ti, e tu percas a tua vida e a vida dos da tua casa" (18:25). Sentindo-se impotente e desassistido de seus deuses, Mica retorna à sua casa, de mãos vazias, enquanto os danitas prosseguiram sua marcha rumo a Laís.

Que triste situação é quando um homem precisa carregar os seus deuses, em vez de ser carregado pelo Deus vivo e verdadeiro (Is 46:1-7). Concordo com Robert Chisholm, quando diz que a presença do levita na casa de Mica não havia gerado a vantagem esperada (17:13); na verdade, a presença do levita havia atraído os danitas para a sua casa (18:3) e causado a perda de todos os seus objetos cultuais.[9]

Uma violência à cidade pacífica (18:27-29)

Os cinco espias, acompanhados de seiscentos valentes com suas famílias, viajaram cento e cinquenta quilômetros rumo ao norte, ou seja, de Zorá a Laís para tomar a cidade. Destacamos aqui dois pontos importantes:

Em primeiro lugar, *a violência contra a cidade de Laís* (18:27,28). Os danitas levaram consigo os deuses de Mica e seu sacerdote. Então chegaram à pacata cidade de Laís para feri-la ao fio da espada e incendiá-la. Os danitas mataram os habitantes da cidade — que de nada suspeitavam e não tinham aliados para socorrê-los — e queimaram a cidade. Robert Chisholm diz que os danitas violaram a política de guerra deuteronômicas, que dizia expressamente que nações mais distantes deveriam ser tratadas de forma diferente da população cananeia nativa (Dt 20:10-18).[10]

Clyde Ridall diz que os habitantes de Laís eram de origem fenícia, mas não tinham laços com qualquer outro povo que pudesse vir em seu auxílio. Eles viviam em paz e segurança em uma terra bastante fértil.[11] Ninguém conseguiu escapar dessa invasão sangrenta, até porque a cidade não tinha convênios de mútua proteção com outros povos e estava longe dos sidônios. Artur Cundall destaca que a calma segurança dos pacíficos habitantes de Laís não lhes serviu de proteção contra as armas dos danitas determinados: foram aniquilados logo. O isolamento em que confiavam deixou-os desamparados, visto não haver possibilidade de assegurar ajuda de Sidom.[12]

Em segundo lugar, *a renomeação da cidade de Laís* (18:29). Depois de destruir a cidade de Laís, os danitas, com muito orgulho, a reedificaram e a renomearam, chamando-a de Dã, em homenagem ao seu ancestral. No entanto, apesar de ser descendente de Israel, o povo de Deus, agora a tribo de Dã vivia às margens da terra de Deus, não obedecia à Palavra, adoravam ao Senhor de um modo estranho aos seus mandamentos e ainda foi excluída do registro de Apocalipse (Ap 7:1-8).

Um centro de adoração idólatra (18:30,31)

Dã vai se tornar um centro de idolatria em Israel e, mais tarde, vai rivalizar com o templo de Jerusalém. Vejamos:

Em primeiro lugar, *a formação de um centro de religião idólatra* (18:30,31). "Os filhos de Dã levantaram para si aquela imagem de escultura; e Jônatas, filho de Gérson, o filho de Manassés, ele e seus filhos foram sacerdotes da tribo dos danitas, até ao dia do cativeiro da terra. Assim, pois, a imagem de escultura, que fizera Mica, estabeleceram para si, todos os dias que a casa de Deus esteve em Siló" (18:30,31).

Aqui, pela primeira vez, o nome do sacerdote é mencionado, Jônatas, o filho de Gérson, filho de Moisés (*msh*) ou de Manassés (*mnsh*). A diferença na ortografia é de uma letra — "n" em hebraico. Gérson era filho de Moisés (Êx 2:22).[13] Timothy Keller diz que esse fato é uma prova de que Deus não tem netos. Cada ser humano tem de ter um encontro pessoal com Deus. Ninguém se torna parente de Deus a partir da árvore genealógica; nenhuma tribo, ou denominação religiosa, ou igreja local está ligada a Deus por um ancestral. Jônatas e seus filhos ministraram de maneira idólatra, adorando a Deus em palavras, mas não em verdade.[14]

Ao arrepio da lei de Deus, os danitas ali estabeleceram seu próprio santuário em posição à Casa de Deus em Siló e instalaram Jônatas como sacerdote para adorarem a Deus ao seu modo, como eles queriam. Assim, passaram a adorar os deuses que roubaram da casa de Mica e estabeleceram um culto rival ao culto verdadeiro, sediado na Casa de Deus em Siló.

Dã, ao lado de Betel, foi um dos dois santuários estabelecidos por Jeroboão I, à época da divisão do reino, a fim de contrabalançar a influência centrípeta de Jerusalém (1Rs 12:26-30).[15] Esse culto sincrético perdurou até as tribos do norte serem levadas cativas pelo império assírio. Em 733-732 a.C., Tiglate Pileser III deportou muitos de seus habitantes, e em 722 a.C., Sargão II conquistou Samaria deportando o povo como escravo. Warren Wiersbe enfatiza que Dã foi a primeira tribo a adotar oficialmente um sistema religioso idólatra. Apesar de haver uma casa de Deus em Siló, os danitas preferiram suas imagens e seus ídolos.[16]

Em segundo lugar, *a família que abandonou sua fidelidade por conveniência* (18:30). Jônatas, filho de Gerson, o filho de Manassés, ele e seus filhos foram sacerdotes da tribo de Dã até ao dia do cativeiro do povo. Robert Chisholm diz que essa história ilustra quão corrupta a comunidade pactual pode se tornar quando ela adota uma visão pagã de mundo. Egoísmo, cobiça, intimidação e violência se tornam comuns no dia a dia.[17]

Concluo este capítulo, trazendo cinco aplicações práticas, mostrando as marcas de uma religião ineficaz, uma religião sincrética, desprovida de ortodoxia e sem as marcas da ortopraxia, conforme vimos nos capítulos 17 e 18 do livro de Juízes:

Primeira, é *uma religião que transige com os valores morais.* A mãe de Mica foi roubada e o ladrão confesso era seu próprio filho. Sem saber que o larápio era o filho, ela amaldiçoou o ladrão. Quando o filho, acuado pela maldição, confessou o pecado e devolveu o produto do roubo, a mãe o abençoou e prometeu usar o dinheiro para fazer um ídolo e uma imagem de escultura. Ela, porém, não cumpriu a promessa, uma vez que só entregou um quinto do valor prometido. O filho rouba a mãe, e a mãe retém o que prometeu entregar. O caráter disforme do filho é uma repetição do caráter disforme da mãe. Ambos são desonestos. Ambos têm uma religiosidade que não transforma o caráter nem baliza a conduta.

Segunda, é *uma religião que transige com valores espirituais.* A mãe de Mica promete consagrar o dinheiro reavido do roubo ao Senhor, e não aos deuses cananeus. No entanto, com parte do dinheiro, manda fabricar um ídolo e uma imagem de escultura. Mostrando-se completamente equivocada acerca da natureza de Deus e da natureza do culto que se deve prestar a Deus. Ao mesmo tempo que demonstra sua religiosidade, ela quebra flagrantemente o segundo mandamento que condena peremptoriamente a fabricação de imagens de escultura, bem como toda forma de culto prestado a elas. Essa família é religiosa, mas sua religião está fundamentada no sincretismo, e não na ortodoxia. Ao mesmo tempo que se negam a adorar os deuses cananeus, enganam-se a si mesmos, tentando adorar a Deus por meio de ídolos.

Terceira, é *uma religião guiada ao seu bel prazer, e não orientada pela Palavra de Deus.* Mica faz um santuário em sua casa e ali coloca seus ídolos, quando na verdade, o centro de adoração ficava em Siló. Lá estavam o tabernáculo e a arca da aliança. Quando esse homem erige um altar em sua própria casa e nomeia sacerdote um de seus filhos, ele cria um templo rival, uma adoração heterodoxa e uma distorção gritante do verdadeiro culto que se deve prestar ao Senhor. Ele quer adorar a Deus segundo as inclinações de seu coração, e não conforme as prescrições do próprio Deus exaradas em sua Palavra.

Quarta, é *uma religião governada pela conveniência e não pela fidelidade.* Mica contrata um levita para ser o seu sacerdote pessoal, seu capelão familiar. O jovem Jônatas, descendente da família de Moisés, recebe salário, casa, roupa e comida para ser sacerdote de uma família idólatra. Esse jovem levita renuncia à verdade, comercializa sua vocação, rende-se ao lucro e cauteriza sua consciência para exercer um ministério espúrio. O sacerdócio jamais foi um emprego; é uma vocação. Deve ser exercido segundo os preceitos divinos, e não segundo a conveniência pessoal. Precisa ser pautado pela verdade, e não nos ditames da vontade humana. Onde o sagrado vira comércio, a religião se capitula à apostasia.

Quinta, é *uma religião que não pode salvar seus adeptos.* Assim como Mica roubou a própria mãe, seus ídolos foram roubados pelos valentes da tribo da Dã. Da mesma forma, o jovem levita contratado por Mica o abandona por uma proposta mais vantajosa dos danitas. Mica ficou sem seus deuses, feitos por mãos humanas, e sem seu capelão particular. Seus ídolos eram impotentes. Sua religião era falsa. Sua esperança era vã. Assim é toda religião que rejeita a verdade. Pode ser sincera, mas é falsa e ineficaz. Não podemos adorar a Deus segundo as inclinações do nosso coração; devemos adorá-lo de acordo com as prescrições de sua Palavra!

Notas

1 BRANSON, Robert D. *Novo comentário bíblico Beacon – Juízes*, p. 175.
2 CUNDALL, Artur E. *Juízes: introdução e comentário*, p. 179.
3 WIERSBE, Warren W. *Comentário bíblico expositivo*, v. 2, p. 159.
4 Ibidem, p. 158-160.
5 CUNDALL, Artur E. *Juízes: introdução e comentário*, p. 181.
6 KELLER, Timothy. *Juízes para você*, p. 183.
7 Ibidem, p. 184.
8 Ibidem, p. 185.
9 CHISHOLM JR., Robert B. *Juízes*, p. 374.
10 CHISHOLM JR., Robert B. *Juízes*, p. 375.
11 RIDALL, R. Clyde. *O livro de Juízes*. In: *Comentário bíblico Beacon*, v. 2, p. 148.
12 CUNDALL, Artur E. *Juízes: introdução e comentário*, p. 182.
13 BRANSON, Robert D. *Novo comentário bíblico Beacon – Juízes*, p. 179.
14 KELLER, Timothy. *Juízes para você*, p. 186.
15 CUNDALL, Artur E. *Juízes: introdução e comentário*, p. 182.
16 WIERSBE, Warren W. *Comentário bíblico expositivo*, v. 2, p. 160.
17 CHISHOLM JR., Robert B. *Juízes*, p. 378.

Capítulo 22

A sodomização de uma cultura

(Juízes 19:1-30)

Na medida em que o livro de Juízes caminha para o fim, a condição moral e espiritual dos filhos de Israel avança preciptadamente rumo ao desastre. A busca de Israel por outros deuses deixou a nação moralmente à deriva. A adoração de um único Deus conduz à fixação de um único código moral, que é reflexo do caráter do Senhor. Como Deus é justo, então, seu povo deve ser justo. Se por um lado os Dez mandamentos demandam do povo de Deus um alto padrão moral, por outro, a adoração a Baal-Peor incluía a imoralidade sexual. Conforme os israelitas serviam aos deuses cananeus, eles se tornaram como os deuses que adoravam.[1] Dale Ralph Davis chega a dizer que o texto em tela aponta para uma nova Sodoma.[2]

Robert Branson diz que os últimos três capítulos do livro de Juízes começam com o assassinato de uma mulher e terminam com o brutal sequestro e consequente casamento forçado de seiscentas mulheres (21:16-25). Ao longo do livro, o tratamento imposto às mulheres tipifica o decadente estado moral e espiritual da nação.[3]

No texto em tela, vemos mais um episódio marcado pela desvalorização do casamento, do sexo, da fraternidade e da vida. Warren Wiersbe diz que encontramos aqui relatos de violência conjugal, de homossexualidade ostensiva, de injustiça, de fratricídio e de rapto. O levita cujo nome não é citado passou a maior parte do tempo se divertindo (19:4,6,8,22); caminhou em trevas e colocou em risco a própria vida e a daqueles que o acompanhavam (19:9-14); tratou a concubina de modo revoltante tanto quando ela estava viva, quanto depois que ela morreu; e foram seus atos que desencadearam uma guerra civil em Israel.[4] Concordo com Timothy Keller quando diz que esse trágico episódio ultrapassou todos os acontecimentos sobre os quais lemos até agora, mesmo os dos tempos de Abimeleque e Jefté. Pelos padrões de hoje, a história é repulsiva, como também era repulsiva naquele tempo. Isso mostra a urgente necessidade de um Salvador-Rei (Jz 21:25).[5]

O levita, a concubina e o sogro – reconciliação (19:1-9)

No capítulo anterior, vimos a história de Jônatas, um levita que se corrompeu e vendeu sua consciência por dinheiro. Aqui, veremos a história de outro levita que em um grau mais elevado de corrupção e maldade comete uma insanidade, um pecado tão vil que ultrapassou todas as práticas execrandas do povo de Israel desde sua libertação do Egito.

Destacamos, aqui alguns pontos importantes:

Em primeiro lugar, *um relacionamento frustrado* (19:1, 2). O texto inicia com a mesma cantilena: "naqueles não havia rei em Israel". Cada um fazia o que dava na telha. Não havia governantes nem leis. A religião estava corrompida. A moralidade estava frouxa. O relativismo moral predominava. É nesse pano de fundo de anarquia que um homem levita sai dos altiplanos do norte, da região montanhosa de Efraim, para tomar para si uma concubina de Belém de Judá. Uma concubina era uma esposa com direito apenas a comida, roupas e privilégios conjugais (Êx 21:7-11; Dt 21:10-14). Seus filhos não tinham participação na herança da família (Gn 25:1-6). Homens como Abraão, Jacó, Gideão, Saul, Davi e Salomão tiveram concubinas.

O narrador não informa quanto tempo durou a relação do levita com a concubina, mas diz que ela se aborreceu dele. O entendimento dos estudiosos é que, mesmo sendo ela uma esposa secundária, traiu o levita, cometendo adultério. Diante dessa situação, a melhor escolha que ela encontrou para sua segurança foi voltar para a casa de seu pai, em Belém, permanecendo ali quatro meses (Lv 20:10).

Em segundo lugar, *uma busca por reconciliação* (19:3). O levita, saudoso de sua consorte, depois de quatro meses, convoca seu servo, albarda dois jumentos e parte rumo a Belém para reconciliar-se com sua mulher e trazê-la de volta. Ao vê-lo chegar, a concubina abriu-lhe a casa de seu pai e este saiu alegre a receber o genro.

Em terceiro lugar, *uma acolhida calorosa* (19:4-9). O pai da mulher estava feliz por encorajar a reconciliação, o que removeria o estigma da separação; ao mesmo tempo, parecia relutante em permitir que o casal desse início a sua viagem de regresso.[6] Expressando, assim, hospitalidade oriental, o pai da moça deteve o levita por cinco dias em sua companhia, comendo e bebendo, celebrando a restauração do relacionamento. Timothy Keller acrescenta outra razão para a calorosa hospitalidade e excessiva gentileza do pai da moça. É que o castigo por adulterar e abandonar o dono era severo — morte e desonra para a família. Assim, tanto o levita quanto o pai da moça tratam-na como objeto. Um quer evitar a desgraça; o outro quer garantir favores sexuais. Ninguém se preocupa com a mulher.[7]

O levita e o velho de Gibeá – hospitalidade (19:10-21)

No tempo dos juízes, era perigoso viajar durante o dia (5:6) e ainda mais arriscado viajar à noite. Ao saírem da casa do sogro, os problemas começaram a acontecer. Gibeá, uma cidade desprovida de amor fraternal e local de um crime horrível, foi também a residência real de Saul, o primeiro rei de Israel, que desobedeceu a Deus e, assim, perdeu sua coroa, sua dinastia e sua vida. Destacamos aqui dois pontos:

Em primeiro lugar, *a falta de hospitalidade de uma cidade* (19:10-15). O levita, a concubina e o moço, com os dois jumentos albardados partiram de Belém já no entardecer do quinto dia e passaram próximo de Jebus (que é Jerusalém). O moço rompe o silêncio e fala pela primeira vez, sugerindo que se hospedassem em Jebus, capital dos jebuseus. O levita, porém, não quis ficar em uma cidade estranha. Sua opção foi hospedar-se em uma cidade dos filhos de Israel. Assim, prosseguiram viagem alguns quilômetros à frente, até Gibeá, que pertence à tribo de Benjamim, e chegaram já ao anoitecer. Em Gibeá não encontraram ninguém para hospedá-los. Então, foram para a praça da cidade, para ali passarem a noite.

Em segundo lugar, *a calorosa hospitalidade do velho* (19:16-21). Warren Wiersbe destaca que a hospitalidade é uma das leis sagradas do Oriente, e nenhum desconhecido deveria ser tratado com negligência. No entanto, somente um homem residente na cidade — na realidade, um efraimita — demonstrou alguma preocupação.[8] Enquanto o levita, a concubina e o servo estavam assentados na praça, esse homem velho, da região montanhosa de Efraim retornava de seu trabalho. O homem perguntou ao levita: "Para onde vais e donde vens?" (19:17). O levita respondeu: "Estamos viajando de Belém de Judá para os longes da região montanhosa de Efraim, donde sou; fui a Belém de Judá e, agora, estou de viagem para a Casa do Senhor; e ninguém há que me acolha em casa, ainda que haja palha e pasto para os nossos jumentos, e, também, pão e vinho para mim, e para a tua serva, e para o moço que vem com os teus servos; de coisa nenhuma há falta" (19:18,19).

Então, o homem velho se dispôs a suprir o que lhes faltava, ofereceu-lhes hospedagem, conforme exigia os cânones da etiqueta oriental e o dever sagrado do Oriente, recomendando-os a não ficarem na praça aquela noite. Então todos foram para a casa do homem efraimita residente em Gibeá. Ele levou a todos para sua casa, cuidando de seus animais e preparando-lhes provisão para comerem e beberem.

O levita e os homens de Gibeá – depravação e abuso (19:22-26)

Gibeá havia se tornado como Sodoma. Em Sodoma, os homens depravados queriam abusar dos hóspedes de Ló (Gn 19:8,9). No entanto, os hóspedes eram anjos de Deus e os depravados foram punidos de cegueira. Aqui, em Gibeá todos os homens se unem, como filhos de Belial, para requererem do anfitrião o levita, a fim de abusarem dele sexualmente. Destacamos, aqui, quatro pontos:

Em primeiro lugar, *homens depravados querem abusar sexualmente do levita* (19:22). Enquanto estavam alegremente comendo e bebendo, antes de se recolherem para o descanso da noite, os homens de Gibeá, filhos de Belial, cercaram a casa, surrando a porta para arrombá-la, dando ordens ao homem para trazer para fora o homem a quem hospedava para que abusassem dele. Esses homens depravados queriam praticar sexo homossexual com o levita. Estavam cegos pela paixão. Foram chamados de filhos de Belial, filhos do maligno. O termo posteriormente tornou-se sinônimo de Satanás, como em 2Coríntios 6:15, sua única ocorrência no Novo Testamento.[9]

Em segundo lugar, *um apelo veemente do hospedeiro* (19:23). O homem saiu para acalmar os ânimos dos depravados baderneiros, chamando-os de irmãos e mostrando a eles que lhe cabia defender seu hóspede. Abusar desse hóspede seria uma loucura abominável.

Em terceiro lugar, *uma desvalorização degradante da mulher* (19:24). Ao mesmo tempo que o hospedeiro revela zelo pelo seu hóspede faz uma proposta indecorosa e insensata, em uma clara desvalorização da mulher, oferecendo aos homens depravados sua filha virgem e a concubina do levita: "Minha filha virgem e a concubina dele trarei para fora; humilhai-as e fazei delas o que melhor vos agradece; porém a este homem não façais semelhante loucura" (19:24). Robert Chisholm tem razão em dizer que aparentemente, o senso de hospitalidade desse homem se estendia primariamente a viajantes do sexo masculino. Quando os homens se recusaram a ouvir, o levita agarrou sua concubina e a entregou aos lobos, que a estupraram brutalmente durante toda a noite.[10] Concordo com Warren Wiersbe quando escreve: "É difícil entender como um pai poderia oferecer a própria filha para ser sacrificada à lascívia de uma turba".[11]

Em quarto lugar, *o estupro da concubina pelos homens de Gibeá* (19:25,26). "Porém, aqueles homens não o quiseram ouvir; então, o levita pegou a sua concubina e a entregou a eles do lado fora. E eles a forçaram e abusaram dela toda a noite até pela manhã; e, quando estava amanhecendo, eles a deixaram. Ao amanhecer, a mulher, veio e caiu à porta da casa do homem, onde o seu senhor estava hospedado. E ela ficou ali até o clarear do dia" (NAA). Os filhos de Belial não quiseram ouvir o velho residente de Gibeá. Então, o levita pegou sua concubina e a entregou a eles,e eles a forçaram e abusaram dela toda a noite até pela manhã. Só deixaram de estuprá-la com animalesca violência quando o dia já estava amanhecendo. Essa é uma das cenas mais desumanas e degradantes da história dos filhos de Israel. Artur Cundall descreve: "Se algum ser humano já suportou uma noite de puro terror, foi ela [...]; aquela noite deve ter sido para ela [...] tão escura quanto o próprio túmulo".[12] Clyde Ridall diz que o resultado da maldade daquela noite foi a morte da concubina, um pecado horrível lembrado com repugnância por séculos (Os 9:9; 10:9).[13] Robert Chisholm tem razão quando escreve: "Gibeá havia se tornado uma nova Sodoma, habitada por vadios moralmente cegos".[14]

O levita e a concubina – profanação e incitação à guerra (19:27-30)

Warren Wiersbe destaca a atitude cruel do levita em relação à sua concubina. Com medo de que a multidão o matasse (20:5), o levita os acalmou entregando-lhes sua concubina, que teve de suportar múltiplos estupros ao longo da noite (19:25). De forma vil e cruel, ele sacrificou a esposa para salvar a própria pele. Ele não apenas entregou sua mulher às perversões de uma turba ensandecida e impiedosa, como também conseguiu deitar-se e dormir enquanto abusavam dela na rua.[15]

Destacamos três pontos aqui:

Em primeiro lugar, *a maneira indiferente como o levita tratou a concubina* (19:27,28). "Levantando-se pela manhã o seu senhor, abriu as portas da casa e, saindo a seguir o seu caminho, eis que a mulher, sua concubina, jazia à porta da casa, com as mãos sobre o limiar. Ele lhe disse: Levanta-te, e vamos; porém ela não respondeu; então, o homem a pôs sobre o jumento, dispôs-se e foi para sua casa". A postura da concubina revela que ela estava desesperada, procurando refúgio quando caiu e indica que ela estava fraca demais para abrir a porta ou até mesmo bater à porta.[16]

Vemos aqui a maneira fria e cruel como o levita tratou sua concubina, chamada pelo narrador de sua mulher. Ele a entregou aos depravados homens de Gibeá quando seu papel era protegê-la. Nessa noite de horror, ele passou a noite dormindo, em vez de sair para resgatá-la das mãos dos abusadores. O narrador não registra qualquer atitude de cuidado dele em relação a ela, que estava prostrada, semimorta ou morta, no limiar da porta. Sem sentir qualquer compaixão ou culpa, colocou-a sobre um dos jumentos, como se fosse uma carga qualquer e viajou para sua casa. Mais tarde, como diz Robert Chisholm, o narrador se refere a ela como "a mulher assassinada" (20:4), mas somos obrigados a perguntar: "Assassinada por quem?". O levita atribuiu sua morte à violência que ela sofreu, mas podemos confiar em sua versão daquilo que aconteceu?[17]

As ações de Ló em Sodoma e do velho efraimita em Gibeá não devem ser justificadas apelando às normas culturais. Em cada um desses casos, seu desespero era sintoma de uma sociedade que havia alcançado as maiores profundezas da corrupção moral. Algo está drasticamente errado quando homens colocam a observância estrita de uma norma social acima da vida de um ser humano.[18]

Em segundo lugar, *a profanação do corpo da concubina* (19:29). "Chegando à casa, tomou de um cutelo e, pegando a concubina, a despedaçou por seus ossos em doze partes; e as enviou por todos os termos de Israel". Pela versão do levita, quando ele se levantou de manhã, sua mulher já estava morta (20:4). Ela teria morrido na mesma noite em que foi entregue para ser abusada e estuprada por um bando de homens depravados. Ao chegar em casa, o levita avança em sua impiedade, pois, corta o corpo dela em doze pedaços, membro por membro, como uma vítima de sacrifício (Êx 29.17; Lv 8.20), enviando-as por todos os termos de Israel. O levita desonrou e profanou o corpo de sua mulher. Tratou-a como um animal. Nas palavras de Timothy Keller, "isso é frieza e desumanidade sem tamanho para com a mulher que fora sua amante".[19]

Em terceiro lugar, *a incitação à guerra contra a tribo de Benjamim* (19:30). "Cada um que a isso presenciava aos outros dizia: Nunca tal se fez, nem se viu desde o dia em que os filhos de Israel subiram da terra do Egito até ao dia de hoje; ponderai nisso, considerai e falai". Essa profanação do levita incitou uma guerra contra a tribo de Benjamim, que quase a varreu da história. Robert Branson chega a dizer que o propósito do levita era o de unir Israel para vingar sua honra.[20]

Concluo este capítulo chamando a atenção para o anonimato dos personagens desse triste episódio. Certamente, o propósito do narrador ao fazer essa opção foi destacar a deterioração familial, tribal e nacional. Assim, o anonimato dos personagens os universaliza. Nas palavras de Robert Chisholm,

> O anonimato passa a impressão implícita de que cada indivíduo em Israel era perigoso porque cada indivíduo fazia o que era certo aos seus próprios olhos. Diante do anonimato da concubina, o leitor passa a ter a impressão de que "cada" concubina de Dã a Berseba podia ser estuprada, assassinada e esquartejada, pois Israel era um mundo de alienação e aniquilação, habitado pelo "abusador poderoso e pela vítima impotente". Assim, o anonimato equivale à perda de identidade e de personalidade. O anonimato da mulher é um símbolo de seu silêncio, da passividade progressiva atribuída a ela e do destino trágico em que a história culmina.[21]

Notas

1 BRANSON, Robert D. *Novo comentário bíblico beacon – Juízes*, p. 186.
2 DAVIS, Dale Ralph. *Judges*. 2000, p. 211.
3 BRANSON, Robert D. *Novo comentário bíblico beacon – Juízes*, p. 183.
4 WIERSBE, Warren W. *Comentário bíblico expositivo*, v. 2, p. 162.
5 KELLER, Timothy. *Juízes para você*, p. 189.

[6] RIDALL, R. Clyde. *O livro de Juízes*. In: *Comentário bíblico Beacon*, v. 2, p. 149.
[7] KELLER, Timothy. *Juízes para você*. 2019, p. 191.
[8] WIERSBE, Warren W. *Comentário bíblico expositivo*, v. 2, p. 163.
[9] BRANSON, Robert D. *Novo comentário bíblico Beacon – Juízes*, p. 189.
[10] CHISHOLM JR., Robert B. *Juízes*, p. 397.
[11] WIERSBE, Warren W. *Comentário bíblico expositivo*, v. 2, p. 163.
[12] CUNDALL Artur E. *Juízes: introdução e comentário*, p. 188.
[13] RIDALL, R. Clyde. *O livro de Juízes*. In: *Comentário bíblico Beacon*, v. 2, p. 150.
[14] CHISHOLM JR., Robert B. *Juízes*, p. 399.
[15] WIERSBE, Warren W. *Comentário bíblico expositivo*, v. 2, p. 163.
[16] CHISHOLM JR., Robert B. *Juízes*, p. 398.
[17] Ibidem, p. 399.
[18] Ibidem, p. 399,400.
[19] KELLER, Timothy. *Juízes para você*, p. 194.
[20] BRANSON, Robert D. *Novo comentário bíblico Beacon – Juízes*, p. 191.
[21] CHISHOLM JR., Robert B. *Juízes*, p. 400.

Capítulo 23

A tragédia de uma guerra civil

(Juízes 20:1-48)

A degradação de Israel chega ao fundo do poço. Além de não conquistar a terra que Deus lhe deu; além de se curvar aos deuses estrangeiros e se submeter aos povos cananeus; além de ter se imiscuído com os povos da terra, para imitar suas práticas abomináveis, Israel agora está travando uma guerra civil, uma batalha fratricida, unindo-se para se autodestruir.

O capítulo 20 de Juízes tem seu foco na destruição de Benjamim e exibe a manifestação do julgamento do Senhor.[1]

A impressionante e trágica unidade de Israel (20:1-11)

Timothy Keller diz, com razão, que pela primeira vez desde a liderança de

Otniel, os israelitas sem unem. No entanto, fazem-no na revolta contra algo feito por seu próprio povo, dentro de suas fronteiras; e não dão ouvidos a Deus nem a juiz algum, e sim a um levita profundamente imoral (20:3).[2]

Destacamos, aqui, quatro pontos:

Em primeiro lugar, *a reunião das tribos* (20:1,2). As tribos de Israel se reuniram de forma impressionante em Mispa, onde havia um antigo santuário dedicado ao Senhor (1Sm 10:17). De Dã, ao norte, até Berseba, ao sul, bem como as tribos à leste do Jordão, as onze tribos se reuniram como se fossem um só homem. Essa foi uma reunião impressionante, pois nunca tinham conseguido essa façanha nem mesmo quando estavam lutando contra seus inimigos.

Ao mesmo tempo, esse grande ajuntamento é trágico, pois estão se reunindo não para combater os inimigos externos, mas para travarem uma guerra civil, uma batalha fratricida contra a tribo de Benjamim. Por três vezes, somos informados que eles se reuniram como um só homem (20:1,8,11). Como diz Dale Ralph Davis, "eles têm total unidade em sua assembleia e em sua decisão. Uma excepcional unidade para um excepcional crime. É a união de Israel contra Israel. Por três vezes, somos informados de que Israel e Benjamim são irmãos (10,13,23,28)".[3] Corrobora Warren Wiersbe quando diz: "As onze tribos concordaram 'como um só homem' em atacar a cidade de Gibeá, no território de Benjamim".[4]

A grande pergunta é: por que Israel nunca conseguiu unidade e unanimidade contra os cananeus, midianitas, amonitas e filisteus? Por que, Israel só consegue unidade e unanimidade para lutar contra o próprio Israel? É digno de nota que os benjamitas também têm unidade e unanimidade para lutar contra os demais filhos de Israel

(20:13b,14). Os homens de Gibeá cometeram um crime horrendo, mas eram benjamitas. Para os benjamitas, o sangue tribal falava mais alto do que o pacto federativo.

Em segundo lugar, *o relatório do levita* (20:3-6). O propósito desse ajuntamento das tribos é para ouvir o relatório do levita, cuja concubina fora morta pelos estupros múltiplos de homens depravados de Gibeá. Concordo com Timothy Keller quando diz que a narrativa do levita é de um egoísmo impressionante, muito bem editada para esconder todo e qualquer erro de sua parte.

O relatório do levita está eivado de meias verdades, escondendo ao mesmo tempo sua aviltante culpa. O que tem de verdade no relatório do levita? O fato de que ele tinha chegado com sua concubina a Gibeá para passar a noite (20:4). O que não confere com a verdade? Ele afirmou que os cidadãos de Gibeá se levantaram contra ele, com o propósito de matá-lo (20:5). Os homens que cercaram a casa do anfitrião, onde o levita estava hospedado, não foram os cidadãos nobres da cidade, mas os filhos de Belial (19:22). Robert Branson tem razão em dizer que ao acusar os líderes da cidade, ele tornava toda a Gibeá responsável pelo mal cometido, não apenas poucos fora da lei.[5] Outrossim, esses homens queriam abusar dele sexualmente, e não o matar (19:22). Ainda, o levita ocultou no relatório sua responsabilidade na morte da concubina, uma vez que foi ele quem a entregou aos abusadores: "[...] então o levita pegou a sua concubina e a entregou a eles do lado de fora. E eles a forçaram e abusaram dela toda a noite até pela manhã; e, quando estava amanhecendo, eles a deixaram" (19:25, NAA). E mais, o levita nada mencionou sobre sua insensibilidade de ter dormido aquela noite em vez de ter defendido sua mulher. Como se isso não bastasse, ele também não contou sobre sua atitude insensível e desumana ao lidar com a concubina quando ela ainda estava viva, nem sobre o desrespeito e a profanação do corpo dela depois que ela morreu, ao esquartejá-la e enviar as partes para todo o território de Israel. O levita se isentou de qualquer culpa e agravou a culpa dos homens de Gibeá, porém seu comportamento moral é tão indigno quanto o comportamento daqueles homems. Timothy Keller chama a atenção para o fato de que "contamos a nós e aos outros uma história bem mais aceitável sobre nós mesmos e nosso comportamento do que a verdade toda revelaria".[6]

Em terceiro lugar, *o desafio do levita* (20:7). O levita se dirigiu à grande assembleia dos filhos de Israel e lançou um desafio: "Eis que todos sois filhos de Israel; eia! Dai a vossa palavra e conselho neste caso". O levita insufla os ânimos dos filhos de Israel, requerendo uma atitude deles diante de tal maldade cometida pelos homens de Gibeá. Seu propósito é tirar o corpo fora, isentando-se de qualquer culpa na tragédia, e, assim, lançar as tribos de Israel em uma guerra civil, uma batalha fratricida contra Benjamim.

Em quarto lugar, *a resolução das tribos* (20:8-11). A resposta ao relatório e desafio do levita foi um voto unânime de todos os homens de Israel naquela assembleia fatídica. Eles prometeram que não retornariam para suas tendas nem voltariam para suas casas sem antes subir contra a cidade de Gibeá. A resolução foi separar dez por cento dos homens para providenciar mantimentos para o povo. Assim, todos os homens de Israel se ajuntaram como um só homem contra Gibeá, a fim de punir de morte os filhos de Belial que haviam estuprado coletivamente a concubina do levita e abusado dela.

A intransigência de Benjamim (20:12-16)

Em vez de Benjamim jogar água na fervura e acalmar os ânimos acirrados, jogou mais lenha na fogueira. Destacamos aqui cinco pontos importantes:

Em primeiro lugar, *a comitiva enviada a Benjamim* (20:12). A primeira atitude que as tribos de Israel reunidas em Mispa tomaram foi enviar uma comitiva a Benjamim com o propósito de questionar acerca da maldade que fora praticada na cidade de Gibeá contra a concubina do levita.

Em segundo lugar, *o pedido para entregarem os criminosos* (20:13). Como as tribos de Israel já tinham chegado à conclusão quanto à culpabilidade dos homens depravados de Gibeá, a primeira tentativa dessas tribos unidas foi negociar a prisão e a morte especificamente dos homens responsáveis pelo mal que fora feito. A comitiva pediu que se lhes entregassem apenas os estupradores, pois queriam eliminar "esse mal de Israel" (20:12,13).

Em terceiro lugar, *a recusa de Benjamim* (20:13b). O sangue falou mais alto do que a justiça. A solidariedade tribal prevaleceu sobre o pacto federativo. Robert Branson diz que em uma sociedade dividida em tribos, os membros de cada uma delas protegem uns aos outros. Conflitos de sangue entre as tribos resultaram em numerosas mortes. Benjamim protegeria seu povo, mesmo que ele fosse culpado de um crime hediondo.[7] Nessa mesma linha de pensamento, Robert Chisholm diz que os benjamitas elevam a lealdade tribal acima da unidade nacional, mesmo que isso signifique abrigar criminosos. Em vez de se reconciliarem, os participantes partem para uma guerra civil sangrenta.[8]

Os benjamitas em vez de reconhecerem a culpa dos filhos de Belial, recusaram-se a ouvir a voz de seus irmãos, os filhos de Israel. Como diz Warren Wiersbe, "essa recusa dos benjamitas em cooperar pode ser considerada como um ato de rebelião contra o Senhor, pois quando o pecado não é trazido à tona, confessado e abandonado contamina a sociedade e profana a terra. Os homens perversos de Gibeá eram como tumores cancerosos que precisavam ser extirpados do corpo".[9] O apóstolo Paulo, nessa mesma direção, prescreve: "Não sabeis que um pouco de fermento leveda a massa toda?" (1Co 5:6).

Timothy Keller é oportuno quando diz que um dos ídolos mais perniciosos ao relacionamento humano é o nosso sangue ou parentesco, a atitude que defende minha família ou meu país, estejam eles certos ou errados. Embora os bons costumes e a decência confirmem que os homens de Gibeá infringiram todos os padrões morais, os benjamitas se fecham e não permitem que ninguém de fora acuse alguém de dentro. Quando colocamos parentesco, comunidade ou elo racial acima do bem comum e da ordem moral, transformamos nosso próprio povo em ídolo.[10]

Em quarto lugar, *Benjamim se prepara para a guerra* (20:14,15). Longe de se humilharem, os benjamitas orgulhosos se ajuntaram, vindos das cidades de Gibeá, para saírem a pelejar contra os filhos de Israel, formando um exército de vinte e seis mil soldados. A natureza belicosa de Benjamim pode ser constatada na bênção proferida pelo ancestral Jacó. Ao endereçar sua bênção a Benjamim, ele disse: "Benjamim é lobo que despedaça; pela manhã devora a presa e à tarde reparte o despojo" (Gn 49:27).

Em quinto lugar, *a tropa de elite de Benjamim* (20:16). Entre os homens da espada de Benjamim estava também uma tropa de elite, com habilidades especiais, formada de setecentos homens escolhidos, canhotos, os quais atiravam com a funda uma pedra em um cabelo e não erravam. A exagerada confiança e a falta de humildade e de diálogo abriram o caminho para a guerra. A inabilidade em resolver tensões levou ao sacrifício mais de sessenta mil homens de ambos os lados e quase varreu a tribo de Benjamim do mapa. Não resta dúvidas de que o fracasso dos israelitas na conquista de Canaã e na caminhada com Deus levou à guerra civil e ao fratricídio. Como diz Robert Chisholm, "Israel havia caído ao nível moral de Sodoma, e as tribos se viam obrigadas a agir contra seus próprios irmãos".[11]

A preparação de Israel para a guerra (20:17,18)

Os israelitas reunidos consideravam-se uma comunidade de adoração reunida diante de Deus no santuário de Mispa. O exército convocado, de quatrocentos mil soldados a pé e com espada, formava uma infantaria com força esmagadora. Destacamos dois pontos:

Em primeiro lugar, *a contagem dos soldados de Israel* (20:17). A superioridade numérica dos soldados de Israel em relação à tribo de Benjamim era enorme. Foram contados quatrocentos mil homens de guerra, homens que puxavam a espada. A julgar pela eloquência dos números, Benjamim já seria derrotado fragorosamente na primeira investida do exército israelita.

Em segundo lugar, *a consulta a Deus acerca da guerra* (20:18). Os israelitas não começaram a guerra sem antes consultar Deus em Betel, pois nesse tempo, lá estava a arca da aliança, tendo Fineias como sacerdote. Eles não perguntaram a Deus se deveriam lutar, apenas consultaram quem deveria liderar as tribos na peleja contra Benjamim. A resposta do Senhor é: Judá subirá primeiro. O livro de Juízes termina como começou. Quando Israel perguntou ao Senhor quem lideraria o ataque aos cananeus, a resposta do Senhor foi a mesma: Judá! Tristemente, agora a batalha não é contra os inimigos, e sim contra seus irmãos.

A derrota de Israel nas batalhas preliminares (20:19-28)

Artur Cundall diz que o solo montanhoso nas vizinhanças de Gibeá favorecia a força defensiva em vez da força atacante. Nessa situação, a superioridade numérica tinha valor limitado, pois não podia ser usada efetivamente; um grupo de homens determinados, armados de fundas, poderiam infligir pesadas baixas na força atacante.[12] Isso favoreceu a vitória de Benjamim nessas duas batalhas preliminares. Vejamos:

Em primeiro lugar, *a primeira derrota parcial de Israel* (20:19-23). Tendo um maior efetivo e a resposta de Deus, os filhos de Israel, sentindo-se seguros, já se levantaram de manhã e acamparam contra Gibeá. Os homens de Israel saíram à peleja contra Benjamim, mas sofreram uma acachapante derrota. Vinte e dois mil soldados israelitas foram mortos. Então, prepararam para um segundo round da peleja. Antes, porém, subiram os filhos de Israel e choraram perante o Senhor e consultaram ao Senhor novamente: "Tornaremos a pelejar contra os filhos de Benjamim, nosso irmão? Respondeu o Senhor: Subi contra ele" (20:23).

Em segundo lugar, *a segunda derrota parcial de Israel* (20:24-28). No dia seguinte, os filhos de Israel chegaram contra os filhos de Benjamim. O enfrentamento das tropas foi acirrado e mais uma vez Israel foi humilhado, caindo por terra naquele dia dezoito mil soldados israelitas. Diante dessa amarga derrota, todos os filhos de Israel, todo o povo, subiram a Betel e estiveram ali perante o Senhor. Eles choraram, jejuaram e ofereceram holocaustos e ofertas pacíficas.

Mais uma vez consultaram ao Senhor: "Tornaremos a sair ainda a pelejar contra os filhos de Benjamim, nosso irmão, ou desistiremos? Respondeu o Senhor: Subi, que amanhã eu os entregarei nas vossas mãos" (20:28).

A derrota total de Benjamim na batalha final (20:29-48)

Artur Cundall diz que, desta vez, a estratégia seria deslocar os superconfiantes benjamitas da posição segura em que se encontravam, destruir a cidade mediante um batalhão emboscado e, em seguida, apanhar o inimigo em armadilha, desmoralizados pelo corte de sua rota de fuga.[13] Destacamos, aqui, alguns pontos:

Em primeiro lugar, *a emboscada* (20:29-37). A estratégia empregada no terceiro round da luta foi semelhante àquela que Josué usou em Ai (Js 8:1-29). Os filhos de Israel puseram emboscada em redor de Gibeá. No terceiro dia, subiram os filhos de Israel contra os filhos de Benjamim e se ordenaram à peleja como nas duas vezes anteriores. Quando os benjamitas entraram no combate, cheios de expectativas de uma nova vitória, os israelitas foram se deixando atrair para longe da cidade mediante uma retirada fingida. Os benjamitas mataram nesse combate uns trinta israelitas, o que deu a eles, mais uma falsa segurança de que triunfariam na peleja como das outras vezes. No entanto, não sabiam que estavam sendo atraídos para fora da cidade, para as estradas. Quando os benjamitas estavam onde os israelitas pretendiam que estivessem, longe da cidade de Gibeá, todos saíram da emboscada e impuseram uma derrota sem precedentes aos filhos de Benjamim.

As forças israelitas ocultas em emboscada, com um contingente de dez mil homens, tomaram a cidade de

Gibeá, deixada virtualmente desguarnecida e sem defesa: "A emboscada se apressou, e acometeu a Gibeá, e de golpe feriu-a a fio de espada" (20:37). Israel tratou seu próprio irmão Benjamim como tratara as cidades-estados cananeias. E pior ainda, eles mataram mais benjamitas do que cananeus em Ai (compare Js 8.25 com Jz 20:48).

O auge teológico do relato ocorre no versículo 35, que nos informa que o Senhor foi o verdadeiro vencedor da batalha. O narrador registra: "Então, feriu o Senhor a Benjamim diante de Israel; e mataram os filhos de Israel, naquele dia, vinte e cinco mil e cem homens de Benjamim, todos dos que puxava da espada; assim, viram os filhos de Benjamim que estavam feridos [...]" (20:35,36a). O narrador deixa claro que esse feroz e sangrento episódio foi uma manifestação do juízo de Deus sobre Benjamim (20:35). O Senhor usou Israel para trazer seu julgamento sobre Gibeá e Benjamim. Dale Ralph Davis diz que teologicamente falando Israel tinha os meios de graça. O Senhor os direcionou por intermédio de um servo ungido, o sumo sacerdote. Benjamim, porém, não tinha arca, nem sacerdote, nem direção do Senhor, nem qualquer palavra do céu, nem mesmo qualquer luz na tempestade.[14]

Quando o Senhor derrotou os benjamitas na presença dos israelitas, a maré da batalha virou. O instrumento da luta foi o exército de Israel, mas o escritor observa teologicamente que o Guerreiro Divino foi quem efetivamente obteve a vitória.[15]

Em segundo lugar, *o sinal* (20:38-46). Esses versículos narram a mesma história em uma outra perspectiva. Uma das estratégias, ao atrair os benjamitas para fora da cidade de Gibeá, é que o contingente que estava emboscado próximo à cidade deveria atacá-la e destruí-la. A fumaceira que subiria do incêndio era o sinal tanto para os benjamitas como para os israelitas. Para os benjamitas era um sinal de derrota, pois perceberiam que sua cidade estava arrasada; para os israelitas era um sinal de vitória, pois nesse momento de desespero dos benjamitas, os israelitas deveriam sair da emboscada para contra-atacarem nas estradas. Benjamim seria traído e destruído. Nesse relato, caíram inicialmente dezoito mil benjamitas (20:44), depois mais cinco mil (20:45) totalizando, na somatória final, vinte e cinco mil (20:46).

Em terceiro lugar, *a penha do Rimom* (20:47,48). A tribo de Benjamim só não foi dizimada porque seiscentos homens fugiram para o deserto, para a penha de Rimom, e ali ficaram por quatro meses. Depois que impuseram aos benjamitas essa avassaladora derrota, os homens de Israel voltaram-se para os filhos de Benjamim e passaram ao fio de espada tudo o que restou da cidade, tanto homens como animais, em suma, tudo o que encontraram. Além disso, puseram fogo em todas as cidades que encontraram (20:48).

O exército de Israel destruiu várias cidades, realizando uma operação limpeza. No entanto, essa carnificina não foi justiça, mas genocídio.[16] O capítulo encerra com a observação sinistra de que os israelitas destruíram todas as pessoas e animais de cada cidade. Só que agora, a guerra da conquista se aplicava contra uma tribo de Israel.[17] Warren Wiersbe exclama: "Que alto preço a tribo de Benjamim pagou por se recusar a obedecer à lei do Senhor!".[18]

Notas

1 DAVIS, Dale Ralph. *Judges*, p. 217.
2 KELLER, Timothy. *Juízes para você*, p. 195.
3 DAVIS, Dale Ralph. *Judges*, p. 218.
4 WIERSBE, Warren W. *Comentário bíblico expositivo*, v. 2, p. 164.
5 BRANSON, Robert D. *Novo Comentário Bíblico Beacon – Juízes*, p. 197.
6 KELLER, Timothy. *Juízes para você*, p. 196.
7 BRANSON, Robert D. *Novo comentário bíblico Beacon – Juízes*, p. 196.
8 CHISHOLM JR., Robert B. *Juízes*, p. 404.
9 WIERSBE, Warren W. *Comentário bíblico expositivo*, v. 2, p. 164.
10 KELLER, Timothy. *Juízes para você*, p. 198.
11 CHISHOLM JR., Robert B. *Juízes*, p. 403.
12 CUNDALL, Artur E. *Juízes: introdução e comentário*, p. 192.
13 Ibidem, p. 194.
14 DAVIS, Dale Ralph. *Judges*, p. 222.
15 BRANSON, Robert D. *Novo comentário bíblico Beacon – Juízes*, p. 202.
16 KELLER, Timothy. *Juízes para você*, p. 199.
17 BRANSON, Robert D. *Novo comentário bíblico Beacon – Juízes*, p. 194.
18 WIERSBE, Warren W. *Comentário bíblico expositivo*, v. 2, p. 165.

Capítulo 24

Coando mosquito, engolindo camelo

(Juízes 21:1-25)

No capítulo 21, o tema literário muda dramaticamente da destruição de Benjamim (20:1-48) para o sofrimento por Benjamim. Israel chora depois da vitória. O povo está devastado porque uma tribo está ameaçada de extinção em Israel.[1]

O epílogo do livro de Juízes carrega as tintas para enfatizar as graves consequências de uma sociedade anárquica, sem liderança, sem lei, sem princípios, mas ao mesmo tempo agarrada ao legalismo religioso. Os anciãos que lideram (21:16) são homens desprovidos de discernimento espiritual que não consultam a Deus acerca do que devem fazer. Suas decisões são insensatas e desastradas. Os planos são feitos e executados à revelia de Deus e ao arrepio da sua lei. Nesse tempo, não há nenhum juiz levantado por Deus para orientar o povo. A nação está à deriva apesar de sua intensa agenda religiosa. Os israelitas estão dispostos a matar, a sequestrar mulheres e a espalhar terror para não violarem seus votos inconsequentes. Se conhecessem o Deus da graça poderiam ter se arrependido, buscado o perdão de Deus, em vez de fazer atrocidades para manter seu legalismo religioso. Nas palavras de Jesus, "eles coam um mosquito, mas engolem um camelo" (Mt 23:24).

Robert Chisholm tem razão em dizer que, quando o relacionamento pactual entre Deus e o povo de Deus é negligenciado, a faculdade do juízo moral atrofia. Não só se torna impossível fazer o certo, torna-se impossível saber o que é certo. Assim, nesse vácuo espiritual, a comunidade pactual se tornou tão moralmente corrupta quanto Sodoma.[2]

Vitória sem alegria (21:1-7)

Os israelitas vitoriosos vieram a Betel e choraram diante do Senhor, em virtude das consequências de seus excessos. Levaram muito tempo para perceber que tinham ido longe demais com sua vingança.[3] Uma vez arrefecida sua fúria, as onze tribos deram-se conta de que haviam praticamente exterminado uma tribo de Israel e caíram em prantos (21:2,15). Ofereceram sacrifícios ao Senhor, mas não há registro algum de que o povo tenha se humilhado, confessado seus pecados e buscado a ajuda divina.[4] Na verdade, em vez de consultarem ao Senhor, eles tramaram sua própria estratégia para resolver o problema.[5]

Destacaremos, aqui, sete pontos importantes:

Em primeiro lugar, *um juramento apressado* (21:1). "Ora, haviam jurado os homens de Israel em Mispa, dizendo: Nenhum de nós dará sua filha por mulher aos benjamitas". Não havia qualquer orientação de Deus sobre o assunto. Esse é um juramento insensato, fruto da pressa e da violência com que guerrearam contra a tribo de Benjamim. Depois da derrota esmagadora que impuseram aos benjamitas, matando homens, mulheres e crianças, perceberam tardiamente que só restaram à tribo seiscentos homens. A tribo benjamita estava fadada ao extermínio caso não houvesse mulheres para se casarem com eles.

Em segundo lugar, *um choro de remorso* (21:2). "Veio o povo a Betel, e ali ficaram até à tarde diante de Deus, e levantaram a voz, e prantearam com grande pranto". Quando perceberam a possibilidade de a tribo de Benjamim ser varrida do mapa, estando eles de mãos amarradas para propiciar-lhes casamento por causa do juramento que fizeram, nada lhes restou senão erguer a voz e chorar. Esse choro não é de arrependimento, mas de remorso. Eles mesmos tinham provocado a tragédia e agora estão com a consciência pesada.

Em terceiro lugar, *uma culpa atribuída a Deus* (21:3). "Disseram: Ah! Senhor, Deus de Israel, por que sucedeu isto em Israel, que, hoje, lhe falte uma tribo?". Há nessa pergunta, uma censura e uma atribuição de culpa. Querem lançar sobre Deus a responsabilidade da eliminação da tribo de Benjamim. Projetam e transferem para Deus a culpa que lhes cabia. Robert Branson destaca que os israelitas não reconhecem que fizeram algo precipitado e sem autorização divina. Eles se recusam a admitir sua responsabilidade na tragédia e buscam, em vez disso, transferir a culpa para Deus (21:15). Concordo com Timothy Keller, quando diz:

"É mais fácil culpar Deus do que fazer uma autorreflexão".[6] Clyde Ridall chama a atenção para o fato de que se essa tribo tivesse sido exterminada, o mundo jamais teria ouvido falar do apóstolo Paulo, que era da tribo de Benjamim (Rm 11:3; Fp 3:5).[7]

Em quarto lugar, *um culto sem obediência* (21:4). "Ao dia seguinte, o povo, pela manhã, se levantou e edificou ali um altar; e apresentaram holocaustos e ofertas pacíficas". O problema de Israel não era ausência de religião, mas a profissão de uma religiosidade fingida, de um ritual vazio, de um culto sem vida, de uma liturgia sem obediência.

Em quinto lugar, *um segundo juramento apressado* (21:5). "Disseram os filhos de Israel: Quem de todas as tribos de Israel não subiu à assembleia do Senhor? Porque se tinha feito um grande juramento acerca do que não viesse ao Senhor a Mispa, que dizia: Será morto". Como não há autoexame, não aprendem com o erro. Com isso, fazem um outro juramento imprudente. Em sua indignação diante da morte da concubina e da recusa de Benjamim em entregar os culpados, a congregação como um todo fez dois juramentos: primeiro, todos que não tivessem se juntado à batalha sofreriam a pena de morte; segundo, que nenhum homem daria sua filha em casamento aos benjamitas. Esses dois votos tolos evocam o voto precipitado de Jefté (11:29-40). Robert Branson é oportuno quando escreve:

> Embora o povo lamentasse diante do Senhor, ninguém considerou a possibilidade de a congregação arrepender-se do voto feito anteriormente, pedindo ao Deus gracioso que a desobrigasse de tal compromisso tolo. A pobre noção que eles tinham de Deus não lhes permitia buscarem o perdão como meio de retificar uma situação. Em vez disso, eles buscaram outras formas, assaz cruéis, de encontrar esposas para os benjamitas.[8]

Em sexto lugar, *um arrependimento tardio* (21:6). "Os filhos de Israel tiveram compaixão de seu irmão Benjamim e disseram: Foi, hoje, eliminada uma tribo de Israel". Os filhos de Israel estão arrependidos de terem arrasado a tribo de Benjamim, a ponto de matarem todas as mulheres, crianças e homens, exceto seiscentos soldados que se refugiaram em Rimom. Agora, quando a ficha caiu, em virtude de seu juramento tolo, perceberam que a tribo de Benjamim está em risco de extinção. Robert Branson destaca que os israelitas estavam arrependidos de chacinar seus conterrâneos benjamitas. No entanto, estavam inclinados a compensar sua culpa destruindo outra cidade israelita.[9] Na verdade, "eles coam um mosquito, mas engolem um camelo".

Em sétimo lugar, *um juramento reafirmado* (21:7). "Como obteremos mulheres para os restantes deles, pois juramos, pelo Senhor, que das nossas filhas não lhes daríamos por mulheres?". O fato de ninguém de Jabes-Gileade não ter atendido à convocação, aponta para eles uma solução em potencial para resolver a sobrevivência da tribo de Benjamim. Uma vez que os homens de Jabes-Gileade não foram a Mispa, não haviam jurado não dar suas filhas em casamento aos benjamitas.[10] Curiosamente os gileaditas descendiam de Manassés, o neto de Raquel, havendo, assim, um laço de sangue com os descendentes de Benjamim, filho de Raquel.[11]

Os filhos de Israel têm uma religiosidade falsa, mas rígida e inflexível. Estão dispostos a fazer qualquer coisa, inclusive transgredir a lei de Deus, mas jamais descumprir seus juramentos. Precisam encontrar uma solução para a tribo de Benjamim não ser eliminada, mas ao mesmo tempo, reafirmam o voto que firmaram de não dar suas filhas aos benjamitas.

Violência sem misericórdia (21:8-12)

Destacamos, aqui, três pontos importantes:

Em primeiro lugar, *uma investigação* (21:8,9). "E disseram: Há alguma das tribos de Israel que não tenha subido ao Senhor a Mispa? E eis que ninguém de Jabes-Gileade viera ao acampamento, à assembleia. Quando se contou o povo, eis que nenhum dos moradores de Jabes-Gileade se achou ali". O versículo 8 recoloca a questão do versículo 5: quem não respondeu a convocação de Mispa. Essa consulta abre a agenda dos filhos de Israel para mais uma guerra sangrenta em virtude do juramento que haviam feito, de matar aqueles que não atendessem à convocação. Trata-se de uma investigação criminal. Estão prontos a derramar sangue para atender aos caprichos de sua religiosidade desprovida da graça de Deus.

Em segundo lugar, *uma destruição* (21:10,11). "Por isso, a congregação enviou lá doze mil homens dos mais valentes e lhes ordenou, dizendo: Ide e, a fio de espada, feri os moradores de Jabes-Gileade, e as mulheres, e crianças. Isto é o que haveis de fazer: a todo homem e a toda mulher que se houver deitado com homem destruireis". Para manter o juramento, dentro da estrutura rígida de um legalismo frio, os israelitas enviaram um exército àquela cidade, ordenando que matassem "todos os homens, e, também, toda mulher que já tiver conhecido algum homem intimamente". Os soldados, porém, deveriam poupar as virgens. Essas deveriam ser sequestradas e trazidas para servirem de esposas para os seiscentos sobreviventes benjamitas (21:11). Os israelitas, de forma insana, resolveram o problema matando mais gente de seu próprio povo.

O fato de ninguém de Jabes-Gileade ter se apresentado para lutar contra Benjamim significava duas coisas: não haviam participado do juramento e mereciam ser castigados.[12] Ironicamente, a congregação dos filhos de Israel declarou guerra contra Benjamim, porque uma concubina fora abusada e morta em Gibeá, mas nem percebem que estão enviando uma tropa de doze mil homens a Jabes-Gileade para matar homens, mulheres e crianças. Eles estão agindo da mesma forma como os homens depravados de Gibeá, mas agora em escala maior.

Nessa mesma linha de pensamento escreve Timothy Keller: "A assembleia que se reuniu para fazer justiça a uma mulher violentada e morta acaba planejando e executando a matança de uma cidade inteira, além do rapto de moças de duas cidades israelitas. E todo mundo volta para casa (21:24), menos as mulheres solteiras de Jabes-Gileade e Siló".[13]

Em terceiro lugar, *um sequestro* (21:12). "Acharam entre os moradores de Jabes-Gileade quatrocentas moças que não se deitaram com homem; e as trouxeram ao acampamento, a Siló, que está na terra de Canaã." O contingente militar enviado para destruir Jabes-Gileade voltou do massacre com quatrocentas virgens. A incoerência dos filhos de Israel é gritante. Uma guerra civil foi travada, uma tribo foi praticamente dizimada por causa de uma mulher de Belém, concubina do levita que foi violentada, e eles agora matam homens, mulheres e crianças e sequestram jovens virgens aterrorizadas para forçá-las a se casarem com os benjamitas remanescentes. Ao combaterem um crime, cometem crimes horrendos em escala ainda maior. Nas palavras de Robert Branson, "o levita deixara sua concubina com os criminosos de Gibeá para salvar a si mesmo. Agora, toda a nação de Israel decide tomar jovens mulheres à força e entregá-las aos benjamitas".[14] O legalismo é levado longe demais quando se permite que o assassinato e o rapto sejam usados como meios de se manter um voto. Cumprir um voto levou a males muito maiores do que aqueles que estariam envolvidos em uma renúncia a ele. Mais uma vez estão coando um mosquito, mas engolindo um camelo.[15]

É digno de destaque que os valentes de Israel levaram as mulheres sequestradas para Siló, não para Mispa. Siló ficava no planalto central, na estrada que ia de Betel para Siquém, no meio do caminho entre as duas cidades. Lá, Josué convocou as tribos para dividir a terra. Foi lá também que se ergueu o tabernáculo com o espaço para arca do concerto (Js 18:1-10). A menção à cidade faz a conexão com a próxima história, que fala da captura das mulheres em Siló. Ela também cria uma transição com as primeiras narrativas de 1Samuel 1-4, também ocorridas nessa cidade.[16]

Misericórdia sem justiça (21:13-15)

Destacamos, aqui, dois pontos:

Em primeiro lugar, *uma oferta de paz* (21:13). "Toda a congregação, pois, enviou mensageiros aos filhos de Benjamim que estavam na penha Rimom, e lhes proclamaram a paz". Bandeiras brancas foram hasteadas. Um acordo de paz foi oferecido. A oferta de paz foi dada. A congregação de Israel que fez a lambança agora quer resolver o imbróglio oferecendo a paz aos que restaram da matança.

Em segundo lugar, *uma oferta insuficiente de mulheres sequestradas* (21:14,15). "Nesse mesmo tempo, voltaram os benjamitas; e se lhes deram por mulheres as que foram conservadas com vida, das de Jabes-Gileade; porém, estas ainda não lhes bastavam. Então, o povo teve compaixão de Benjamim, porquanto o Senhor tinha feito brecha nas tribos de Israel". Israel não faz o *mea culpa*. Prefere colocar a culpa em Deus novamente. Os israelistas sentiram compaixão pelos homens de Benjamim, afirmando que fora Deus, e não eles, que tinha feito brecha nas tribos de Israel. Consequentemente, quatrocentas jovens virgens foram poupadas da morte em Jabes-Gileade. Essas moças viram, horrorizadas, seus pais sendo assassinados e seus irmãos sendo passados a fio de espada. Nesse banho de sangue, foram sequestradas, levadas à força ao acampamento dos algozes, para serem entregues, como mulheres, aos soldados benjamitas.

Solução sem ética (21:16-24)

Destacamos seis pontos aqui:

Em primeiro lugar, *uma consulta* (21:16). "Disseram os anciãos da congregação: Como obteremos mulheres para os restantes ainda, pois foram exterminadas as mulheres dos benjamitas?". Há aqui uma consulta e uma constatação. A constatação é que não sobreviveram mulheres benjamitas diante do massacre genocida que impuseram à tribo irmã. A consulta tem o propósito de buscar uma saída para o impasse, ou seja, arranjar mais duzentas mulheres para os benjamitas se casarem.

Em segundo lugar, *um dilema* (21:17,18). "Disseram mais: A herança dos que ficaram de resto não na deve perder Benjamim, visto que nenhuma tribo de Israel deve ser destruída. Porém, nós não lhes poderemos dar mulheres de nossas filhas, porque os filhos de Israel juraram, dizendo: Maldito o que der mulher aos benjamitas". Os filhos de Israel estão em um grande dilema: a tribo de Benjamim não pode ser eliminada. Por outro lado, eles invocarão maldição sobre si mesmos se quebrarem o juramento. Estão em uma espécie de beco sem saída, um impasse.

Em terceiro lugar, *um plano* (21:19-21). O narrador escreve:

> Então disseram: Eis que, de ano em ano, há solenidade do Senhor em Siló, que se celebra para o norte de Betel, da banda do nascente do sol, pelo caminho alto que sobe de Betel a Siquém e para o sul de Lebona. Ordena aos filhos de Benjamim, dizendo: Ide, e emboscai-vos nas vinhas e olhai; e eis aí, saindo as filhas de Siló a dançar em rodas; saí vós das vinhas, e arrebatai, dentre elas, cada um sua mulher, e ide-vos à terra de Benjamim (21:19-21).

O juramento dizia que ninguém "daria" sua filha a um benjamita (21:1,18); porém, nada dizia sobre os benjamitas sequestrarem as filhas.[17] Como as quatrocentas mulheres não eram o suficiente para todos os sobreviventes, os anciãos, a portas fechadas, tiveram de formular um plano para contornar seus juramentos.

Os filhos de Israel estão dispostos a tramar um sequestro de mulheres, em um dia de festa para as jovens de Siló, para resolver um problema que eles mesmos causaram. Os anciãos orientam os benjamitas a fazer emboscada para capturar as jovens de Siló, assim como os filhos de Israel armaram embocada para destruir a cidade de Gibeá. É óbvio que não há declaração de que tais ações da congregação tenham sido permitidas ou ordenadas por Deus. A decisão dos anciãos de Israel é uma demonstração do nível de anarquia social ao qual a comunidade havia sucumbido".[18] É óbvio que Deus não é ator nesse drama. As pessoas tomaram suas próprias decisões tresloucadas à revelia da vontade de Deus. Na ética deles, os fins justificam os meios.

Em quarto lugar, *uma justificativa* (21:22). "Quando seus pais ou seus irmãos vierem queixar-se a nós, nós lhes diremos: por amor de nós, tende compaixão deles, pois, na guerra contra Jabes-Gileade, não obtivemos mulheres para cada um deles; e, também, não lhes destes, pois neste caso ficaríeis culpados". Os anciãos estão prontos a passar pano, a justificar o sequestro das jovens de Siló, a acalmar os ânimos de pais e irmãos aflitos que reivindicarem a libertação de suas filhas das mãos dos sequestradores.

Em quinto lugar, *um sequestro* (21:23). "Assim fizeram os filhos de Benjamim e levaram mulheres conforme o número deles, das que arrebataram das rodas que dançavam; e foram-se, voltaram à sua herança, reedificaram as cidades e habitaram nelas." O plano foi arquitetado e realizado. A festa da alegria de Siló transformou-se em um terror. As jovens inocentes que dançavam em celebração ao Senhor foram capturadas criminosamente e arrebatadas à força.

Robert Branson destaca que nos últimos capítulos, as mulheres são retratadas como pessoas de segunda classe, meras mercadorias a serem consumidas para o benefício do homem, contrariando o princípio de igualdade estabelecido por Deus (Gn 1:26,27). Na posição de objetos sexuais, elas foram maltratadas e submetidas às demandas dos homens com o propósito de dar descendência aos sobreviventes. Por certo, a saúde espiritual de uma sociedade pode ser medida, em parte, pelo modo como ela trata os seus segmentos vulneráveis (Êx 22:21-27; Dt 24:17; 27:19). Uma sociedade que busca promover a justiça deve proteger os vulneráveis e criar oportunidades para que todos os cidadãos desenvolvam as habilidades e os talentos que Deus lhes deu.[19]

Robert Chisholm tem razão em dizer que "Toda a matança executada com a intenção de vingar a morte da concubina não transformou Israel num lugar mais seguro para as mulheres [...]. As mulheres, que, no início do livro, inspiraram grandes atos e exerceram o papel de libertadoras nacionais, agora são estupradas, assassinadas e sequestradas por seus próprios conterrâneos".[20]

Timothy Keller é oportuno ao escrever:

> Vemos aqui uma cultura funcionalmente pagã. Na melhor das hipóteses, as decisões são baseadas no raciocínio humano e, na pior, são tomadas às pressas e com base na vingança. Cada passo de Israel é dado com a intenção de eliminar o mal (20:13) e resolver o problema gerado pelo comportamento anterior; porém, cada passo, como se vê, causa problemas maiores ainda. Deus serve apenas para levar a culpa por seus enganos.[21]

Em sexto lugar, *uma dispersão* (21:24). "Então, os filhos de Israel também partiram dali, cada um para a sua tribo, para a sua família, e para a sua herança". A assembleia foi dissolvida. Os filhos de Israel retornaram cada um para sua casa, para a sua cidade, para sua tribo. Os seiscentos homens conseguiram suas mulheres respectivas, voltaram para sua herança, limparam os escombros, restauraram as cidades e recomeçaram a vida; as onze tribos cumpriram seu voto, os cidadãos de Gibeá foram castigados, a tribo de Benjamim aprendeu sua lição, e as doze tribos de Israel foram salvas.[22] O festival de horrores que produziram, sob o invólucro de uma religiosidade falsa, só retratava sua apostasia religiosa e sua decadência moral. A nação estava com o pé no acelerador rumo ao abismo.

Decadência sem governança (21:25)

Pela quarta vez, o escritor nos diz que "não havia rei em Israel". Desta forma, o livro de Juízes termina com aquilo que se tornou quase um sombrio refrão: "Naqueles dias, não havia rei em Israel; cada um fazia o que achava mais reto" (17:6; 18:1; 19:1; 21:25). A ausência da mão forte de um rei era a principal causa da desordem na terra, nessa época primitiva, diz Artur Cundall.[23] Resta ao narrador apenas balançar a cabeça em incredulidade e observar que o vácuo de liderança em Israel havia levado à anarquia.[24] A anarquia social e espiritual foi o resultado da experiência de Israel com o autogoverno.

Robert Branson resume bem esse período dos Juízes:

> O livro de Juízes delineia a decadência espiritual e social contínua de Israel, desde os dias da morte de Josué e dos anciãos da geração que começou a conquista da terra (2:6-10) até o surgimento da monarquia na época de Samuel. Quando o povo adorava outros deuses, o Senhor lhe trazia maldiçoes previstas pelo concerto, sob a forma da opressão de outros povos. Quando o povo clamava a Deus, ele, então, graciosamente promovia um juiz para salvá-lo. O ciclo repetia-se, e vagarosamente o povo deslizava em direção ao abismo social e espiritual. As últimas histórias do livro devem ser lidas como um retrato dos resultados finais do pecado cometido por Israel. Não há heróis. Não há juízes salvadores dedicados à vontade de Deus. Na maior parte das cenas, o Senhor está ausente. O povo frequentemente age sem considerar qual é a vontade divina e, como consequência de seu pecado, a nação de Israel acaba virando-se contra si mesma, quase aniquilando a tribo de Benjamim e destruindo a cidade israelita de Jabes-Gileade.[25]

É digno de destaque que nestes capítulos finais de Juízes, como diz Timothy Keller,

> nenhum pagão foi culpado de opressão, estupro, matança, carnificina e sequestro. Tudo foi obra de Israel. No livro de Juízes inteiro, e especialmente no final dele, o pior inimigo de Israel é Israel. Muitas vezes, infelizmente, a mesma conclusão

> se aplica ao povo de Deus hoje [...]. Por outro lado, o livro de Juízes também mostra que, embora sejamos o problema, não podemos ser nossa própria solução [...]. No fim do livro nos perguntamos se um simples rei humano dará conta do recado. As histórias de 1 e 2Reis e de 1 e 2Crônicas apresentam uma longa relação de reis humanos que, na melhor das hipóteses não levaram o povo a amar e a obedecer mais a Deus e, na pior delas, afastaram-no ainda mais desses alvos. Ao terminar a leitura desses livros, descobrimos que precisamos de alguém mais poderoso que o rei Davi. Precisamos de Jesus, o Filho de Davi.[26]

Certamente o livro de Juízes não é apenas o livro da tragédia humana. É, também, o livro da paciente misericórdia divina. Como Deus nunca desistiu de seu povo, apesar de seus pecados, vemos um lampejo da graça de Deus no livro de Rute, cuja narrativa ocorre nesse turbulento período dos juízes. Rute, a moabita, deixando os seus deuses, acompanha sua sogra Noemi para Belém, passa a servir ao Deus de Israel (Rt 1:16) e vem a se tornar a bisavó de Davi, o rei pactual (Rt 4:17), de cuja linhagem vem o Messias (Rm 1:3), o Rei dos reis e o Senhor dos senhores (Ap 19:16), o verdadeiro Juiz, o líder ideal que estabelecerá um reino eterno de justiça e paz.

Notas

1 DAVIS, Dale Ralph. *Judges*, p. 223.
2 CHISHOLM JR., Robert B. *Juízes*, p. 411.
3 RIDALL, R. Clyde. *O livro de Juízes*. In: *Comentário bíblico Beacon*, v. 2, p. 151.
4 WIERSBE, Warren W. *Comentário bíblico expositivo*, v. 2, p. 165.
5 CHISHOLM JR., Robert B. *Juízes*, p. 408.
6 KELLER, Timothy. *Juízes para você*, p. 201.
7 RIDALL, R. Clyde. *O livro de Juízes*. In: *Comentário bíblico Beacon*, v. 2, p. 152.
8 BRANSON, Robert D. *Novo comentário bíblico Beacon – Juízes*, p. 206.
9 Ibidem, p. 207.
10 KELLER, Timothy. *Juízes para você*, p. 202.
11 CUNDALL, Artur E. *Juízes: introdução e comentário*. 2017, p. 199.
12 WIERSBE, Warren W. *Comentário bíblico expositivo*, v. 2, p. 166.
13 KELLER, Timothy. *Juízes para você*, p. 202.
14 BRANSON, Robert D. *Novo comentário bíblico Beacon – Juízes*, p. 206.
15 RIDALL, R. Clyde. *O livro de Juízes*. In: *Comentário bíblico Beacon*, v. 2, p. 152.
16 BRANSON, Robert D. *Novo comentário bíblico Beacon – Juízes*, p. 208.
17 CHISHOLM JR., Robert B. *Juízes*, p. 409.
18 BRANSON, Robert D. *Novo comentário bíblico Beacon – Juízes*, p. 206.
19 BRANSON, Robert D. *Novo comentário bíblico Beacon – Juízes*, p. 212.
20 CHISHOLM JR., Robert B. *Juízes*, p. 410.
21 KELLER, Timothy. *Juízes para você*, p. 203.
22 WIERSBE, Warren W. *Comentário bíblico expositivo*, v. 2, p. 166.
23 CUNDALL, Artur E. *Juízes: introdução e comentário*, p. 202.
24 CHISHOLM JR., Robert B. *Juízes*, p. 410.
25 BRANSON, Robert D. *Novo comentário bíblico Beacon – Juízes*, p. 211,212.
26 KELLER, Timothy. *Juízes para você*, p. 203-205.

Bibliografia

BRANSON, Robert D. *Novo comentário bíblico Beacon – Juízes.* Rio de Janeiro: Central Gospel, 2017.

CHISHOLM, Robert B. *Juízes.* São Paulo: Cultura Cristã, 2017.

CUNDALL, Artur E. *Juízes e Rute: introdução e comentário.* São Paulo: Vida Nova, 2017.

DAVIS, Dale Ralph. *Judges.* Grand Rapids, MI: Baker Books Houses, 1991.

GUNDD, David M. *Judges.* In: *Blackwell Bible Commentaries.* Blackwell Publishing. Malden, MA: 2005: p. 211-222.

HENRY, Matthew. *Matthew Henry's Commentary.* Grand Rapids, MI: Zondervan Publishers, 1961.

KELLER, Timothy. *Juízes para você.* São Paulo: Vida Nova, 2019.

KELLER, Timothy. *Juízes*: os heróis falhos e o Herói Perfeito. São Paulo: Vida Nova, 2016.

MACDONALD, William. *Believer's Commentary.* Nashville, TN: Thomas Nelson Publishers, 1995.

MILLAR, J. P. *Judges.* In: *The Preacher's Complete Homiletic Commentary on the Book of Judges.* Grand Rapids, MI: Baker Books, 1996.

PINTO, Carlos Osvaldo Cardoso. *Foco e desenvolvimento no Antigo Testamento.* São Paulo: Hagnos, 2014. Publicado atualmente sob o título *A estrutura literária do Antigo e do Novo Testamento: argumento e desenvolvimento.* São Paulo: Hagnos, 2021.

RIDALL, Robert Clyde. *O livro de Juízes. In: Comentário Bíblico Beacon.* v. 2. Rio de Janeiro, RJ: CPAD, 2015.

SPROUL, Robert Charles. *Bíblia de estudo da fé reformada.* São José dos Campos, SP: Fiel, 2022.

WEBB, Barry G. *Judges.* In: *New Bible Commentary.* Interversaty Press. Downers Grove, IL. 1998: p. 261.

WIERSBE, Warren W. *Comentário bíblico expositivo.* 6 volumes. São Paulo: Geográfica, 2006.

WILCOCK, Michael. *The Message of Judges.* Leicester: Downers Grover, 1992.

WOLF, Herbert. *Judges.* In: *Zondervan NIV Bible Commentary.* Grand Rapids, MI: Zondervan, 1994.